21세기의 과학과 신앙

21세기의 과학과 신앙

1판 1쇄 발행 2004년 8월 31일

지은이 : 존 제퍼슨 데이비스
옮긴이 : 노영상, 강봉재
펴낸이 : 이명권

크리스천 헤럴드
등록 제99-2
서울특별시 광진구 광장동 353
전화 (02) 446 8399 / 팩스 (02) 452 3191
imkkorea@hanmail.net

21세기의 과학과 신앙

빅뱅에서 우주의 종말까지

존 제퍼슨 데이비스 지음
노영상 · 강봉재 옮김

크리스천 헤럴드

목 차

서 문

존 폴킹혼(John Polkinghorne)은 「신학자로서의 과학자」(*Scientists as Theologians*)라는 저서에서 신학자들에게 과학과 종교 간의 대화에 보다 적극적으로 참여하라는 "공개 초대장"을 보낸 바 있다. 이책은 부분적으로는 그러한 초대에 대한 회신이다. 본 논문집은 필자가 고든-콘웰 신학대에서 강의한, "과학과 신앙의 최첨단"(Frontiers of Science and Faith)이라는 강좌를 준비하면서 했던 연구에 기반을 둔 것으로서, 이 강좌는 존 템플턴(John Templeton) 재단의 과학과 종교 분야의 우수 강좌 프로그램 상을 수상하였다. 템플턴 재단의 프로그램에 참여하면서 신학과 자연과학이 제기하는 제반 문제들에 대해 오래 전부터 가져왔던 관심이 다시 촉발되었는데, 이러한 관심은 1960년대 후반 듀크(Duke)대에서 물리학을 전공하던 필자의 학부시절로 거슬러 올라간다. 이 책에 수록된 논문들의 대부분은 영국 케임브리지에서 보냈던 안식년 휴가기간 동안 저술된 것이다.

이 책이 의도하는 바는 현대과학에서 제기된 최선두의(cutting-edge) 현안문제들을 신학적으로 고찰하는 데 있다. 이 책에 수록된 논문들의 기본 전제는 현대과학이 이룩한 성과들은, 만일 그것들이 제대로 이해된다면, 기독교 신앙에 전혀 위협이 되지 않는다는 사실이다. 우리는 기독교 신앙과 과학의 방식이 앎, 체계 그리고 타당성(validity)의 영역에 대해 나름대로 각기 고유한 방식을 지니며, 하나님의 창조사역을 상호보완적으로 파악하는 것으로 이해한다. 필자는 또한 여기서 탐구되고 있는 과학의 여러 연구영역들이 인간의 가장 심오한 실존적 문제들에 대한 답변을 하는데 있어서 과학의 방식들이 한계를 지니고 있음을 지적하며, 그로 인해 과학계와 종교계 사이에 대화가 새롭게 이루어져야 한다고 믿는다.

제1장, "창세기 1:1과 빅뱅 우주론"에서는 창세기의 서언과 "빅뱅"에 대해 현재 이루어지고 있는 과학적 논의와의 관계를 성서학계에서 어떻게 다루고 있는지를 개관한다. 창세기 1:1은 실로 우주의 진정한 기원이 시간 안에 있음을 나타내며, 그 구절이 우주의 기원에 대한 과학의 이해와도 일치함을 주장한다.

제2장, "양자 불확정성과 하나님의 전지(全知)"에서는 자연에서의 양자 불확정성이 "하나님의 전지에 대한 고전적 신론(神論)의 이해를 수정하거나 포기할 것을 요구하는가?"라는 질문을 다룬다. 아더 피콕(Arthur Peacocke)이 제안한 하나님 편에서의 "자기 제한적(self-limited) 전지"에 대해 검토할 것이며, 양자 물리학은 하나님의 전지에 대한 전통적 인식을 포기할 것을 요구하지 않는다는 결론이 내려질 것이다.

제3장, "양자 역학과 '지연된 선택' 실험에 대한 '코펜하겐 학파'의 해석: 예정론에 대한 새로운 전망"에서는 양자 물리학에서의 최근의 실험을 통해 "과거"는 실험측정이 완료되기까지는 완전히 결정되지 않는다는 점이 지적되는데, 가능한 한 이것이 함축하는 바가 무엇인지를 탐색하고자 한다. 이러한 실험들은 예정론을 보다 동태적으로 이해할 수 있는 틀을 제공해 준다.

제4장, "카오스 이론에 대한 신학적 고찰"은 오늘날 카오스 이론

으로 알려진 물리학의 한 분야의 주요 특징들과 역사적 기원에 대한 개관으로 시작된다. 카오스 이론은 세상과 하나님의 섭리적 상호작용에 있어서 우연(chance)의 역할을 이해하는 새로운 방식을 제공하고 있음이 논의될 것이다.

제5장에서는, "괴델의 증명은 신학적 함축을 지니는가?" 라는 질문이 제기된다. 논리학자 쿠르트 괴델(Kurt Gödel)의 삶이 간략히 기술되며, 그의 유명한 "불완전 정리"의 두드러진 특징들에 대한 논의가 이루어진다. 필자는 괴델의 증명이 인식론적 상대성에 대한 근거를 제공해 주지는 못하지만, 진리에 대한 관념이 입증 가능함(provability)의 관념으로 환원될 수도 없으며 또한 그렇게 되어서도 안 된다는 점을 나타냄을 설명하고자 한다.

제6장, "인공지능과 기독교적 인간이해"에서는 인공지능 연구 프로그램의 진보가 기독교 신학자들로 하여금 인간에 대한 이해를 관계적(주로 기능적인 것과 대립되는) 개념으로 회복시킬 것을 촉구하며, 마찬가지로 인공지능 분야의 과학자들로 하여금 자신들의 연구가 지니는 윤리적 측면들을 보다 비판적으로 고찰할 것을 촉구한다. 과학의 방법은 인공지능 연구에 의해 제기되는 윤리적 문제들을 다루는데 필요한 도덕적 틀(framework)을 제공해 주지 못한다.

제7장, "'점진적 창조'는 여전히 유용한 개념인가?"에서는 1954년 버나드 램(Bernard Ramm)의 「기독교적 과학관과 성경」(*Christian View of Science and Scripture*)가 출간된 이후 이루어진 과학과 신학의 발전에 대해 검토한다. 필자는 램이 제안한 '점진적 창조'-하나님이 오랜 시간에 걸쳐 다양한 수단을 통해 창조해 온 것으로 이해하는-라는 개념은 아직도 (우주의) 기원에 관한 성경 텍스트를 지

구상에서의 생명체의 역사와 연계시키는 유용한 방식이 된다고 결론을 내린다.

제8장, "인간 원리 혹은 설계자에 의한 우주"에서는 "인간 원리"에 대한 논의를 검토하는데, 이 원리는 우주 생명체의 존재가 물리학과 우주론에서의 기초 상수(constants)가 지니고 있는, 현저히 세밀하게 조정된(fine-tuned) 가치들에 민감하게 의존하고 있다는 사실에 주의를 환기시키는데 종종 사용되는 용어이다. 필자는 그러한 세밀한 조정에 대한 증거가, "인간 원리" 혹은 다(多) 우주에 의존하는 것보다는 지적설계 가설에 의해 보다 잘 설명될 수 있다고 말하고 싶다.

제9장, "외계 지능과 기독교의 구속론(救贖論)"에서는 우주 어딘가에 있을 지적 존재들의 문제에 대한 기독교적 고찰과 기독교 이전의 고찰들을 검토한다. 그런 후에 필자는 골로새서 1:19~20에 언급된 바울의 기독론과 구속론이, 만일 우주 어딘가에 실제로 지적 존재들이 있으며 그들이 구속을 필요로 하고 있다면, 그러한 존재들의 구속을 설명하기에는 대단히 포괄적인 것임을 주장한다.

제10장, "우주의 막판게임: 우주의 궁극적 운명에 대한 과학의 결론에 대한 신학적 고찰"에서는 물리학자 프리맨 다이슨(Freeman Dyson), 프랭크 배로우(Frank Barrow), 그리고 존 티플러(John Tipler)에 의해 전개된 과학 시나리오와의 상호작용을 다룬다. 필자는 이러한 시나리오가 19세기의 "열역학적 비관론"(thermodynamic pessimism)과 우주의 최종적 "열사망"(熱死亡, heat death)에 대한 열역학적 비관론의 예측에서 탈피하는데 성공을 거두지 못하고 있음을 주장한다. 본 논문에서 내리는 결론은 인류의 궁극적 희망은 물

리학의 법칙에서만 찾을 수는 없는 바, 반드시 하나님의 계시로부터 도출되지 않으면 안 된다는 것이다.

필자는 고든-콘웰 신학대 학생들과 동료 교수들이 그들의 통찰력과 제안을 통해 필자에게 도움을 준 것에 대해 감사드리며, 이 책의 여러 쟁점들에 대해 유익한 논의를 해주었던 필자의 친구이자 동료인 페리 필립스(Perry Phillips)와 토니 카스트로(Tony Castro)에게도 감사를 드린다. 또한 「과학과 기독교 신앙」(*Science and Christian Belief*) 그리고 「과학과 기독교 신앙에 대한 전망들」(*Perspectives on Science and Christian Faith*)에 실린 여러 편의 논문들의 재판(再版)을 허락해준 편집인들에게도 감사를 드린다.

제1장

창세기 1:1과 빅뱅 우주론

　과학사가들이 1970년대와 1980대를 회고할 때, "과학자들이 처음으로 물리학의 법칙에 근거한 합리적인 수학적 모델을 구성하여 무(無)로부터 우주가 창조되었다는 것을 기술하였다고 그들은 기록할 것이라고 물리학자인 하인쯔 파겔스(Pagels)는 말하였다."[1] "양자 우주론"에서의 이러한 새로운 이론들은, 자연의 기존 법칙들을 우주 자체가 탄생한 순간인 최초의 "빅뱅" 상태로 외삽(外揷, extrapolate)하기 위해, 일반 상대성 이론, 양자 역학, 그리고 기초 입자물리학의 요소들의 결합을 시도하고 있다.[2]

　창세기 1:1은 "태초에 하나님께서 하늘과 땅을 창조하셨다고" 진술한다. 창조에 대한 성경의 기술과 현대 우주론은 우주의 기원이 유례없는 일이었다는, 다시 말해 우주는 "무(無)로부터 창조되었다는" 데 동의하는가? 만일 그러한 합치(convergence)가 존재한다면, 그것의 본성은 무엇인가? 그리고, 만일 본성이라는 것이 있다면, 그것의 신학적 의미는 무엇인가? 이 장에서는 창세기 1:1에 대한 성경적 연구(scholarship)와 현재의 빅뱅 우주론을 검토하면서 이러한 질문들을 탐구하고자 한다. 그러한 쟁점들에 대해 내리는 결론들이 결코 분명한 것은 아니다. 왜냐하면, 이후의 논의에서 밝혀지겠지만, 우주의 진정한 기원에 대한 생각이 최근의 성경적 연구와 현대 물리학 양 편에서 논쟁이 되고 있기 때문이다.

몇 가지 예비적 고찰

성경 해석과 과학적 우주론에서의 이러한 추세들을 검토하기 전에, 우리는 다른 이유들로 인해 우리가 탐구하는 질문들을 비논리적이거나 그럴만한 가치가 없는 것으로 간주하게 될 두 가지 전망에 대해 주목할 필요가 있다. 유대인 학자 나홈 사르나(Nahum Sarna)는 성경의 창조기사와 현대과학이 발견해낸 사실들을 상호관련시키려는 시도는 "순진하며 쓸데없는 짓"이라고 말한 바 있다. 시간 안에서의 우주의 진정한 기원이라는 개념에 대해 어떤 일치가 이루어진다고 하더라도 그것은 단순히 우연의 일치 그 이상은 아닐 것이다.[3]

사르나의 언급은 그러한 문제들에 대한 "두 영역"(two realm) 접근법이라고 명명할 수 있는 바, 과학과 신앙은 담화(discourse) 영역이 서로 다르기 때문에 직접적 상관관계 혹은 비교는 가능하거나 그럴만한 가치가 없다는 견해를 반영한다.

"두 영역" 접근법에 대한 사례는 20세기 개신교 신학자인 루돌프 불트만(Rudolf Bultmann)과 폴 틸리히(Paul Tillich)에게서 찾아볼 수 있다. 불트만에 의하면, 성경이 객관적 언어를 사용하여 하나님의 행위를 말하는 것이 사실이나, 그러한 언어를 오늘날의 독자들이 비인격적 세계에서 일어나는 외적 사건들에 대한 현대과학 이론의 관점으로 이해해서는 안 된다; 오히려, 그것들은 인간이 자아를

이해하는 "실존적" 언어로 해석되지 않으면 안 된다고 하였다.[4]

폴 틸리히에게 있어서, 창조 교리는 "옛날 옛적에" 일어난 사건에 대한 이야기가 아니다. 창조 교리는 사건의 기술이라기보다는 오히려 "하나님과 세상 사이의 관계에 대한 기본적인 묘사"이다; 그것은 시간을 초월하는(timeless) 진리에 대한 상징적이며 은유적 표현인 것이다.[5]

그러한 "두 영역" 접근법이 과학과 종교 사이의 갈등을 피할 수 있다는 명백한 이점을 가질 수 있는 반면, 그것은 인간 경험의 이러한 두 영역 사이에 매우 날카롭게 선을 긋는다는 치명적 결함을 지니고 있다. 성경기자와 현대 과학자들이 뚜렷하게 구분되는 상이한 언어, 방식 그리고 의도를 갖고 있음은 분명하지만, 그들 모두가 화자(話者)의 주관성 밖에 존재하는 공통된 물질계를 언급하고 있다. 인간 경험의 두 영역 사이에 대화 및 가능하다면 통합을 허용하는 접근법은 훨씬 더 만족스러운 것처럼 보이며, 그러한 접근법이 여기서 전제되고 있다.[6]

랭던 길키(Langdon Gilky)가 지적한 바와 같이, 이분법적인 "두 영역" 접근법은 "하나님의 행위"(창조를 포함하여)라는 성경의 언어로부터 모든 참된 의미를 앗아가며, 그것을 공허하고 추상적이며 애매한 상태로 방치할 위험을 무릅쓰는 것이다. 하나님이 시공간과 관련된 사건들과 관계없이 "창조행위를 한다"라고 말하는 것은 성경의 언어를 공허(vacuity)한 상태로 환원하는 것이다. "성서신학은 우주론과 존재론을 좀더 진지하게 받아들이지 않으면 안 된다." ... 우주론은 해석학에 중요한 변화를 가져온다."[7] 라고 길키는 쓰고 있다.

창세기의 창조서술과 현대과학 사이의 합치(convergence)가 일어날 수 있는 영역들에 대해 탐구하기를 꺼려하게 되는 또 하나의 원천은, 과학이론의 실험적 본성에 대한 우려이다. 이언 바버(Ian Barbour)가 정확히 관찰하였듯이, "현대 우주론의 상당 부분은 불확실하며 사변적이다."[8] 마찬가지로, 어난 맥멀린(Ernan McMullin)은, "과학이론의 실험적 본성"과 성경은 "직접적으로 우주론적인 의도"를 지니고 있지 않다는 자신의 입장으로 인해, 우주론과 신학을 직접적으로 연결시키는 것을 탐탁지 않게 여긴다. 기껏해야, 신학과 우주론은 보다 포괄적인 세계관에 각기 상이한 방식으로 기여할 수 있을 뿐이다.[9]

물론 과학이론의 실험적 본성에 주의를 환기시키는 것은 그럴만한 가치가 있는 일이다. 과학과 신학의 역사를 살펴보면 성경 텍스트에 대해 그 당시의 과학이론이 피상적인 해석을 시도하려 했던 매우 실제적인 위험이 있었음이 입증되고 있다. 예를 들어, 데이비스 영(Davis Young)은 17세기 이후 창세기의 텍스트를 그 당시 일반에 알려져 있는 지질학적 이론으로 해석하려는 잘못된 시도들이 오랜 기간 동안 지속되어 왔음을 입증하였다.[10] 다른 한편으로, 과학지식의 누적적(cumulative) 성격이 간과되는 정도로, 과학의 실험적 본성을 지나치게 강조할 실제적인 위험이 똑같이 존재한다. 과학이론은 변하는 것이 사실이기는 하나, 오늘날 평범한 과학자가 갈릴레오나 뉴턴-개인으로서 그들이 천재성을 지니고 있음에도 불구하고-보다 현대의 물질계에 대해 보다 광범위하며 정확한 지식을 갖고 있음도 또한 사실이다.

빅뱅 우주론이라는 당면문제에 있어서, 그 이론에 대한 설(說)이

다양하며, 모든 설(說)이 각기 과학적으로 문제점들이 있지만, 대체로 빅뱅 모델이 실증적으로 매우 강력한 지지를 받고 있음도 여전히 사실이다.[11] 천문학자 죠지프 실크(Joseph Silk)가 지적하였듯이, 만일 "우주에 대한 보다 나은 이론이 곧 출현한다면, 빅뱅 이론을 물질계(physical universe)를 적절히 기술할 수 있는 이론으로 그 이론이 통합하리라는 점에는 의심의 여지가 거의 없다." 그러한 수정이론은 아인슈타인의 중력이론(일반상대성 이론)이 뉴턴의 중력개념을 포함시키고 일반화시킨 것과 동일한 방식으로 빅뱅 모델을 포함시킬 것이다.[12]

결과적으로, 현재의 논의를 균형 있게 하기 위해, 창세기의 창조 설명과 현대 우주론 사이에 가능한 합치를 탐구하는 일은 정당화한 것으로 될 수 있으며, 이에 대한 더 이상의 논증이 필요 없을 것이다. 실제로 이러한 가정은, 물리학자이자 사제인 존 폴킹혼의 말을 빌리자면, 논리적 증명보다는 "통찰력"을 추구하며, 신학을 과학의 경쟁상대로서가 아니라 물질계에 대한 이해를 추구함에 있어서 자연과학을 보완해주는 하나의 학문으로 간주하는 "새로운 스타일의 자연신학(natural theology)"에서 지난 20~30년 동안 일어난 부흥과 온전히 일치하는 것이다.[13] 본 논문에서는 과학과 종교 사이의 관계의 본질을 그러한 방식으로 이해하고자 한다.

창세기 1:1에 대한 최근의 연구

역사적으로, 유대교와 기독교의 학자들은 성경의 시작하는 글을 "태초에 하나님께서 천지를 창조하시니라," 라고 번역해 왔으며, 그 구절 다음에 나오는 구절인 "땅은 형태가 없었고 공허 하였더라"

(NIV)에 대한 독립절(independent clause)로 이해해왔다. 그런데, 1960년대 이후에 나온 많은 번역판에서는 창세기 1:1을 그 다음 구절과 관련된 종속절(dependent clause)로 간주하였고, 그 결과 성경 본문은 "하나님께서 천지를 창조하실 때에-땅은 형태가 없었고 공허하였다. 하나님이 가라사대…"(新유대版, New Jewish Version, 1962)라고 기술되었다. 이와 유사하게, 「뉴 잉글리시 바이블」(New English Bible, 1970)은 그 구절을 "창조를 시작하실 때, 즉 하나님이 하늘과 땅을 만드셨을 때, 땅은 형태가 없었고 공허하였다." 라고 표현하고 있다.[14]

이런 일에 별반 관심이 없는 독자들에게는 전통적인 번역과 "수정주의자"의 번역 사이에 나타나는 의미상의 차이는 사소한 것으로 보일지 모르지만, 실로 그러한 차이는 신학적으로 의미심장한 것이다. 보다 참신한 번역은 하나님의 창조사역의 시작이 무(無)로부터의(ex nihilo) 창조가 아니라, 창조 이전의 존재를 가정하며 설명되지 않은 채로 있는, 혼돈하며 형태가 없는 땅을 조성하는 것임을 암시하고 있다. 환언하면, 보다 새로운 번역은 하나님의 창조사역의 "시작"을 절대적인 의미에서가 아니라 상대적인 의미로 간주한다. 결과적으로, 창조 전체를 지배하는 하나님의 절대적 초월과 주권은 전통적인 표현에서 전제된 무(無)로부터(ex nihilo)라는 개념과 비교하여 다소 약화되고 있다.[15]

매우 다양한 신학적 전제들을 나타내는 해석자들은, 창세기 1:1-3의 구문론(syntax)이 난해하여, 전통적인 번역과 수정주의자의 번역 모두 구문론적으로 그리고 문법적으로 정당성을 주장할 수 있다는 점에 동의하려는 경향이 있다. 번역을 어떻게 할 것인가에 대한 결정은 어휘와 신학, 그리고 특별히 자료비평에 대한 고찰을 통해 이루어지게 마련이다. "자료 비평적"(source-critical) 고찰은 창세기의 창조묘사가 태고의 혼돈 또는 혼돈의 괴물과의 투쟁을 내포하는 바빌로니아 혹은 고대 기타 근동 지역의 신화에 의해 지대한 영향을 받았을지도 모른다는 가정을 내포한다.

수정주의자의 번역에 영향을 미쳤던 창세기 1장에 관한 중요한 논문에서, 험버트(P. Humbert)는 히브리 성경에 등장하는 약 50여 개의 *레쉬트*(reshit, *시작*)라는 단어 가운데, 불과 12개만이 진정한 시간적인 기원을 지니는 것으로 해석될 수 있다고 주장하였다. 험버트는 이러한 통계적 용례에 근거하여, 이것이야말로 1절을 독립 절로서 "태초에 하나님께서 창조를 시작하실 때에..." [16]라는 의미를 지니는 것으로 간주할 수 있는 강력한 근거가 된다고 주장하였다. 그러나 발터 아히로트(Walther Eichrodt)가 지적하였듯이, 그러한 주장은 어휘상의 통계에 지나치게 많은 비중을 두고 있으며, 논의의 대상이 되는 구절의 맥락에 대해서는 충분한 비중을 두지 않고 있다. 더 나아가 아이로트는 이사야 40:21이 시간의 절대적 기원과 관련해서 사용된 *레쉬트*(reshit, *시작*)의 명백한 사례임을 지적한다: "너희가 알지 못하였느냐? 너희가 듣지 못하였느냐? 태초부터 너희에게 전하지 아니하였느냐? 땅의 기초가 창조될 때부터 너희가 깨닫지 못하였느냐?" 창세기 1장에 대한 명백한 암시라고 할 수 있는 땅의 기초에 대한 언급은 분명히 땅의 역사의 진정한 기원을 전제로 삼고 있다. *레쉬트*(reshit, *시작*)의 이러한 사용은 이사야 46:9-10에서도 분명히 볼 수 있다: "나는 하나님이라. 나 같은 이가 없느니라. 내가 처음부터 종말을 고하며 아직 이루지 아니한 일을 옛적부터 보이고." 이 본문에서 창조된 시간질서에 대한 하나님의 완전한 초월은, 예언자가 포로생활을 하고 있는 이스라엘에게 하나님이 그들을 구속하실 수 있다는 확신을 주는 근거가 된다. 마찬가지로, 잠언 8:23에서 의인화된 지혜는, "만세 전부터, 상고부터, 땅이 생기기 전부터 내가 세움을 입었나니."라고 말한다.[17] 이러한 사례들은 험버트의 주장이 설득력이 없음을 반증하는 것이다.

창세기 1:1에 대한 수정주의자의 번역들은 성경의 묘사가 고대 근동의 창조신화로부터 차용했거나 그것들로부터 지대한 영향을 받았을 것으로 가정해왔다. 1895년에 펴낸 역작「창조와 혼돈」(Creation and Chaos)에서, 헤르만 궁켈(Herman Gunkel)은 창세기 1:2의 테홈(tehom, 심연)이 바빌로니아의 창조 서사시인 에뉴마 엘리쉬(Enuma Elish)에서 살해된 여신인 티아맛(Tiamat)으로부터 유래한 것이라고 주장하였다. 이러한 고대 근동 신화에서는 창조가 무(無)로부터(ex nihilo) 이루어진 것이 아니라, 그것으로부터 신들과 땅이 궁극적으로 출현하게 되는, 창조이전에 존재했던 물의 혼돈과 더불어 종종 시작된다.[18]

다수의 현대 구약학자들이 궁켈의 선례(lead)를 따랐으나, 그의 가설은 최근의 연구에서 크게 비판을 받아왔다. 데이빗 추무라(David Tsumura)가 중요한 연구에서 지적한 바와 같이, 테홈(tehom)과 티아맛(tiamat)이 어원학적으로 유사하다고 해서 창세기 1장이 바빌로니아의 창조신화에 의존하고 있다는 주장은 설득력이 없다. 고대 메소포타미아에서는 하나 이상의 창조전승이 존재하였으며, 그보다 더 오래된 몇몇 설화에서는 우주의 창조가 갈등주제

(conflict theme)와는 아무런 관계가 없다.[19] 바빌로니아 설형문자 텍스트의 전문가인 램버트(W. G. Lambert)는 창세기와 에뉴마 엘리쉬 사이에는 하나의 밀접한 병행(물의 갈라짐/티아맛의 갈라짐)이 있기는 하나, 히브리인들이 바빌로니아인들로부터 차용했다는 증거는 없다는 점을 지적했다. 하늘과 땅의 분리라는 주제(motif)는 우주에서의 전투를 전제로 삼지 않는다; 세 가지의 수메르 창조 이야기 그 어디에도, 전투에서 싸우다가 몸이 갈갈이 찢겨 살해되는 괴물에 대한 이야기는 등장하지 않는다. 램버트는 "〔창세기 1:2에서〕 우주의 물들을 나누는 것에 대한 하나의 서론으로서의 전투 사건"은 입증할 수 없다는 결론을 내린다.[20] 이러한 고찰은 바빌로니아 혹은 기타 고대 근동의 자료로부터 상당히 많은 것들을 차용했다고 가정하고 있는 수정주의자의 창세기 1:1-2의 번역이 그 신빙성을 상당히 의심할 수밖에 없는 가정에 근거하고 있는 것이다.

창세기 1:1의 전통적 표현은 또한 전반적인 창조설화의 신학과도 문맥상으로 일치한다. 아이히로트(Eichrodt)가 1절의 역사적인 독립절 표현을 임의의 가정이 아니라, 저자의 관점을 논리적으로 표현한 것으로 간주한 것은 올바른 일이었다. 여기에는 무(無)로부터의 창조가 분명히 함축되어 있다; "창조세계의 절대적 기원"이라는 관념은 "이스라엘의 구원을 성취하는 데 있어서 필수 불가결한 연결고리"가 된다.[21] 창조를 지배하는 하나님의 완전한 주권은 구속에 있어서 하나님의 완전한 주권을 위한 신학적 기초가 된다. 이와 유사하게, 폰 라트(Gerhard von Rad)는 창세기 1:1이 하나님이 "자신의 자유의지로 어떻게 '땅과 하늘'을 창조적으로 조성하셨는지를, 바꿔 말하면 절대적으로 만물-그로 인해 나머지 사물

들이 존재하게 되는-을 조성하셨는지를 보여준다고 지적한다. 1
절의 참된 주제는 그것으로부터 우주가 태고의 전투를 통해 생겨
난, 신화적으로 의인화된 세력들이 아니며," 전사(戰士)도 아니고
산출자(procreator)도 아닌, 홀로 세상을 창조하신 창조주라는 데
에 있다.[22]

창세기 1:1에 대한 유대교와 기독교의 해석사(解釋史)

대다수의 유대교와 기독교 주석가들은 창세기 1:1을 진정한 기
원에 대해 언급하며 무(無)로부터의(ex nihilo) 창조를 의미하는 하
나의 독립절로서 이해해 왔다.[23] 여기서 매우 의미심장한 사실은 고
대의 모든 성경 번역판들-70인역(Septuagint), 벌게이트(Vulgate),
아퀼라(Aquila), 테오도션(Theodotion), 심마쿠스(Symmachus), 그리
고 탈굼 옹켈로스(Targum Onkelos)-이 1절을 하나의 독립절("태초
에 하나님께서 하늘과 땅을 창조하셨다")로서 간주한다는 점이다.[24]

유대교의 해석에서 무(無)로부터의 창조에 대한 가장 오래된 명
백한 진술은, 그리스어로 씌어 졌고 기원전 2세기로 거슬러 올라가
는 마카비후서 7:28에서 볼 수 있다. 한 유대인 어머니가 자신의 아
들에게 담대하게 순교할 것을 촉구 한다: "아들아, 내가 네게 애원
하노니 하늘과 땅을 바라보거라; 그 안에 있는 모든 것들에 대해 생
각해 보거라, 그리고 하나님께서 그것들을 이미 존재하고 있었던
것으로부터 창조하신 것이 아니며 인간이 그와 동일한 방식으로 생
겨난다는 점을 명심하거라." 세상을 무(無)로부터 생겨나게 하신
그 하나님께서 순교자들을 죽음의 "무의미"(nothingness)로부터 일
으켜 세우실 능력을 갖고 계신다.

기원 후 1세기의 저술가인 필로(Philo)는 영원한 우주라는 관념이 참된 경건과 섭리에 대한 성경적 개념에 해가 된다고 믿었다: "이 세상이 기원을 갖지 않는다고 주장하는 사람들은, 경건을 이끄는 모든 것 가운데 가장 유익한 것, 즉 섭리를 무의식적으로 제거한다. 왜냐하면 존재하게된 것은 아버지와 창조자의 보살핌을 받아야 한다는 것이 이치에 닿기 때문이다." 25) 모세는 "이 세계가 가시적이며 감각 기관에 의해 인식되며, 그 가시적인 물체는 생성하고 변화하기 때문에, 거기에는 하나의 기원이 틀림없이 있었다는 말이 된다."라고 가르쳤다. 창세기 1:1은 세상이 창조되기 전에는 시간이 존재하지 않았음을 보여 준다; "시간은 세상과 동시에 시작되었거나 아니면 세상이 생겨난 후에 시작되었다." 26) 여기서 우리는 필로의 견해와 하나님께서 세상을 "선재적"(preexisting) 시간 안에서가 아니라 시간과 더불어 창조했다는 아우구스티누스의 견해 사이에 유사성이 있음을 알 수 있다. 27)

기원 후 1세기의 역사가인 요세푸스(Josephus)는 「유대교의 고대유물」(*Jewish Antiquities*)이라는 저서에서, 성경의 도입부(opening words)인 "태초에 하나님께서 하늘과 땅을 창조하셨다."를 언급하고 있다. 28) 요세푸스는 텍스트의 세부사항에 대해서는 자세히 설명하지 않지만, 그가 후대(2세기)의 유대교 주석가인 아퀼라(Aquila)와 마찬가지로 이전에 70인경(Septuagint)를 번역했던 알렉산드리아 학파가 사용한 *에포이에셴*(*epoiesen, 만들어진, 생겨난*)이 아니라 *에크티셴*(*ektisen, 창조된*)을 선택하였다는 점은 의미심장하다. 이것은 요세푸스가 창세기 1:1을 하나의 독립절로 이해하여, 하나님께서 이전에 존재했던 사물을 단순히 구체화한 것에 지나지 않는다는 점을 암시하는, 그 어떤 것도 피하고자 했음을 시사하는 것이다.

창세기에 대한 랍비들의 주석은 하나님의 창조사역이 무(無)로부터 이루어진 것으로 이해하고 있음을 드러낸다. 창세기 랍바(Rabbah) 1:9에서 다음과 같은 기술을 발견하게 된다: "어떤 철학자가 랍비 가말리엘에게 물었다... '당신의 하나님은 실로 위대한 예술가였지만, 그 분은 훌륭한 재료들이 있었기에 그러한 작품을 남길 수 있었던 것 같습니다.' '그런데 그게 뭐지요?' 라고 철학자가 랍비에게 물었다. '토후(Tohu), 보후(bohu), 어둠, 물, 바람...그리고 심연(창세기 1:2),' 이라고 랍비가 대답했다. '그 사람에게 화 있을진저,' 라고 그가 소리쳤다." "창조"라는 용어는 성경에서는 그 모든 것들과 관련해서 사용된다.[29] 물질계(physical universe)는 하나님의 탁월한 창조로서의 시간 속에서(혹은 "더불어") 단일한(singular) 기원을 가지고 있었다는 창세기의 가르침에 대한 랍비의 이러한 논의는 마카비 2서, 필로 그리고 요세푸스에 반영된 유대교 전승과 일치한다.[30]

초기 기독교 전승은 무로부터의 창조라는 개념을 확인하는 데 있어서 거의 일관되게 주장하고 있다. 창세기 1장에 뿌리박혀 있는 그러한 개념은 요한복음 1:3, 로마서 4:17, 골로새서 1:16, 히브리서 11:3 그리고 요한계시록 4:11과 같은 신약성경의 본문에 전제되어 있다.[31] 2세기의 저술가인 순교자 저스틴은 플라톤의 선재물질론을 창세기에 적용시킬 수 있음을 시인한, 후대의 전승에서의 하나의 예외가 된다. 그 이유는 플라톤이 사실상 자신의 가르침을 모세로부터 차용했기 때문이다: "플라톤이 하나님께서 무형(無形)의 물질

을 변경하여 세상을 만드셨다는 자신의 진술을 차용한 것은 바로 우리의 스승들로부터였다.[32]

순교자 저스틴을 제외하면, 2세기 이후의 기독교 전승은 무로부터의 창조라는 개념을 창세기 1:1에서 찾을 수 있다는 점을 이해하는 데 있어서 본질적으로 의견의 일치를 보인다. 2세기 로마에서 기록된 것으로 추정되는 「헤르마스의 목자서」(*The Shepherd of Hermas*)는 하나님께서 "비존재로부터 모든 사물을 생겨나게 하셨다"라고 진술한다.[33] 2세기 안디옥의 주교인 데오빌로(Theophilus)는 하나님이 "존재하지 않는 사물로부터 존재하는 사물들을 창조하시고 창조하셨기" 때문에 인간 장인(匠人)보다 더 강력하신 분이라는 사실에 주목하면서, 선재하는 물질로부터 사물이 창조되었다는 플라톤의 이론을 정면으로 비판하고 있다.[34] 2세기의 변증가 타티안(Tatian)은 「그리스인들에게 보내는 인사말」(*Address to the Greeks*)에서 물체는 연속적인 것이 아니라, "모든 사물을 조성하신 자에 의해서만 생겨났다."라고 언급한다.[35]

터툴리안(Tertullian)은 자신의 논문 전체를 물질의 영원성이라는 헬라적 관념을 반박하는데 할애하고 있다. 그는 태초에 무로부터의 만물 창조가 종국에는 하나님께서 만물을 무위로 돌아가게 할 것이라는 성경의 선언("하늘과 땅은 없어질 것이다"라는 마태복음 24:35를 인용)과 일치한다고 말한다. 터툴리안은 창조 안에서의 하나님의 주권을 종말론과 심판 안에서의 하나님의 주권과 연계시킨다.[36]

안디옥의 데오빌로처럼, 2세기의 저술가인 이레니우스(Iraeneus)는 무(無)로부터의 창조가 하나님의 권능이 인간의 권능을 훨씬 능가한다는 점을 나타낸다고 주장한다: "인간이 무로부터 그 어느 것도 만들어내지 못하지만...하나님께서는 자신의 창조를 통해 그 전에는 존재하지 않았던 물질을 생겨나게 했다는 점에서 인간보다는 걸출한 탁월성을 보이신다.[37]

아우구스티누스는 「고백록」(*Confessions*)에서, "오 하나님, 당신은 어떻게 하늘과 땅을 만드셨나요?"라고 질문한다. 그의 답변은 선재하는 물질로부터가 아니라 "당신이 말씀하시매(thou spakest), 만물이 창조되었으며, 당신의 말씀(그리스도) 안에서 만물을 창조하셨습니다."이다.[38] 시간은 창조 이전에는 존재하지 않았다; "시간 그 자체가 창조되었다."[39]

중세기에는 무(無)로부터의 창조라는 이러한 이해가 토마스 아퀴나스(Thomas Aquinas)에 의해 계승되었다.[40] 그 교리는 1215년 제4차 라테란 공의회에서 믿음의 교리로 규정되었고,[41] 1870년 제1차 바티칸 공의회에서 재확인되었다.[42]

유대교 전통과 기독교적 전통 사이에서 이처럼 오랜 기간에 걸쳐 이루어진 광범위한 합의는 어휘적, 문법적 그리고 신학적 이유에서 논란의 여지는 있지만, 창세기 1:1이 실로 무로부터의 창조라고 하는, 진정한 그리고 단일한 우주의 기원을 가르치고 있다는 결론을 강력하게 지지하고 있다.

창세기 1장과 기타 고대의 우주론들

최근의 과학적 우주론에 대해 고찰하기 전에, 고대의 세 가지 우주론-플라톤, 아리스토텔레스 그리고 스토아학파의 우주론-의 몇몇 특징들에 대해 간략히 언급하는 것은 그럴만한 가치가 있는 일이 될 것이다. 이러한 이론들을 선정한 이유는 두 가지인데, 하나는 그것들이 시간 속에서 우주가 단일한 기원을 가지고 있다는 성경적 개념과 뚜렷이 대비되며, 다른 하나는 그 이론들이 몇몇 현대 이론들과 양립할 수 있기 때문이다.

우주론에 대한 플라톤의 매우 광범위한 논의는 그의 「티마에우스」(*Timaeus*)에서 볼 수 있다. 여기서 그는 하나님께서 "눈에 보이는 모든 사물이 정지 상태가 아니라 무질서한 운동 상태에 있음을 보시고, 그것들을 취하여 무질서로부터 질서의 상태로 만드셨다"라고 진술하고 있다.[43] 창조는 무로부터 이루어진 것이 아니라 선재하는 물질에 질서를 부여함으로써 이루어진 것이다. 앞에서 살펴보았듯이, 많은 교부들이 이러한 개념을 창세기에 대한 성경의 견해와 대비시켰다.

플라톤에게 있어서 우주는 "하나님의 섭리로 인해 영혼과 이성을 부여받은 살아있는 피조물로 존재하게 되었다."[44] 이성을 부여받은 생명체로서의 세계에 대한 그의 관념은 자연의 질서, 즉 소피스트(Sophist)들과 그 이전의 그리스 원자론 철학자들에 의해 거부되었던 요소들 안으로 목적론(teleology)과 목적을 도입하였다

그러나 중세기와 근대 초기에, 기독교 교회로부터 "규범으로 인정받은"(canonical) 것은 플라톤의 우주론이 아니라 아리스토텔레스의 우주론(프톨레미의 천문학과 더불어)이었다. 아리스토텔레스에게 전체(whole)로서의 우주는 영원하다. 아리스토텔레스는 이전 사상가들의 견해를 폭넓게 논의한 후, 다음과 같은 결론을 내린다: "하나의 전체로서의 세계는 생성된 것이 아니며 소멸될 수 없고, 독특하고 영원하며 자신의 전 생애 동안 시작도 끝도 없으며 무한한 시간을 가지고 있다고 우리는 믿는다."[45] 아리스토텔레스에게

있어서 영원한 것은 하나의 전체로서의 우주라는 사실에 우리는 주목해야 한다. "에테르"(aither)로 구성되어 있는 천체의 상층부(upper heavenly sphere)는 생성되지 않으며, 소멸될 수도 없으며 영원히 지속된다. 에테르로 구성되어 있는, 영원한 천체 아래에는 각기 자신의 "자연계의" 운동을 하는 흙, 공기, 불 그리고 물의 요소 등으로 구성되어 있는, 달의 궤도에 있는 영역이 있다. 달의 궤도에 있는 이러한 요소들 가운데 그 어느 것도 그 자체로는 영원하지 않다; 그것들은 상호 생성되며 다시 상호 변화된다.[46] 아리스토텔레스의 우주론에 있어서 달의 궤도에 있는 네 가지 요소들의 변형은 현대 물리학에 있어서 질량 에너지의 변환 및 보존 개념과 어느 정도 유사하다. 하나의 전체로서의 우주는 위에서는 영원하며 불변하는 순환운동이 진행되고 아래에서는 끝없는 변환(집합적 보존을 지니는)이 일어나는, "정상상태(steady state)"[47]에 있다고 말할 수 있다.

대략 오 백년 동안-기원 전 2세기부터 기독교 시대인 3세기까지-식자(識者)들에게 지대한 영향을 끼친 우주론 가운데 하나는 순환하는 우주에 대한 비전을 갖고 있었던 스토아학파의 우주론이었다.[48] 스토아학파에게는 먼 과거에 시작된 현재의 우주적 질서는 영원한 것이 아니라 궁극적으로 소멸되는 것이다. 엄청난 대화재(에크피로시스, ekpyrosis)는 모든 요소들을 용해하여 불로 만들 것이다. 시간이 지나면 세계질서는 다시 생겨나는데, 이렇게 탄생하는 미래의 우주존재는 모든 면에서 현재의 우주존재와 동일하며-심지어는 인간까지도 동일하다. 우주의 끝없는 역사는 소멸과 회생이라는 계속적인 순환이 될 것이다.[49] 헤라클리투스, 피타고라스 그리고 플라톤에게서 그 전례를 찾을 수 있는 스토아학파의 우주관은 헬라인들의 마음속에 깊이 각인된 "우주의 시대"라는 관념을 반영하였다. 계절이 매년 순환하는 것은 우주의 역사 그 자체가 본질적으로 순환적인 것임을 시사하였다.[50] 우주가 순환한다는 이러한 관념은 아래에서 논의될, "진동하는 우주"에 대한 현대의 과학적 제안과 비교하게 만든다.[51]

현대 과학의 우주론들

2세기 프톨레미(Ptolemy)의 시대로부터 1930년대까지 우주는 정적(靜的)이라는 것이 일반적인 통념이었다. 1929년 미국의 천문학자 에드윈 허블(Edwin Hubble)이 우주가 팽창한다는 사실을 발견하였는데, 그는 머나먼 은하계로부터 나오는 별빛의 적색 주파수의 편이(偏移)를 측정하였다. 스티븐 호킹(Stephen Hawking)에 의하면, 팽창하는 우주의 실체는 "이론 물리학이 상실했던 가장 커다란 기회 가운데 하나였다." "뉴턴의 중력이 그것을 예측했어야 했다."[52] 중력의 힘이 우주 전체에 미치는 것임을 감안한다면, 우주는 정적인 것이 될 수 없고 오히려 팽창하거나 수축하든지 둘 중의 하나여야 한다.

제1장의 첫 항(項)에서 필자는 창세기 1:1이 우주는 시간에 있어서 단일한 기원을 가지며, 후에 유대교와 기독교 전승이 *무(無)로부터의 창조*를 텍스트의 추가적인 함축으로 이해하는 것이 정당화되고 있음을 가르친다고 주장하였다. 창세기는 그러한 창조개념을 주창함에 있어 세계의 고대 우주론들 가운데 본질적으로 단연 독보적이다. 본 항에서 우리가 고찰해야할 주요 질문은, 현대의 과학

적 우주론들이 우주가 시간 속에서 단일한 기원을 갖는지를 가르치는가 하는 것이다. 이것이 정녕 사실이라면, 우리는 창세기와 빅뱅 우주론 사이에 명백히 합치하는 신학적 함축에 대해 고찰할 것이다.

"표준" 빅뱅 모델. 1965년 벨 실험실에 근무하는 무선 천문학자인 로버트 윌슨(Robert Wilson)과 아르노 펜지아스(Arno Penzias)는 초기 우주를 구성하기 위해 폭발했던 태고의 불덩어리(fireball)가 냉각하면서 잔류하게 된 우주의 극초단파 배경복사(background radiation)를 발견하였다.[53] 빅뱅의 이러한 희미한 "반향"(echo)은 공간의 모든 방향으로부터 일정한 것으로 관측되었는데, 이는 대다수의 과학자들로 하여금 우주의 기원에 대한 빅뱅 모델의 어떤 형태가 사실일지도 모른다는 점을 확신시키는데 결정적인 역할을 하였다.

우주의 배경복사, 아득히 먼 은하계로부터 나오는 적색이동(red-shifted) 광원, 그리고 우주에서 관찰된 다량의 수소와 헬륨이 빅뱅 모델－우주가 상상을 초월할 만큼 미세하고, 뜨거우며 고밀도의 점에서 "폭발하여" 오늘날 우리가 관찰하는 우주가 형성되었다고 말하는 모델－을 지지하는 세 가지 주요한 증거 노선(line)을 구성한다.[54] 1920년대에 에드윈 허블은 적색이동의 광원에 대한 증거 뿐 아니라 은하계가 멀어지는(receding) 비율이 은하계의 거리와 비례한다는 증거 또한 발견하였다: 가장 멀리 떨어져 있는 은하계가 가장 신속하게 멀어졌다.[55] 관찰된 은하계들은 부풀어 오르는 풍선의 점들과 같이 상대로부터 빠르게 움직이고 있었다. 뒤로 외삽(外揷)되었을 때, 멀어지는 은하계에 대한 이러한 증거가 명백히 함축하는 바는 우주의 팽창이 대폭발이 처음 발생한 t=0의 시점에서 그 기원을 가지고 있었음에 틀림없다는 사실이다.

1960년대에는 여러 과학자들이 빅뱅 이후 최초의 몇 분 동안 발생한 것으로 믿어지는, 우주에서의 상대적으로 다량의 수소와 헬륨의 상대적 풍요를 이론적으로 계산하였다. 실제로 다량이 있는 것으로 관찰된 것-75%의 수소와 24%의 헬륨의 순서로-이 이론적인 계산과 일치한다는 사실이 대다수의 과학자들에 의해 빅뱅에 대한 가장 강력한 증거로 간주된다.[56] "표준" 모델에 문제가 있기는 하지만, 대다수의 과학자들은 미래의 우주론이 빅뱅 모델을 완전히 다른 것으로 대체하기보다는 오히려 그것의 주요 특징들을 통합시킬 것으로 믿는다.

빅뱅 이론에 대한 대안들? 1948년 천문학자인 허만 본디 (Herman Bondi), 토마스 골드(Thomas Gold), 그리고 프레드 호일 (Fred Hoyle)은 빅뱅 이론에 대한 하나의 대안으로 우주의 "정상상태" 론을 제시하였다.[57] 이 이론에서, 관찰되는 우주의 팽창은 물질의 끊임없는 창조에 의해 "균형을 이루게" 되는데, 그것은 우주에서의 공간의 용적 당 물질의 평균 밀도가 시간의 경과에 따라 일정한 상태를 유지하게 될 것이다. 이 모델은 t=0에서 물리학의 기존 법칙이 명백히 와해된다는 문제를 피할 수 있을 것이다. 왜냐하면 지속적인 창조과정은 그 기원을 시간에 두지 않을 것이기 때문이다.

이 이론은 본디, 골드, 그리고 호일이 끝과 시작이 동일한 순환적 플롯을 지닌 어떤 유령영화를 관람했던 1946년의 어느 날 저녁에 탄생했다고 전해진다. 세 사람이 캠브리지대의 트리니티 칼리지에 있는 본디의 연구실에서 브랜디를 한잔씩 걸치면서 담소하고 있을 때, 골드가 불쑥 "만일 우주가 그와 같이 구성된다면 어떤 일이 일어날까?"라는 질문을 던졌다. 존 배로우(John D. Barrow)와 조지프 실크(Joseph Silk)에 의하면, "그처럼 호기심을 자아내는 시작으로부터, 우주의 정상상태이론이 탄생하였다."[58]

호일은 자신의 제안이 아득히 먼 과거의 단일한 창조사건이라는 아이디어에 대한 "심미적 반대"로 인해 실질적으로 동기부여를 받은 것이라고 말하였다. 그처럼 단일한 사건이라면 "과학이 알 수 없는 원인들"로 인해 일어나는 결과들을 암시하게 될 것이며, 그의 이론은 물리학의 기존 법칙의 적용가능성(applicability)이 붕괴되는 곤란한 상황을 피하게 될 것이다.[59]

정상상태이론은 그 당시 활동하던 과학자들로부터 커다란 호응을 받지 못하였다. 사물이 계속적으로 창조된다는 주장 - 본디와 골드가 자신의 이론에서 "직접적인 관찰을 하기에는 지나치게 낮은" 비율로 진행됨을 시인한[60] - 은 물리학의 가장 기본적인 보존법칙을 위반하였다. 1965년에 발견된 극초단파 배경복사는 지금과는 근본적으로 다른, 우주의 초기 상태가 뜨겁고 고밀도의 상태였다는 것에 대해 반박할 수 없는 증거를 제공하였다. 정상상태이론은 이러한 배경 복사에 대해 설득력 있는 설명을 하지 못하였다. 과학계는 관찰을 통한 증거가 정상상태이론을 거의 궤멸상태로 만들었다고 확신하였다. 실크에 의하면, 이 이론은 "현대 우주론의 발전에 대한 지대한 역사적 관심의 각주(footnote)일 뿐이다."[61]

1950년대와 1960년대에는 소위 진동 우주 모델(oscillating-universw model)이 천문학자들 가운데서 어느 정도 호응을 얻었다.[62] 이 모델에서는 우주가 "거대한 소음"을 내면서 붕괴한 후, 새로이 팽창할 때 원래의 상태로 회복되는데, 이 때 영구히 지속되는 것으로 보이는 팽창과 수축이라는 새로운 순환을 시작하게 된다. 천문학자 로버트 디키(Robert Dicke)와 그의 동료들에게는 그러한 모델이 철학적으로 커다란 이점을 제공하였다. 왜냐하면 그것은 "우리가 과거의 어느 유한(有限)한 시간에 있어서의 물질의 기원을 이해하지 않으면 안 되는 의무감에서 벗어나게 해주기 때문이다."[63] 그리고 폴 데이비스가 주목하였듯이, 그러한 진동 우주론은 또한 "창조와 파괴의 순환이 두드러지게 나타나는 힌두교와 불교 신화"에 의해 영향을 받은 사람들의 흥미를 끄는 것처럼 보인다.[64]

진동 우주론은 1960년대 후반과 1970년대 초반 스티븐 호킹(Stephen Hawking)과 로저 펜로즈(Roger Penrose)의 이론적 연구에 의해 강타 당했는데, 이들은 "폭발들"(bangs)과 "튀어 오름"(bounces)이라는 끝없는 순환에 대한 그럴듯한 물리학적 메커니즘은 없다는 것을 보여주었다. 호킹과 펜로즈는 그러한 진동이 "앨버트 아인슈타인이 우주의 거대한 구조를 기술하기 위해 발전시킨 근본적인 수학적 틀(framework)인 일반 상대성의 틀 안에서 실현될 가능성이 있는"[65] 것으로는 생각되지 않는다고 결론지었다. 그러한 튀어 오름이 "커다란 소음" 후에 일어나기 위해서는, 붕괴되는 우주의 힘(momentum)을 역전시킬 수 있는 반중력적 힘 같은 것이 있어야 하는데, 아직까지 그러한 힘은 알려진 바 없다.[66]

진동 우주론은 또한 우주의 극초단파 배경 복사(background radiation)에 대한 기존의 관찰과도 일치하지 않는다. 배경 복사의 양이 일정하며 유한하다는 사실로부터 우주가 기껏해야 유한한 수의 반복된 "튀어 오름"(bounces)을 거쳤을 가능성이 있다는 것을 유추할 수는 있다. 그렇지 않았다면 꽤 많은 방사능이 그 이전의 팽창 순환 과정에서 관찰된 우주 안으로 주입되었을 것이다.[67]

게다가, 여러 과학자들이 진동 우주론은 폐쇄 체계에서 엔트로피의 총액 혹은 무질서가 시간의 경과에 따라 증가할 수 있음을 요하는 열역학의 제2법칙과 일치하지 않음을 지적하였다. 각각의 순환에서 일어나게 될 다양한 비대칭적 과정들―별빛은 우주 안으로 주입되고, 물질은 블랙홀(black hole) 안으로 휩쓸려 들어가는―이 계속되는 순환에서 유용한 작업을 하기 위해서 보다 적은 에너지를 이용할 수 있게 되며, 종국에는 우주가 정지하게 될 것임을 나타낸다.[68]

관찰 상의 데이터와 순환이론의 심각한 이론적인 문제점들을 고려하여, 천문학자 실크는 "시간의 시작은 불가피한" 것이라는 결론을 내렸다.[69] 진동 우주론은 그 동안 거의 무시되어 왔으며 오늘날 과학계에서 별로 지지를 받지 못하거나 전혀 지지를 받지 못하고 있다.[70]

최근의 이론적인 제안들: 양자 우주론. 정상상태이론과 진동 우주론이 자취를 감추면서, 진지한 과학적 우주론들이 우주는 단일한 기원을 가지고 있었다는 명제 하에 전개되었다. 이러한 단일한 "창조 사건"의 본질은 무엇이었으며, 그것을 설명하고자 하는 과학 이론의 한계―만일 한계가 있다면―는 무엇인가? 1970년대 이후 물리학자들은 태초의 우주의 기원과 발전과정을 설명하기 위해 기초 입자물리학, 일반 상대성 이론 그리고 양자 역학의 이

론적인 도구들(tools)을 결합하려는 시도를 해왔다. 이처럼 다소 이론적인 "양자 우주론들"의 몇 가지 특성과 함의(含意)에 대해 살펴보기로 하자.[71]

1973년 뉴욕 시립대 헌터칼리지의 물리학자 에드워드 트라이언(Edward Tryon)은 "우주는 진공 파동(vacuum fluctuation)인가?"라는 도발적인 제목의 논문을 발표하였다. 빅뱅 이론의 몇 가지 견해(version)들이 정확하다는 사실을 확정적인 것으로 간주하면서, 트라이언은 우주가 진공의 양자 파동으로 탄생하였음을 제시하였는데, 거기서 "진공"은 양자 역학론에서 기술한 바와 같이 에너지 장(場)으로 이해된다.[72] 트라이언의 논문은 (거의) "무"로부터 자연발생적으로 나타나는 우주를 양자파동의 어떤 형태로 상상하는 많은 이론적인 후속 논문들을 고무하였다.[73]

트라이언은 한 쌍을 이루는 입자/반입자(예, 전자와 양전자)의 동시적 출현이 기초 입자물리학에서 널리 알려진 현상임을 관찰하였다. 그러한 모델이 에너지와 전하(電荷)와 같은 모든 보존된 양에 대한 순 영점치(net zero value)를 지니고 있는 한, 이러한 현상을 하나의 통합체로서의 우주에서 일반화시킬 수 있는 것일까? 트라이언은 우주의 질량($E=mc^2$)의 순 플러스의 에너지가, 물리학에서 마이너스 질량으로 정의된 우주의 순 중력 에너지에 의해 조화를 이룰 수 있을지도 모른다는 가설을 세웠다. 만일 우주가 모든 보존된 질량에 대해 순 영점치(zero net value)를 가지고 있다면, "우리의 우주는 어떠한 보존 법칙을 위반하지 않아도, 미지의 장소(nowhere)로부터 출현할 수도 있었을 것이라고" 트라이언은 제시하였다. 어째서 그런 일이 일어났는지에 대한 질문과 관련하여,

"나는 우리의 우주가 단지 어쩌다가 일어나는 그런 것 중의 하나에 불과하다는 조심스러운 제안을 하고자 한다."라고 트라이언은 쓰고 있다.[74]

트라이언의 아이디어는 1970년대와 1980년대에 다른 물리학자들에 의해 보다 발전되었다. 브뤼셀대의 브라우트(R. Brout)와 그의 동료들은 이전에 평평한(flat) 우주가 있었을 것이라고 가정하면서, 양자역학의 법칙은 "우주에서의 모든 물질과 복사선(radiation)이 자연발생적으로 창조된 것과 완벽하게 일치하고" 있다고 주장하였으며, 그들 나름대로 수학적 모델을 제시하였다.[75] 1982년 뉴욕 록펠러대의 데이빗 아트카츠(David Atkatz)와 하인쯔 파겔(Heinz Pagels)은 논문 하나를 발표했는데, 그 논문에서 그들은 우주가 "안정된 공간-시간 배열(configuration)"로부터 "양자 터널링(tunneling) 사건"으로 나타났다고 말하였다. 빅뱅은 대규모로 이루어지는 단일한 방사성 자연붕괴 사건과 유사하다고 말할 수 있을 것이다.[76]

이미 주목한 바와 같이, 이러한 것들은 진정한 의미의 무로부터의 (창조) 시나리오가 아니다; "어떤 것"(something), 즉 에너지 장 혹은 시공(space-time) 다양체는 우주의 탄생 이전에 존재한다. 브라우트가 1978년의 논문에서 밝힌 바와 같이, 그러한 시나리오의 한 가지 근본적인 문제점은 물질이 반물질(antimatter)보다 우세하다는 것이 실제로 관찰되고 있음을 설명하는 일이다.[77] 물리학의 보존 법칙은 진공 파동가설에서 물질의 양과 반물질의 양이 동일하게 창조됨을 암시한다. 그러나 우리가 실제로 관찰하는 우주는 거의 정상적인 물질로만 구성되어 있다. 만일 양자 파동설이 사실이라면, 사라져버린 모든 반물질은 어디에 있는가? 그리고 그것이 존재한다면, 입자와 반입자가 충돌할 때 일어나는 거대한 섬광 안에서 우주가 소멸되지 않게 막아주는 것은 무엇인가?

또한 시공 다양체가 그 이전에 존재하였다는 성가신 문제가 제기된다. 그것은 어디에서 왔는가? "이것은 우리가 답변할 수 없는 질문이다."라고 아트카츠와 파겔은 시인한다.[78]

1982년 매서추세츠주 터프츠대의 물리학자 알렉산더 빌렌킨(Alexander Vilenkin)은 이러한 이론적인(speculative) 모델을 좀더 발전시켜 "우주가 문자 그대로 무로부터 자연발생적으로 창조된다는" 우주론적 시나리오를 제시하였다. 양자역학에서 입자는 포텐셜 장벽(potential barrier)을 관통한다; 빌렌킨에 의하면, 이것은 "우주의 탄생이 양자 터널효과일지도 모른다"는 점을 암시한다.[79]

빌렌킨은 우주가 무로부터 자연발생적으로 탄생한다는 관념이 "얼토당토않은 것"으로 인식한다. 그가 제안한 이론적 모델의 이점은 주로 "심미적인"(aesthetic) 것이다. 왜냐하면 그것은 통상적인 빅뱅 모델에서 t=0의 시점에서 단일성(singularity)의 문제를 피할 수 있기 때문이다: 그는 또한 자신의 모델이 할 수 있는 증명 가능한 유일한 예측이 우주는 폐쇄되어(즉, 영구히 팽창하지 않는) 있음에 틀림없다는 점을 시인한다; 그렇지만 여기서 제기되는 문제는 "우리는 〔이것을〕 실험을 통해 결정할 수 있을 때까지 오랜 시간 기다리지 않으면 안 될 것이라는 점이다.[80]

빌렌킨의 제안은 "데이터만으로는 결정할 수 없는" 사변적 이론의 훌륭한 사례가 된다. 그 이론에 의해 행해지는 한 가지 예측 - 우주가 닫혀 있음에 틀림없다는 것 - 은 가까운 장래에 실험을 통해 증명될 가능성이 없어 보이지만, 또한 어떠한 대안적 우주론의 모델과도 일치한다라고 그는 시인한다. 실험을 통해 쉽게 증명할 수 있거나 또는 허위임을 입증할 수 없는 빌렌킨의 모델과 같은 수학적 모델은 훌륭한 과학이론으로서는 상당한 신뢰성을 결여하고 있는 것이다.

저자 가운데 한 사람이 뛰어난 대중적 지명도를 지니고 있어, 최근에 세간의 커다란 관심을 끌었던 또 하나의 사변적(speculative) 우주론 모델은 소위 호킹-하틀(Hawking-Hartle) 모델이다. 1983년 베스트셀러가 되었던 「시간의 역사(歷史)」(A Brief History of Time)의 저자로 널리 알려진 스티븐 호킹(Stephen W. Hawking)과 그의 동료 하틀(J. B. Hartle)은 "우주의 파동 기능"이라는 평범한(modest) 제목의 논문을 발표하였다.[81] 우주의 기원에 대한 이러한 수학적 모델에서, 시공 연속체(space-time)는 크기는 유한하나 경계나 가장자리가 없는 표면(지구나 원환체와 같은-도너츠 형태)을 형성한다. 물리학 법칙이 붕괴되는 t=0에서는 "단일성"이라는 것이 없다. 호킹-하틀 모델에서 시간은 "불명확하게"(fuzzy), 다시 말해 양자역학적인 방식으로 공간으로부터 점진적으로 생기게 된다; 엄격히 말하자면, 시간의 "기원"으로서의 단독점(single point)은 결코 없다.[82]

우주가 완벽하게 자기 충족적(self-contained)이며 우주밖에 있는 그 어느 것에 의해서도 영향을 받지 않는다는, 이러한 우주 모델에서, 우주는 창조되지 않으며 파괴되지도 않는다; 그것은 단지 "존재한다." 호킹은 이러한 질문을 제기한다, "그렇다면 창조자를 위해서는 어떤 공간이 필요한가?"[83]

몇몇 과학 작가들은 호킹-하틀 모델이 우주를 궁극적으로 설명하기 위해 하나님이나 형이상학에 호소할 필요성을 제거했다고 결론지었다. 존 그리빈(John Gribbin)에 의하면, 호킹과 하틀 덕택에 이제는 창조의 순간에 하나님이나 특별한 한계조건(boundary condition)을 염원하지 않고서도, "우리는 어디에서 오는가?"라는 질문에 대해 훌륭한 과학적 답변을 할 수 있게 되었다...이제 실업자 신세가 된 사람은 다름 아닌 형이상학자들이다.[84]

의미심장한 것은, 호킹 자신이 그리빈과 다른 학자들이 자신의 모델로부터 이끌어내는 포괄적인(sweeping) 결론에 대해 동의하지 않는다는 것이다. 호킹은 자신의 이론이 단지 수학적 규칙과 방정식의 집합에 지나지 않는다는 점에 주목한다; 그러한 수학적 모델은 "어째서 그 모델이 기술해야 할 우주가 있어야 하는 것인가?"라는 질문에 대해 답변할 수 없다. "어째서 그 이론에 대한 사례를 실제로 존재하는 우주에서 들어야 하는가?" "방정식에 영감(fire)을 불어넣어, 그 방정식들이 기술하는 우주를 만드는 것은 도대체 무엇인가?"라고 호킹은 의문을 제기한다.[85] 하지만 호킹은 자신이 제기하는 근본적인 질문에 답변하지 않는다.

몇몇 논평자들은 호킹-하틀 모델에 내재되어 있는 중요한 문제점들을 지적하였다. 아직까지 양자역학과 일반상대성이론을 통합시키는 데에 성공한 사례가 없기 때문에, 훌륭한 양자 중력 이론-즉 빅뱅 직후 "플랑크 시간" 10^{-43}초 이전에, 가장 초기의 우주에서의 중력을 기술할 수 있는 이론- 이라는 것은 없다. 그러한 이론의 부재로 인해, 호킹과 하틀은 우주의 가장 초기상태에 관한 세부적인 계산을 할 수가 없는 것이다; 그러한 이론이 있다 하더라도, 계산하는 일이 너무 복잡하기 때문에 실제로는 실행할 수가 없을지도

모른다.[86)]

나리커(J. V. Narliker)는 "어떠한 직접적인 관찰을 통한 증거"에 기초하지 않는 가장 초기의 우주에 대한 호킹의 이론과 같은 사변적인 이론에 대해 느끼는 불편함을 숨기지 않았다.[87)] 그러한 사변적 시나리오는, 단 한번 일어났고 그 후에는 결코 다시 일어나지 않을 빅뱅 직후 10초 이전의 상태를 다루고자 하는 의도를 지닌다; 그 시나리오에는 표준 물리학 이론의 특징이 되는 *실험적 반복가능성*(*experimental repeatability*)이 결여되어 있다. 대조(contrast)라는 방식에 의해, 항성의 요소들을 통합하는 것에 관한 천체물리학 이론은 "하나의 독립적인 실험으로서의 개개의 항성"에 대한 진행되는 과정을 언급한다.[88)]

하인쯔 파겔이 주시한 바와 같이, 양자 우주론에 있어서의 이러한 이론들은 그것들이 실험되었던 장소를 훨씬 초과하여 현재의 이론들과 개념들을 외삽(外揷)하는 일을 내포한다; 그것들은 "상상적인 추측들"에 지나지 않는다. 그는 이론을 세우는 일이 "결코 실험과 관찰에 대한 대체가 될 수 없다."는 점에 주목한다.[89)] 기존의 어떤 입자가속기(particle accelerator)라도 - 혹은 가까운 장래에 세워질 가능성이 있는 어떤 것이라도 - 그러한 이론을 시험하는데 필요한 극도의 고(高)에너지를 전달할 수 없다. 양자 중력 영역을 시험할 수 있는 입자가속기는 원주(circumference)가 족히 일천 광년 정도는 되어야 할 것이다; 태양계 전체는 원주가 불과 일 광일(light-day)에 지나지 않는다.[90)]

초끈과 만물론(*Superstrings and Theories of Everything*). 최근 몇 년 동안 가장 초기의 우주에 대한 양자 우주론은 과학계에서 "만물

론"(Theories of Everything)으로 명명되어 왔던 것에 대한 보다 거대한 탐구의 일부였다. 그러한 "최종 이론"(final theory)은 양자역학을 일반상대성 이론과 통합시키며, 자연의 네 가지 기본적인 힘(중력, 전자기장, 그리고 강한 핵력(nuclear force)과 약한 핵력)에 대한 통합적인 이해를 할 수 있게 해준다. 그러한 이론은 원리상으로는 물리학자들이 우주의 기원을 설명하고 빅뱅으로부터 현재까지 지속되어 온 상태를 산출할 수 있게 해 줄 것이다. 많은 물리학자들이 상상할 수 없을 만큼 작고 진동하는 "끈들"을 기초입자들의 궁극적 구성요소들로 상정하는, 특이한(exotic) "초끈" 이론이 물리학의 기존 법칙들을 대통합시키는 것에 대한 수학적 기반을 마련해 줄지도 모른다고 믿고 있다.[91] 여기서 자연스럽게 질문이 제기되는데, 그러한 만물론의 성공적 발전이 신학적으로 함축하는 바는 무엇인가? "하나님 가설"(God hypothesis)은 우주의 존재에 대한 최종적 설명으로서 더 이상 필요치 않게 될 것인가?

폴 데이비스와 같은 몇몇 물리학자들은 최종 이론은 우주에 대한 최종적이며 충분한 설명이 될 것이라는 점을 시사하는 듯하다. 어쩌면 궁극적인 "초법"(superlaw)이라는 것이 발견된다면, 그것은 "논리적으로 가능한 단 하나의 물리학 법칙으로 나타나게 될 것이다."[92]

그런데 스탠리 재키(Stanley Jaki)는 괴델의 정리(定理)에 의한 논리적 증명에 가해진 제약들을 감안한다면, "논리적으로 필요하며" 완전한 물리학 이론에 대한 그러한 주장들은 논증할 수 없다고 주장하였다. 괴델은 수학적 명제의 명백하지 않은(non-trivial) 집합이 그 자체의 일관성과 완전성의 증거를 포함할 수 없다는 것을 증명

하였다. 우리는 그러한 만물론의 최종적 일관성과 완전성을 결코 확신할 수 없다.[93]

그러나 대다수의 물리학자들은 어떠한 최종 이론도, 설령 그것이 발견된다고 하더라도 논리적으로 필수적인 것이 되지는 않을 것이라는 견해를 가지고 있는 것 같다. 예를 들면, 노벨상 수상자인 스티븐 와인버그(Steven Weinberg)는 "최종 이론이 어떤 것이든지 간에, 그것은 틀림없이 논리적으로 불가피한 것이 되지는 않을 것이다...우리는 어째서 자연이 양자역학의 법칙에 순응해야 하는지를 여전히 묻지 않을 수 없다."[94] 어째서 최종 이론은 어떤 다른 형태가 아닌 하나의 형태를 지니는가? 그리고 와인버그가 주시하듯이, 보다 더 근본적인 것은 "도대체 사물은 왜 존재하는가?" 라는 질문이 아직도 제기된다는 것이다.[95]

물리학자 제임스 트레필(James Trefil)은 몇몇 최종 이론의 법칙들이 상호 간에 논리적으로 모순이 없는 유일한 법칙들로 나타나기는 하지만, "논리 법칙들을 만든 자는 누구인가?" 라는 질문은 여전히 제기할 수 있다. 그는 "경계선을 아무리 뒤로 밀어낸다고 하더라도...물질계에 대한 종교적 신앙과 종교적 해석의 여지는 언제나 있게 될 것이다." 라고 결론짓는다.[96]

와인버그, 트레필, 그리고 호킹은 어떠한 "최종 이론"도 그것에 생기를 불어넣기 위해서는 보다 크고 보다 최종적인 인과율에 따르는 실체를 필요로 하는 일련의 수학 방정식에 지나지 않는다는 점을 인식하고 있는 것 같다. 따라서 최종 이론은, 설령 그것이 발전된다고 하더라도 성경적 신앙에 위협이 되지 않을 것이라는 점은 분명해 보인다. 신앙의 관점에서 보면, 하나님 자신이 고안하신 수학 방정식들과 양자 역학의 법칙들을 통해 "방정식에 영감(fire)을 불어넣으시고" 존재 가능한 우주를 실제로 존재하게 하시는 분은 다름 아닌 성경의 계시를 통해 나타난 하나님이다.

몇 가지 결론적 고찰

우리는 창세기 1:1이 우주는 단일한 기원을 지니는 것으로 가르치며, 우주가 무(無)로부터 창조되었을 것이라는 추론을 진전시킴에 있어, 유대교 및 기독교의 주류를 이루는 전통들이 정당화될 수 있음을 살펴보았다. 무로부터의 창조라는 개념은 전체 창조질서에 대한 하나님의 완전한 초월, 그리고 자신의 백성을 구속하시려는 하나님의 무한한 능력에 대한 성경 전체에 깔려있는 증언들과도 일치한다.

우주가 단일한 그리고 무로부터의 기원을 갖고 있다는 창세기의 개념은 본질적으로 고대 세계의 우주론들 가운데서 단연 독보적이며, 이 시점에 있어서 최근의 빅뱅 우주 모델과의 합치를 보여준다. 기독교 신학과 자연과학 사이에 종종 갈등으로 점철되어 왔던 오랜 역사를 감안한다면,[97] 이러한 합치의 측면은 천문학자, 물리학자, 철학자 그리고 신학자들 간의 유익한 대화를 촉진할 수 있는 잠재 가능성을 지니고 있는 것으로서 환영해야 할 것이다.

설령 미래의 어느 시점에서 여기에서 논의된 여러 이론적 양자 우주론 혹은 대(大)만물론이 확고한 과학이론으로 정립된다 하더라도, 이것을 기독교 신앙에 대한 위협으로 간주해서는 안 될 것이다. 기독교 신학의 관점에서 보면, 과학이 드러낸 수학 및 물리학 법칙을 통해 작업하면서 "방정식에 영감을 불어넣으시고" 자신의 전능한 말씀의 능력으로 존재 가능성이 있는 우주를 현실적으로 존재하게 하신 분은 다름 아닌 창세기 1:1의 하나님이다. 창세기 1:1과 현대 우주론은 우주의 기원을 설명하는 데 있어서 대립적인 것으로 보기보다는 상호보완적인 것으로 이해할 수 있다. "최종 이론"의 방정식은 우주가 "태초에" *어떻게* 창조되었는지를 기술한다; 창세기 1:1은 우주를 창조하신 분이 누구인지를 우리에게 말해주며, 우리로 하여금 과학 지식을 인간경험의 보다 폭넓은 도덕적, 심미적 그리고 종교적 차원과 연계할 수 있게 해준다.

제2장

양자 불확정성과 하나님의 전지(全知)

자연에서의 양자 불확정의 실재가 하나님의 전지(全知)에 대한 고전적 신론의 이해를 수정할 것을 요구하는가? 적어도, 과학자이자 신학자인 한 저명인사는 그렇다고 믿고 있다. 신학과 자연과학의 접목을 시도하는 연구들이 꾸준히 쏟아져 나오는데 주도적으로 기여하고 있는 옥스퍼드대의 아더 피콕(Arthur Peacocke)은 다음과 같이 말한다. "하나님은 자연의 질서를, 그것이 원리적으로는 우리가 어떤 변이들(variables)의 정확한, 미래적 가치를 예측하는 것이 불가능한 것처럼, 하나님 자신조차도 그렇게 하는 일이 불가능하게 만드셨다."[1] 자신의 논지(論旨)를 설명하기 위해, 피콕은 이러한 "자기 제한적"(self-limited) 전지에 있어서, 하나님은 백만 개나 되는 라듐 원자 가운데 어느 것이 향후 10초 후에 분열될 것인지는 모르지만, 그 기간 동안 분열될 평균 수치가 어떻게 되는지만을 알고 계신다.[2]

이전 세대의 신학자들은, "하나님은 자신이 들어올릴 수 없을 만큼 무거운 돌을 만들 수 있는가?"라는 질문을 받곤 했었다. 피콕은 새로운 천년이 시작되는 시점에서 물리학이 신학자로 하여금 새로운 질문에 직면하게 한다고 주장하는 것 같다: 양자역학의 법칙을 감안할 때, 하나님은 과연 하나님 자신조차도 언제 분열될지 모르는 라듐 원자를 만드셨을까?

여기서 우리는 양자 물리학이 하나님의 전지(全知)에 대한 전통적인 기독교적 이해에 끼칠 수 있는 영향이라는 특정한 문제에 대해서만 고찰하기로 하자. 필자는 하이젠베르크(Heisenberg)의 불확정성 원리 및 보어(Bohr)의 상호보완 원리와 같은 양자역학의 내용들에 대해서는 사람들이 대체로 알고 있는 것으로 가정한다.[3] 필자는 양자론에 대한 해석을 둘러싸고 과학계에서 견지하고 있는 다양한 대립적 해석들 사이에 대해 평결을 내릴 의도는 없다.[4] "신적 행동", 섭리 그리고 하나님께서 물질계와 어떻게 상호작용하시는지의 문제와 같은 보다 폭넓은 쟁점들은 분명히 당면문제와 관련이 있으나 이 장에서의 논의의 범위를 넘어선다.[5]

지난 20세기에, 현대 물리학이 공간, 시간, 물질 그리고 에너지의 본질에 대한 우리의 이해를 극적으로 변화시켜 왔음이 점점 더 명백해졌다. 태양계에 대한 중세시대의 이해가 갈릴레오의 발견으로 인해 크게 영향을 받은 것처럼, 자연에 대한 현대적 이해는, 양자 물리학의 발견으로 인해 커다란 영향을 받아왔다. 하지만 자연에 대한 새로운 이해가 하나님에 대한 전통적인 기독교적 이해에 대해 함축하는 바가 무엇인지에 대해서는 명확하지 않다. 여기서 필자는 피콕의 제안을 검토하고 그것을 신의 전지에 대한 지난날과 오늘날의 신학적 논의와 연관시키고자 한다. 그런 후에 자연의 우연성과 하나님의 무한한 지식을 단언하는 고전적 유신론에 대한 "수정주의자"의 모델을 피콕의 제안에 대한 대안으로 제시할 것이다.

피콕의 제안: "자기 제한적 전지(全知)"

피콕은 양자 역학이 특별히 *신학적*으로 함축하는 바가 무엇인지에 대해 고군분투했던 소수의 현대 신학자들 가운데 한 사람인 것이 분명하다.[6] 피콕은 인간의 자연이해가 혁명적으로 바뀌면서 하나님과 자연과의 관계 뿐 아니라, 심지어는 신의 본성 그 자체에 대한 보다 근본적인 이해까지도 불가피하게 영향을 받는다는 사실을 제대로 이해하고 있는 것 같다.

피콕은 양자론과 양자론의 예측들을 사실로 입증했던 무수히 많은 실험들이 단순히 자연에 대한 인간지식에 있어서의 "불명확함"(fuzziness)이나 모호함(imprecision)이 아닌, *자연에서의 실제적 불확정성*(indeterminacy)을 암시한다고 믿는다. 그는, 만일 그것들이 알려진다면 원자 내부에서 일어나는 실체들을 고전 물리학의 방식으로 정확히 그리고 결정론적으로 묘사할 수 있게 해줄 "숨겨진 변수들"이 사실상 존재하지 않는다는, 물리학계에서의 대다수의 기존의 입장과 견해를 같이 한다. 우연성과 이러한 견해에 대한 예측 불가능함은 단순히 자연에 대한 인간지식의 *인식론적* 제한이 아닌, 자연 그 자체의 *존재론적* 특질들을 나타낸다. 그 결과, 피콕은 이러한 "내재적 예측 불가능함이 또한 전지하신 하나님조차도 양자 차원에서의 사건들에 대해 가질 수 있는" 지식에 대한 한계를 나타낸다고 믿고 있다.[7]

피콕에 의하면, 하나님은 특정한 세상을 만들기 위해 자신의 전지를 자발적으로 제한했다: 그 세상은 자유와 우연성이라는 특징을 지닌다. 이러한 관념에서는, 하나님이 "자신이 본래적으로 가지고 계셨던...전지가 자신이 창조세계에 부여했던 바로 그 개방성

(open-endedness)으로 인해 제한받고 축소되는 것을 허용했다."[8]
하나님은 라듐 핵이 붕괴될 정확한 시점과 같이, 미래의 상태가 어떻게 될지를 "전지한" 존재조차도 알 수 없는, 그런 세상을 만들기로 선택하셨다. 전지란, "인간의 생각의 범위 안에서 알려질 수 있는 모든 사물에 대한 지식"이라기보다는, 오히려 "알 수 있는 모든 사물에 대한 지식"을 의미하는 것으로 재정의 된다.

예컨대, 지식에 대한 하나님의 이러한 자발적 자기제한은 "2+3=6"과 같은 명제를 논리적으로 알 수 없는 것과 같이 엄밀하게 따져 논리적인 것은 아니다. 이러한 후자의 명제는 있을 수 있는 어떤 정황이나 우주에서도 알 수가 없는데, 그 이유는 그것이 본래적으로 거짓되며 모순 되기 때문이다. 다른 한편으로, 피콕의 제안에서는, 설령 하나님이, 자신의 지식이 전통적인 의미에서 무한한 것이 되게 할 수 있는 (결정론적) 우주를 창조하기로 선택할 수 있었다 치더라도, 하나님은 실제로 예측 불가능한 특성을 지닌 우주를 현실화하기로 결정하셨으며, 그래서 우주의 미래상태에 대한 자신의 지식을 제한하기로 작정하신 것이다.[9]

피콕의 견해에 의하면, 미래는 "존재론적 지위"를 갖지 못한다, 다시 말해, 미래는 "어떤 의미에서도 존재하지 않는다."-결과적으로 하나님이라도 알 수 있는 "미래사건"의 내용이란 없는 것이다.[10] 그런데 피콕은 결정론적 법칙이 적용되고 하나님이 모든 관련된 최초의 상태에 대해 이루 헤아릴 수 없을 만큼 정확한 지식을 가질 수 있는 경우에는, 이러한 진술에 손질을 가하는 듯하다.[11] 어쩌면 하나님은 고전물리학 법칙을 이용해 계산할 수 있는 태양이나 달의 일식과 같은 미래 사건에 대해서는 알 수 있을 것이다.

그러나 양자 영역 안에서, 피콕은 하나님이 개연성과 그러한 체계의 다양하면서 *가능성 있는 궤적들(trajectiries)*에 의해서만 미래를 알 수 있다고 믿는다: 그 밖에는 하나님조차도 알 수가 없다.[12] 하나님은 헬륨 원자의 핵으로부터 일정한 거리에 놓여 있는 전자를 발견할 개연성에 대해 알 수 있을 것이다, 그러나 우리와 하나님 모두 동시에 한 치의 오차도 없이 그 전자의 위치와 힘을 알 수는 없을 것이다. 피콕은 하나님께서 하나님 자신의 지식이 하이젠베르크의 불확정성 원리에 의해 제한을 받는 우주를 창조하기로 선택하셨다.[13]

그렇다면 피콕의 제안에서, 하나님은 인간뿐 아니라 자연의 질서 그 자체에도 사실상의 자율성을 부여하신 셈이 된다. 자연의 질서는, 자연 안에 본래적으로 "개방성과 유연성"이 존재하는 것과 같이, "하나님이 시시콜콜하게 간섭하지 않기로 선택하는 방식으로" 발전하도록 허용하신다.[14] 피콕은 창조된 질서에 대한 이러한 견해가 "의식 있는 유기체의 유연성"의 출현, 그리고 어쩌면, 인간의 자유 그 자체의 출현을 보다 수월하게 이해할 수 있게 하는 이점을 지닌다고 믿는다.[15]

창조의 개방성과 우연성에 대한 피콕의 통찰이 실증적으로 커다란 개연성과 지적이고 심미적인 호소력 둘 다 가지고 있음은 의심의 여지가 없다. 그런데 남은 과제가 하나 있으니, 그것은 이러한 제안을 신의 전지와 하나님이 시간과 맺는 관계에 대한 고전 유신론의 이해라는 관점에서 보다 면밀하게 검토하는 일이다.

고전적 유신론에 있어서의 미래사건의 우연성에 대한 하나님의 지식

피콕의 제안은 자연에 대한 현대물리학의 이해라는 관점에서, 수 세기동안 철학자들과 신학자들에 의해 논의되어 왔던 쟁점들을 다룬다: 하나님은 어떤 자유로운 도덕적 행위자가 미래의 어느 시점에 하게 될 선택에 대해 확실히 알 수 있을까? 만일 하나님이 확실히 알 수 있다면, 신적 예지(豫知)가 인간의 참된 자유와 어떻게 조화를 이룰 수 있을까? 신적 예지는 필연적으로 숙명론을 초래하는가? 만일 하나님이 필자가 내일 아침 식사 때 무엇을 먹기로 선택하는지를 한 치의 오류도 없이 확실히 안다면, 필자에게는 다른 방식을 선택할 수 있는 자유가 있는 것인가? 필자의 "자유로운" 선택은 정말로 환상에 불과한 것은 아닌가?

인간의지의 우연성(contingency)에 의해 제기되는 쟁점들은 양자현상의 우연성에 의해 제기되는 쟁점들과 개념적으로 평행을 이루고 있음은 명약관화한 일이다. 두 입장이, 전자는 인격적 질서를 다루고, 후자는 비인격적 질서를 다룬다는 점에서 형이상학적으로 다르다는 것이 사실이지만, 그러한 두 입장은 몇 가지 점에서 그 쟁점이 잠정적 질서 속에 삽입되어 있는 유한하며 우연적인 실체들(인간의지, 방사능 핵)의 가능한 미래상태(혹은 선택)를 신적 존재가 알 수 있는 가능성을 수반하고 있다는 점에서 형이상학적으로 유사하다. 피콕의 제안에 대해 어떤 해석이 가능한지를 알아보기 위해, 미래에 우연히 일어날 사건들에 대한 신적 예지(豫知)에 관해서 철학적 및 신학적 토론의 오랜 전통을 검토하는 일은 이 점에 있어 중요하다.

"고전적 유신론(theism)"의 신학적 전통의 입장에 대한 전형적인 표현은 토마스 아퀴나스가 「신학대전」(Summa Theologiae) 1a.14.13에서 "하나님은 미래에 우연히 일어날 사건에 대해 알고 계신가?"라는 논의에 대한 전개에서 찾아볼 수 있다.[16] 토마스 아퀴나스에 의하면, 하나님은 실재하는 사물들에 대해서 뿐 아니라, "자신 혹은 피조물의 잠재력 안에 있는" 사물들에 대해서도 알고 계신다. 다시 말해, 하나님은 자신이 자신의 의지행위로 미래의 어느 시점에 창조하기로 선택할 수 있는 것들, 예컨대 새로운 별이나 식물의 종(種)들에 대해 완전히 알고 계신다. 게다가, 그분은 상수리나무가 자라서 떡갈나무가 될 수 있고, 인간의 배아(胚芽)가 자라서 성인이 될 수 있는 잠재력과 같은, 모든 피조물에 내재되어 있는 잠재력에 대해서도 완전히 알고 계신다. 물론 토마스 아퀴나스가 20세기가 되어서야 발견된 양자 실체를 기대하지는 않았지만, 그의 의도가 함축하는 바는 하나님이 방사성 핵 속에 내재되어 있는 모든 잠재력에 대해 포괄적인 지식을 갖고 계시다는 것이다. 이 경우에 있어, "잠재력"은 핵이, 주어진 시간 t에서 자연 붕괴할 것이라는 양자역학적 확률에 해당될 것이다. 토마스 아퀴나스는 자존(自存)의 사건들이란 없다고 보는 바(모든 결과는 그에 상응하는 충분한 원인이 있다)는 시간 $t2$에서가 아니라 시간 $t1$에서 주어진 방사성 핵이 실제로 붕괴하는 것을 설명하는 인과적 연계(causal nexus)가 존재한다고 말하는 것 같다. 하나님이 방사성 핵의 내적 구조와 그것이 삽입되어 있는 인과적 연계 둘 다에 대해 포괄적인 지식을 갖고 있다고 가정하면, 하나님은 그 피조물의 일정한 잠재력 - 이 경우에는 방사성 핵의 붕괴 - 이 언제 실현되는지를 알 수 있다.

하나님은 어떻게 피조물의 잠재력에 대해 그러한 지식을 가질 수 있는가? 토마스 아퀴나스는, 이 질문에 대한 답변을 하는데 있어서 결정적 요소를 하나님이 시간과 맺는 관계에서 찾고 있다. 하나님은 우리 인간들처럼, 미래에 잇달아 우연히 일어나는 사건들을 알지 못한다. 도리어, 하나님의 지식은 "그분의 존재가 그렇듯이, 영원에 의해 측정된다." 다시 말해, 시간 속에서 일어나는 모든 일들은, 그것들의 지성적 본질 혹은 형태가 하나님의 마음속에서 현존한다는 의미에서 뿐 아니라, 또한 "그 분이 모든 사물을 그것들이 하나님에게 존재하는 형태 그대로 살펴보기" 때문에, "하나님에게는 영원히 현재적이다." 신적 지식에 대한 이러한 "직관적" (intuitionist) 혹은 "지각적"(perceptual) 모델에서, 하나님은 모든 피조물과 사건들을 하나의 "영원한 현재" 안에서 "보신다." [17]

신적 지식에 대한 이러한 모델에서 전제로 삼고 있는, 영원 (eternity)이라는 개념이 결정적이라는 점은 분명하다. 토마스 아퀴나스는 「신학대전」(*Summa Theologiae*) 1a.10.1-2, "하나님의 영원"에서 영원에 대한 자신의 이해를 설명하고 있다. [18] 그는 영원에는 두 가지 특성이 있다고 말한다: 하나는 끝없이 지속되는 것(unending duration), 즉 시작이나 끝이 없는 상태이며, 다른 하나는 연속의 결여, 즉 "동시적 전체"(instantaneous whole)로 존재하는 영원이다. [19] 토마스 아퀴나스가 하나님에 관하여 강조하는 것은 다름 아닌 후자의 영원성이 지니는 "시간을 초월하는"(timeless) 측면이다. 그는 하나님이 "영원하다"라고 말할 때, 그것은 하나님이 시간 - 여기서 시간의 개념 그 자체는 변화로부터 도출된다 - 을 초월하여 "완전히 불변하는" 존재를 의미하는 것으로 설명한다. 성경이 하나님이 다른 동사의 시제들(예컨대, 하나님이 현재나 미래가 아닌 과거에 격노하신다는 것)을 사용한다고 기술할 때, 토마스 아퀴나스에 의하면 이 것은 하나님이 실제로 과거에서 미래로 변화한다는 것을 의미하는 것이 아니라, "그 분의 영원이 시간의 모든 단계들(phases)을 포함 한다"는 것을 의미한다. 성경은 하나님을 인체와 관계된 용어들(얼굴, 팔, 기타 등등)을 사용하여 비유적으로 묘사함과 동시에, 성경 은 또한 하나님의 무시간적 영원을 시간적이며 연속적인 용어들을 사용하여 묘사한다.[20]

토마스 아퀴나스가 보에티우스(Boethius)를 추종하여 고안한, 이 러한 신적 "시간초월"(timelessness)의 개념은 하나님이 미래에 일 어나는 우연한 사건들을 어떻게 알 수 있는 가를 설명하기 위해 신 학적으로 값비싼 대가를 치러야 한다는 점은 분명하다. 만일 하나 님의 영원이 신적 속성에 있어서 어떤 종류의 연속이라도 배제시켜 야 할 때, "영원한" 하나님의 감정상태에 어떤 변화가 일어난다면 그것이 어떻게 가능한 지를 이해하기란 쉽지 않은 일이다. 위에서 언급한 바와 같이, 그런 하나님은 "종교적으로 유효하지 않다 (unavailable)." 감정상태가 결코 변하지 않는 하나님은 성경에서 말 하는 하나님이 아니다; 성경적 유신론에서 말하는 인격적이며 살아 계신 하나님은 자신의 본질적인 본성, 성결 혹은 목적을 바꾸기보 다는, 자신과 계약을 체결한 백성에게 응답하시는 방법을 바꾸시는 하나님이다. 이제는 인간이 사실상, 논리적으로 그리고 신학적으 로, 전지(全知)하신(그러나 비인격적이고 반응하지 않는) "시간을 초월 하는(timeless)" 하나님과, 인격적이지만 자신의 지식의 범위에서 제한을 받으시는 "시간의 구속을 받는(temporal)" 하나님 사이에서 선택하지 않으면 안 되는 일만 남았다.

최근 수십 년 동안 신의 예지(豫知), 전지 그리고 하나님의 "시간초월"은 철학자들과 신학자들 사이에서 초미의 관심사가 되어왔다. 철학자 넬슨 파이크(Nelson Pike)가 1970년에 펴낸 『하나님과 시간초월』(God and Timelessness)이라는 책은 이러한 논의에 크게 기여하였으며, 커다란 반향을 불러 일으켰다. 파이크는 알프레드 화이트헤드(Alfred North Whitehead)의 영향을 받은 당대의 신학자들이, 그처럼 완전히 초월적이며 시간에 구속받지 않는 하나님은 인간의 행동과 탄원기도에 반응하기에는 "종교적으로 쓸모 있는" 분이 아니라고 비판한 것에 주목하면서, 하나님의 시간초월이라는 개념에 대해 매우 부정적인 견해를 나타내었다.[21] 책의 결론 부분에서 파이크는 하나님의 시간초월이라는 교리는 그 당시 유행하고 있었던 플라톤 사상의 영향을 받아 기독교 신학에 도입된 것이며, "일단 도입되자, 그 교리는 자생력을 가지게 되었다."고 말하고 있다.[22] 파이크는 시간초월이라는 개념은 성경적 혹은 고백적 전통에 의해서 필요로 하게 된 것이 아니며, 또한 그것은 인간이 상상할 수 있는 것보다 더 위대한 존재로서의 하나님이라는 안셀름적인 (Anselmian) 개념에 의해 논리적으로 필요로 하게 된 것도 아니라고 믿고 있다.[23] 파이크는 하나님의 시간초월이라는 교리에 별로 이점이 없다고 생각하며, 기독교 신학자들이 어째서 그 교리를 계속적으로 옹호하는지를 의아하게 여긴다.

　　최근에 이러한 논의에 중요하게 기여한 것 가운데 하나는 복음주의 종교철학자인 윌리엄 크레이그(William Lane Craig)가 1991년에 쓴 『신의 예지와 인간의 자유』(Divine Foreknowledge and Human Freedom)라는 책이다.[24] 크레이그는 그러한 논쟁에서 제기되는 두 가지 근본적인 질문이 "어떻게 신적 예지가 무오(無誤)함에도 불구하고 진정한 우연성이 보존되는가?" 와 "하나님은 미래의 우연적 명제들(future contingent propositions)을 어떻게 알 수 있는가?" 임을 인식하고 있다. 그는 신의 전지에 대한 제한을 부적절한 해결책으로 거부하며, 미래의 우연적 명제들이 참된 가치를 지닐 수 있음을 부인한다. 그리고 신의 전지는 숙명론(fatalism)을 시인하지 않고는 긍정할 수 없다고 주장한다.[25] 이 대화에서 크레이그와 다른 사람들은 인간의 우연성에 관심을 가지고 있지만, 필자가 앞에서 주목한 바와 같이 하나님의 전지와 시간초월에 대하여, 양자 우연성이 제기하는 쟁점들은 개념적으로 서로 평행을 이룬다.

크레이그는 논문의 서론 부분에서 미래의 우연한 사건들에 대한 하나님의 예지는 성경적 유신론에서 당연한 일로 간주되고 있음에 주목한다. 이처럼 무한한 하나님의 예지는 곁길로 벗어나는 가르침이 아니라, 성경적 역사관에 필수적인 것이며, 이스라엘의 하나님을 주변 국가들의 거짓 신들(이사야 41:21-42; 44:6-8; 46:9-10)과 구분하는데 기여하는 것이다.[26] 이러한 가르침은 신약과 구약 모두에서 확인되고 있다; 구약에서 야훼에게 부여되는 동일한 종류의 예지가, 신약에서는 예수에게 부여된다(마가 8:31; 9:31; 10:32-34; 14:13-15, 18-20, 27-30, 그리고 병행 구절들). 하나님의 예지에는 가장 우연한 사건들, 심지어는 인간이 장차 마음속에 품게 될 생각(시편 139:1-6)까지도 포함된다.[27] 성경적 전망이 그럴듯하게 함축하는 바는 하나님이 (보다 개연론적인 의미에서) 주어진 방사능 핵이 언제 분열될지도 또한 알게 된다는 점이다.

크레이그는 반(反) 종교개혁, 예수회 소속 신학자인 루이스 몰리나(Luis Molina, 1553-1600)에 의해 전개된 "중간 지식"(middle knowledge)이라는 교리를 차용하여, 하나님의 무한한 예지가 진정한 유한한 우연성과 양립 가능함을 주장한다.[28] 하나님의 주권과 하나님의 전지를 인간의 자유와 나름대로 화해시키려는 시도를 함에 있어서 몰리나는 그 당시 전통적인 토마스주의(Thomism)에서 인지되고 있었던 하나님의 지식의 두 가지 유형들 - 하나님의 "본성적"(natural) 지식과 "자유로운"(free) 지식 - 사이에서 중간에 위치하는 (intermediate) "중간 지식"이라는 하나님의 지식의 세 번째 유형이 존재하는 것으로 가정하였다. "본성적"(natural) 지식이란 논리의 본성과 하나님 자신의 본성을 감안하여 어떠한 영역에서도 가능한 (혹은 필요한) 만물에 대한 지식을 말한다. 예를 들면, 하나님의 본성적 지식에는 하나님 자신의 필연적 존재에 대한 지식, 혹은 동전을 던지는 것과 같은 보다 명백한(trivial) 경우에 있어서, 세 가지 가능한 결과들 - 동전의 바깥(head), 안(tail), 혹은 (그럴 가능성은 매우 희박하지만) 동전이 수직으로 서게 되는 경우 - 에 대한 지식이 포함된다. 그러한 "본성적" 지식은 하나님의 의지 행위에 의존하는 것이 아니라, 하나님의 본성과 논리의 법칙에 따른다는 의미에서 "필연적"이다. 이와는 달리, 하나님의 "자유로운"(free) 지식은 자신의 의지에 의존하며, 또한 어떤 정황(state of affairs)은 현실화시키고 다른 정황은 그렇게 하지 않기로 하시는 하나님의 선택에 의존한다. 하나님은 인간이 순종하지 않을 것을 미리 내다보셨지만, 그 분은 인간의 타락이 일어나지 않도록 방지할 수 있었음에도 불구하고, 그 일이 일어나는 것을 허용하기로 작정하셨다. 그러한 "자유로운" 지식은 논리의 법칙이나 하나님의 본성 그 어느 것도 필요로 하지 않는다.

　몰리나에 따르면, 하나님은 "만일 동인(動因) X가 Y라는 상황에 놓이게 된다면, X는 아무 거리낌 없이 Z라는 행위를 하기로 선택할 것이다."라는 점을 아는 것과 같은 그러한 "중간" 지식이 하나님의 마음속에 있다. 몰리나에 따르면, 모든 개체의 존재 – 이러한 존재들은 하나님의 마음속에서는 개념적으로 존재하는 데 – 를 분별하는 무한한 하나님의 지성에 대한, "초이해"(super-comprehension)라는 것이 있다. 그러니까 하나님의 은총과 예정이라는 문제에 있어서, 만일 Y라는 상황에서 X에게 구원의 은총이 주어진다면, X는 그러한 구원의 은총에 대해 긍정적으로 반응하는 것을 선택할 것이라는 것을 하나님께서는 미리 아신다; 하나님은 Y라는 상황을 현실화하는 것을 선택하며, 그 결과로 이러한 의미에서 동인 X를 "예정"(predestine)하신다. 몰리나에 의하면, 이렇게 해서 하나님의 예지와 주권은 인간의 진정한 자유와 화해를 이루게 된다.

　광범위하면서 정교한 분석을 한 후에, 크레이그는 중간지식[29]에 대한 반론은 설득력이 없으며, 또한 중간지식은 최소한 *가능성*은 *있다*고 결론을 내린다. 크레이그는 중간지식에 대한 이러한 가능성은 "미래의 우연적 명제들에 대한 하나님의 지식이 불가능한 것이 아님을 보여주기 위해 입증이 필요한 그 모든 것이다."라고 주장한다.[30] 크레이그가 내리는 결론을 현재의 논의사항에까지 확대한다면, 하나님은 자신의 중간지식에 의해, 주어진 라듐원자가 주어진 인과관계 안에 놓이게 되면 주어진 시점 t에서 분열될 것인지 아닌지를 아신다고 말할 수 있다; 그리고 이러한 중간지식을 가정한다면, 하나님은 그러한 일련의 상황들을 실현시킬 것인지 말 것인지를 선택할 수가 있다. 아래의 논의에서 몰리나의 중간지식에 대한 수정된 견해[31]는 양자 실재(quantum realities)에 대해 하나님은 무한한 지식을 가지고 있다는 필자의 제안에 통합될 수 있을 것이다.

신의 전지와 양자 불확정성: 수정주의자의 제안

이제 피콕의 제안에 대한 대안을 모색하기로 하자. "신고전적 유신론"(neoclassical theism)이라는 새로운 모델은, 신의 "시간초월"과 몰리나의 중간지식, 이 두 가지의 수정된 형태를 통합하려는 시도를 할 것이다. 필자는 그러한 모델이 양자 수준에서 자연의 진정한 불확정성을 인지할 수 있으며, 그와 동시에 하나님이 어떻게 그러한 양자 사건에 대한 포괄적인 지식 - 전통적인 의미의 전지 - 을 가질 수 있는지를 설명할 수 있다.

여기에 제시된 신고전적 모델은 공간과 시간의 개념을 아인슈타인의 특수 및 일반 상대성이론에서 일반적으로 이해되고 있는 것으로 가정한다. 공간과 시간은 우주의 질량과 에너지와는 별도로 존재하는 절대적인 "저장소"(receptacle)나 "용기"(container)가 아니라, 관계적 개념이자 우주에서 일어나는 질서정연한 사건들의 형태와 구조로 가정할 수 있다.[32] 공간과 시간은 개별적인 실체들이 아니라 4차원의 시공연속체(space-time continuum)의 일부이다. 아우구스티누스의 예를 따른다면, 하나님의 무로부터의 창조는 (선재하는) 시간 "안에서"(in)가 아니라 시간과 "더불어"(with)의 우주 창조를 내포하는 것으로 이해할 수 있다: 하나님은 시공 다양체(manifold)와 더불어 질량-에너지를 창조하는데, 이 다양체는 하나님의 본질과는 존재론적으로 구별되는 피조물로서의 실재이다.[33]

현대 물리학과 우주론에서는 최초의 빅뱅 단일점으로부터 현재에 이르기까지 물질계가 역동적으로 발전해 온 것은 종종 "광선 원뿔"(light cone)에 의하여 시각화하여 나타낼 수 있다(도형1 참조)

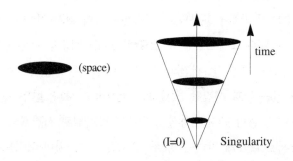

〈도형 1〉 광선 원뿔

〈도형 1〉의 원뿔에서 수평면은 공간의 3차원을, 수직축은 시간의 차원을 나타낸다. 이러한 도형은 단지 개념적 모델에 지나지 않음을 강조할 필요가 있다; 변화하는 4차원의 우주의 실체를 2차원의 표면 위의, 움직이지 않는 도형으로 아주 정확하게 나타내는 것은 대단히 불가능한 일이다. 그러한 도형을 문자 그대로 이해하면 시간에게서 실재(reality)체와 운동을 앗아가 버린 "블록 우주"(block universe)에 관해 불필요한 반대를 초래하게 된다. 여기에 제시된 도형은 오직 "신(神)"(Being)만 있고 "생성"(becoming)은 없는 파르메니데스(Parmenides)의 우주모델과 같은 어떤 정적(static) 우주모델을 뒷받침하려는 것이 아니라, 단지 하나님과 시공의(space-temporal) 질서와의 관계를 논하는데 도움을 주는, 하나의 개념적 도구로서의 기능을 하기 위해서 제시된 것이다.

보에티우스와 토마스 아퀴나스에게서 볼 수 있는 하나님의 "시간초월"(timelessness)이라는 교리에 대한 하나의 대안으로서, 하나님과 시공 연속체와의 관계는 초월-내재 상보성(transcendence-immanence complementarity, TIC)이라는 개념에 의해 이해할 수 있다. 이 TIC 원리에서 하나님은 시공 연속체의 질서 안에 내재할 뿐 아니라, 동시에 그것으로부터 초월해 있다. 성경적 유신론의 언어는 하나님의 "영원"을, 시간의 질서 안에서의 무한한 삶, 즉 시작이나 끝이 없는 삶과 시간을 초월하는 삶이라는 보다 절대적인 두 가지의 의미로 설명한다.[34] 성경 본문에서 하나님과 시간과의 관계를 이처럼 서로 다르게 말하는 방식들은 모순 되는 것이라기보다는 상보적인 것으로 이해할 수 있는데, 이는 성경 저자들이 주어진 본문에서 각기 다른 목적을 가지고 있음을 반영하는 것이다.

"상보성"(complementarity)이라는 말은 양자역학에 대한 닐스 보어의 철학적 성찰에서 차용되었다.[35] 전자(electron)가 "실제로" 입자와 유사하냐 파동과 유사하냐를 질문하기보다는, "파동"과 "입자"가 전자를 묘사하는 두 가지 상보적인 방식으로서, 그 적합성은 수행되는 특정한 실험과 측정에 달려있는 것으로 우리는 이해할 수 있다. 어떤 실험적 상황에서는 전자의 파동적(wavelike) 특성이 명백하게 나타나는 반면, 다른 실험적 상황에서는 입자적(particlelike) 특성이 확연히 드러난다. 두 모델은 눈에 드러나게 통약 가능한(commensurable) 것은 아니지만, 각 모델의 개별적 상황에서는 타당성을 지닌다.

만일 우리가 그러한 모델을 현재의 논의에 적용한다면, 우리는 어떤 상황에서는 성경의 저자들이 공간과 시간 안에서의 하나님의 현존과 하나님과 그 분의 피조물과의 관계에 관심을 가지고 있는 반면, 다른 상황에서는 관심의 초점이 창조된 질서에 대한 하나님의 초월에 맞추어져 있음을 알 수 있다. 〈도형 1〉의 광선-원뿔 도해는, 성경적 유신론에서 말하는 하나님은 자유롭게 시공 다양체 안에 현존하시며(내재), 그와 동시에 그 안에 계시지 않거나 제한을 받지 않으심을(초월) 보여준다. 초월적 측면에서, 하나님은 광선-원뿔의 "바깥"에 서서 즉시 방사성 핵의 소멸을 포함하여 시간 축을 따라 모든 점을 "응시"한다. 그러나 창조된 질서와의 내재적 관계에서, 하나님은 인격적이며 살아 계신 하나님으로서 자신의 피조물에 반응하며 그들과 진정한 관계를 맺게 되는데, 그 분의 성품, 본질 그리고 궁극적 계획은 바뀌지 않고, 주어진 순간에 그 분이 피조물들과 관계를 맺는 방식만 바뀐다.[36]

원리적으로, 고전적 유신론이 언제나 하나님의 초월성과 내재성 모두를 인지하여 왔음은 당연한 일이다. 그런데 하나님의 "시간초월"에 대한 논의에서, 토마스 아퀴나스와 그 밖의 사람들은 신의 전지를 보호하기 위한 시도로서 내재성을 희생하고 초월성을 지나치게 강조하는, 그래서 평형을 잃은 접근법을 취해 왔다. 이에 있어 초월-내재 상보성을 역설하는 현재의 제안은 그러한 불균형을 시정하고자 하는 하나의 시도인 셈이다.

피콕의 모델에 대한 하나의 대안으로 여기에서 진전시키고 있는 모델의 두 번째 요소에는 몰리나가 말하는 중간지식의 수정된 형태와 우연한 사건들에 관하여 하나님의 인과관계에 대한 고전적인 토마스주의(Thomism)에 대한 이해의 수정된 형태가 포함된다. 중간지식이라는 교리에 따르면, 하나님은 "초이해" 혹은 "비전의 지식"

을 통해 어떤 우연한 존재 X가 Y라는 상황에서 어떻게 행동할 것인지를 즉시 알게 된다. 하나님은 피조물의 본성과 피조물이 개입하고 있는 인과관계를 구성하는 법칙과 구조 둘 다를 "보신다." 방사성 핵의 경우, 인과관계는 시공 다양체, 에너지 장 그리고 양자역학의 법칙에 의해 구성된다.

전통적 토마스주의자들(Thomists)이 몰리나의 중간지식에 대해 크게 이의를 제기하는 것 가운데 하나가, 이러한 개념이 필요로 하는 하나님의 "수동성"(passivity)이라는 주장과 관련이 있음은 익히 알려져 있다. 전통적 토마스주의자들에 의하면, 중간지식에는 하나님의 지식이 피조물의 우연한 행동에 의존하는 일이 포함되는데, 그렇다면 이는 하나님의 "순수 현실성"(pure actuality)과 모순될 것이다. 전통적 토마스주의의 관점에서 보면, 하나님은 미래에 우연히 일어나게 될 정황 Z를 확실하게 아는데, 이는 하나님이 Z가 미래에 일어나도록 결정한 자기 자신의 의지행위를 정확히 알기 때문이다. 레지날드 개리구-라그랑쥬(Reginald Garrigou-Lagrange)는 "수동성"에 관한 토마스주의자들의 반대를 이처럼 언급한다: "하나님은 결정권을 가진 최초의 신이던지, 아니면 다른 존재에 의해 결정되는 분이던지 둘 중의 하나이다; 다른 대안은 없다…중간지식 (Scientia media)에는 불완전함이 포함되어 있는데, 이것은 하나님 안에서는 존재할 수 없다."[37] 개리구-라그랑쥬는 절대적으로 완전한 하나님은 결코 피조물에 의존할 수 없다고 믿으며, 중간지식은 하나님의 지식이 피조물의 행위에 수동적으로 의존하고 있음을 암시한다고 주장한다. 하나님은, 말하자면, 자신의 의지행위를 미리 결정하여 바람과 풍향계가 움직이는 방향을 알기보다는, 오히려

"바람이 어느 방향으로 부는지를 알기 위해서 풍향계를 쳐다보지 않으면 안 된다"는 것이다.

표준적 토마스주의자들의 이해에 대해 여기서 제안하는 수정안은 개리구-라그랑쥬의 의견에 반하여, 하나님이 "결정권을 가진 최초의 신"이거나 다른 존재에 의해 결정되는 분이라는 두 안에 대한 세 번째 대안이 사실상 존재한다고 주장한다. 전통적 토마스주의에 대한 이러한 수정은 신의 의지행위에 의한 우연한 사건들의 쌍방적이며(bilateral), 후험적인 결정이라는 개념을 가정한다. "쌍방적"이라는 용어는 많은 사건들의 미래(상태)가 피조물과 창조주 모두를 포함하는 공동 인과관계의 산물이라는 사실에 주목하게 한다. 이차적 원인의 차원에서는, "햇빛과 광합성 작용이 식물을 자라게 한다."라고 말하는 것이 사실인 반면, 일차적 원인의 차원에서는, "하나님이 식물을 자라게 하신다."라고 말하는 것이 사실이다. 두 진술은 모두 사실이다; 그것들은 서로 다른 차원의 실재를 다룬다. 다른 한편으로, 우리는 "일방적 인과관계"(unilateral causation)에 대해 이야기할 수 있는데, 여기서는 어떤 일의 정황을 현실화시키는 일이 오직 하나님의 의지행위에 의해서만 가능하게 된다. 무로부터의 물질계 창조는 그러한 "일방적인" 하나님의 인과관계를 설명하는 본보기가 될 것이다; 현존하는 유한한 우연적 존재가 하나님의 그러한 창조적 행위의 인과율적 유효성(efficacy)에 기여하게 되는 일은 없을 것이다.

물론, 여기서 "일방적 인과관계"라고 명명된 개념은 전통적 토마스주의에서 일차적 원인과 이차적 원인을 구분하는 데서 인지된다. 그러나 전통적 토마스주의에서는-하나님의 "순수 현실성"을 보호하기 위해-피조물의 인과적 기여들, 특히 미래의 정황(state of affairs)을 시작하거나 결정하는 것으로 생각할 수 있는 그러한 기여들을 가볍게 다루려는 경향이 있는 듯 하다는 점에서, 쌍방적 인과관계의 실체에 대해 다시 한번 주의를 기울일 만한 가치가 있는 것 같다.

(하나님의 의지에 의한) "우연한 사건들의 쌍방적, 후험적인 결정"이라는 표현에서 "후험적인"(a posteriori)이라는 용어는 어떤 우연한 사건들의 미래 상태에 대한 피조물의 주도권을 인지하고자 하는 의도를 지닌다. 세상 안에서의 하나님의 활동이라는 이러한 모델에서, 하나님은 어떤 주어진 시간 t_1에서 피조물 X - 예컨대, 라듐핵 - 에게서 어떤 경향과 잠재성을 "본다." 그리고 피조물의 본성과 잠재성 모두에 대해, 그리고 그것이 연루되어 있는 인과관계에 대한 포괄적인 지식으로 인해, 핵 X가 미래의 어떤 시점 t_2에서 분열될 것인지를 아신다. 하나님은, 미래를 내다보시는 즉각적이며 포괄적인 지식에 기초하여, 자신의 의지에 대한 후험적 결정에 의해, 피조물의 경향에 일치하도록 선택하며, t_2라는 시점에서 핵이 붕괴되는 것을 확실하게 한다. 하나님의 의지에 의한 결정은 그것이 피조물 안에서 시작된 일련의 경향에 대한 "예견된" 반응이라는 점에서 후험적이다.[38] 이것은 피조물의 기존 경향에 결코 응답하지 않거나 고려하지 않은 미래사건의 순전히 선험적인 결정과 대비되어진다.

이러한 제안에 있어서, 몇몇 경우에, "피조물은 그러한 경향을 가지고 있으나 하나님은 그것을 정하신다."라고 말할 수 있을 것이다. 다시 말해, 라듐 핵은 t_2라는 시점에서 붕괴되는 경향을 가지고 있다. 그러나 만일 하나님이 피조물의 경향에 동의하거나 "재가하는" 것을 선택하지 않는 한, 미래에 일어날 가능성이 있는 우연한 사건들은 실제로는 발생하지 않는다. 이 모델은 전통적인 토마스주의가 부정하는 것처럼 보이는 방식으로 실재의 인과적 주도권(initiative)을 피조물에게 귀착시킨다. 다시 말해, 어떤 특정한 경우에 주어진 일련의 사건에 대한 주도권은 피조물로부터 나오는 것으로 이해된다; 피조물은, 하나님이 피조물에게 자신의 고유한 창조적 힘을 위임한 경우에 한해, 형이상학적 *진기함*(novelty)의 진정한 근원으로 간주된다.

명백히, 전통적 토마스주의의 이러한 수정은, 만일 피조물에 대한 응답성(responsiveness)의 어떤 요소를 포함하는 것으로 하나님의 수동성을 정의한다면, "수동성"의 정도가 하나님의 속성 속에 귀속되게 된다. 전통적 토마스주의에서는 이것이 "불완전함"(imperfection)으로 간주되는 것처럼 보인다; 그러나 이러한 수정주의자의 제안은 그러한 "완전함"(perfection)의 개념에 의문을 제기한다. 성경적 유신론에서, 피조물에 대한 하나님의 민감함은 약점이 아니라 강점이며, "불완전함"이 아니라 실제로 살아 계신 그리고 인격적인 하나님으로서의 탁월하면서 변화하지 않는 본성의 표현으로서의 완전함이다.

미래의 우연한 사건에 대한 쌍방적이며, 후험적인 결정이라는 이러한 개념은, 하나님이 신자에게 "종교적으로 쓸모 있는" 존재가 되게 하는 바, 피조물에 대한 하나님의 응답성을 측정 가능하게 해주며, 따라서 고전적 유신론에서 말하는 시간을 초월하는, 무감각한 하나님과 관계된 몇몇 문제를 피할 수 있게 한다. 그와 동시에, 그 제안에는 몰리나의 개념을 수정하는 것이 포함된다. 몰리나에 의하면, 자유를 가진 피조물이 주어진 환경에서 하고자 하는 일을 통제하는 것은, 설령 하나님이 피조물의 경향성과 선택을 알고 그에 따라 그 환경을 현실화시키는 것을 선택할 수 있다고 하더라도, 하나님의 능력의 범위 안에 들어있지 않다.[39] 여기서 논의되고 있는 신적 행위라는 모델에서, 하나님은 피조물의 현실에 개입할 수 있는 권리를 유보하시며 – 단순히 피조물에게 외부적인 환경에서 뿐 아니라 – 또한 피조물의 선재적(preexisting) 경향의 방향을 재설정하고, 바꾸고 혹은 무시할 수 있는 권리를 유보하신다. 이 제안에서 피조물에게는 참된 "발성표결"(voice and vote, 찬부를 소리의 크기로 정하는 발성표결-역자 주)이 주어지지만, 하나님은 피조물의 경향에 거부권(veto)을 행사할 수 있는 권리를 계속 유지하신다. 피조물에 외부적일 뿐 아니라 피조물 안에서의, 신의 수정주의적 행동의 가능성을 가정하는 것은, 성경적 유신론의 간섭주의자(interventionist)적 요소와 맥락을 같이 하는 것처럼 보인다. 이것은 구속적 상황에서 "하나님께서 하고자 하시는 자를 긍휼히 여기시고 하고자 하시는 자를 강퍅케 하시느니라"(로마서 9:18)라고 주장한다.

그렇다면, 이러한 제안은 그것이 피조물 쪽에서의 진정한 인과적 주도권의 가능성을 인지한다는 점에서, 전통적인 토마스주의보다는 덜한 통제를 하나님에게로 귀속시킨다; 그와 동시에 그것은 몰리나주의(Molinism)보다 더 많은 통제를 인식한다. 왜냐하면 그것은 하나님을 피조물에게 내적인(internal) 경향성들과 경향들을 자유롭게 바꾸고 방향설정을 다시 하는 분으로 보기 때문이다. 전통적인 토마스주의와 몰리나주의의 그러한 수정은 미래사건에 대한 하나님의 탁월한 지식을 설명할 수 있는 신적 인과관계를 산출

하며, 그와 동시에 자연에서의 진정한 우연성과 피조물의 인과적 주도권을 인지하게 한다.[40]

결론적으로 필자는 피콕이 제안한 "자기 제한적 전지"라는 모델에 대한 대안으로서, 양자(quantum) 차원에서 자연의 진정한 우연성을 인지하는 것이 가능하다고 주장한 셈이며, 또한 그와 동시에 그러한 사건에 대한 하나님의 지식이 제한을 받지 않는다("탁월한 전지")고 언급한 것이다. 필자가 제안하는 신고전적(neoclassical) 모델은 "초월-내재 상보성"이라는 개념과 하나님의 의지와 우연한 사건들과의 쌍방적, 후험적 인과 관계라는 개념을 포함한다. 이제, 이러한 견해에 대해 하나님의 전지가 제한적임을 옹호하는 사람들이 제기해온 몇 가지 중요한 반대를 고찰하는 일만이 남게 된다.

반대에 대한 답변

옥스퍼드대의 신학자 키이드 워드(Keith Ward)는, 하나님은 논리적으로 아는 것이 가능한 것은 무엇이든 아신다, 그러나 "어떤 가능한 존재도 아직까지 현실화되지 않은 것을 현실화된 것으로 알 수는 없다."라고 말한 바 있다.[41] 워드는 하나님이 피조물의 모든 선택을 "알" 수 있으며 동시에 세계가 그것들을 설명하도록 결정할 수 있다는 생각은 논리가 일관되지 않는 것이라고 믿는데, 그 이유는 "그러한 선택이 세계가 그 시점까지 시간 안에서 존재하지 않는 한 실제로 존재하지 않기" 때문이며, 또한 일단 세계가 존재하게 되면, 인간은 그 후에 세계를 바꿀 수 없기 때문이다.[42]

워드의 반대는 순전히 "시간을 초월하는"(timeless) 하나님이라는 개념에 관하여 말하고 있는 것이지, 여기서 제안하고 있는 모델에 관하여 이야기하는 것 같지는 않다. 워드가 어떤 존재도 아직까지 현실화되지 않는 것을 *현실화된* 것으로 알 수 없다라고 주장하는 것은 타당한 것처럼 보일 수 있지만, 그는 *잠재성(potentiality)*의 존재론적 범주에 대해서는 적절하게 강조하지 못하고 있다. (물리적) 잠재성의 다양한 상태가 현실적 상태보다 존재론적으로 덜 중요할지 모른다. 그러나 그것들은, 물리적 질서에 있어서, 단순한 논리적 가능성으로부터 완전한 현실성을 구별하는 존재의 실재 상태를 구성하는 바, 그와 같은 신적 지식의 대상이 될 수 있다. 하나님은 물리적 잠재성과 물리적 현실성 모두를 완전히 알 수가 있다.[43] 여기서 제안하는 모델에서, 하나님은 자신의 초월적 측면에서 시공간 밖에 존재할 뿐 아니라, 또한 시공 안에 내재한다. 그리고 하나님은 시간 차원의 매 순간 안에 내재하는 바, 개개의 피조물의 본질이 그 잠재성과 경향들과 함께, 하나님의 비전에 즉각적으로 현존하는 방식으로 내재한다. 필자는 그 모델이 시간 안에서의 하나님의 내재에 호소하면, "시간을 초월하는" 하나님에 대한 전통적인 보에티우스적(Boethian)이며 토마스주의적(Thomistic) 개념들에서처럼, 하나님이 시간을 초월한다는 점만을 강조하는 정태적인 "블록 우주"(block universe)라는 표현과 관련된 몇몇 난제들을 해결해 준다고 생각한다. 그렇다면, 피조물에 대한 하나님의 중간지식은 피조물에 내재적인 모든 현실성들과 잠재성들에 대한 하나님의 지식에 기초하며, 또한 피조물에 외면적인 인과관계에 대한 지식에 기초하고 있는 셈이다.[44] 하나님은 주어진 핵이 바야흐로 붕괴하리라는 것을 "아신다", 그리고 피조물의 경향성과 경향에 동의할 것인지 - 동의한다면 그 점을 확실하게 하신다 - 말 것인지를 자유롭게 선택하신다.

이 점에 있어서 양자 역학적 실재에 대한 하나님의 탁월한 전지를 이처럼 변호하는 것은, "존재하기 시작하는 모든 것은 그 존재 원인을 갖는다."라는 명제로 진술되는 "인과적 원리"가 타당하다는 것을 가정하고 있음을, 우리는 또한 주목해야 할 것이다.[45] 양자 역학적 사건들은 전통적으로 말하는 결정론적 원인들을 가지지 않을지 모르지만, 그 때문에 자존적(uncaused)이거나 비인과적인(acausal) 것은 아니다. 핵의 자연 붕괴는, 양자역학의 법칙에 의해 지배를 받는 시공의 연계(nexus)와 관련, 그 자신에 내재적인 물리적 현실성과 잠재성과 연관되어 발생한다. 우라늄 원자가 납이나 기타 원소의 원자로 일관되게 자연 붕괴한다는-그리고 토끼나 개구리로 자연 붕괴하지 않는다-사실은 그러한 사건들이 비인과적인(acausal) 것이 아니라 인과 관계와 법칙과 같은(lawlike) 구조 안에서 발생한다는 것을 보여준다. 따라서, 그러한 경우에 몇몇 인과적 원리의 타당성을 가정하는 것은 그럴듯한 것으로 보인다. 하나님은, 핵에 내재적인 상태와 그것의 외부적 환경과 지배법칙을 알고 계시기 때문에, 주어진 순간 그 어느 때든지 "핵이 바야흐로 어떤 일을 하려고 하는지를 알" 수 있다.

마지막으로, 필자는 여기서 필자가 의도했던 바가, 피콕의 "자아 제한적 전지" 모델이 불가능하다거나 혹은 모순된다는 것을 주장하려는 것이 아니었다는 점을 분명히 하고자 한다. 양자역학적 "불분명함"과 우연성이 실제로 행해지며 하나님이 어떤 정황(states of affairs)을 미리 알지 않기로 선택하는, 피콕이 묘사하는 그런 세계를 상상하는 것은 그리 어렵지 않은 것으로 보인다. 그러한 제안이 성경적 유신론과 일치하느냐의 여부는 별개의 문제이다. 여기서 필자가 주장하는 바는 양자 물리학의 실재가 하나님의 탁월한 전지라는 개념을 포기할 것을 요구하지 않는다는 것과, 하나님의 의지와 초월-내재 상보성의 원리와 쌍방의, 귀납적인 결정을 가정하는 우연적 사건들과의 관계 모델은 이러한 견해를 지지하기 위해 주창되었다는 것이다.

제3장

양자역학과 "지연된 선택" 실험에 대한 "코펜하겐" 학파의 해석

예정론에 대한 새로운 전망

스코틀랜드의 신학자 토마스 토랜스(Thomas F. Torrance)는 자신의 저서 「우주, 시간 및 성육신」(*Space, Time and Incarnation*, 1969)과 「우주, 시간 및 부활」(*Space, Time and Resurrection*, 1976)[1]에서, 공간과 시간에 대한 21세기 물리학의 새로운 이해가 성육신과 부활의 기독교적 이해에 대해 함축하는 바가 무엇인지를 탐구하였다. 이와 유사하게, 필자는 아래에서 양자물리학에서 도출해낸 개념을 성경적 예정론과 결부시키고자 한다. 필자는 첫째로, 코펜하겐 학파의 양자역학 해석이 양자 실체의 역동적 속성들[2]을 상술(詳述)함에 있어서 실험측정의 역할을 강조한다는 것을, 둘째로, 존 휠러(John Wheeler)가 제안한 "지연된 선택"(delayed-choice) 실험이 예정론이라는 전통적인 공식화와 관련하여 오래 지속되어 온 몇몇 난제들을 해결하는데 유익하면서도 참신한 전망을 제공해준다는 점을 입증할 것이다.

신학계에서는 시간의 본성과 시간과 영원과의 관계가 예정론의 교리에 대한 어떠한 공식화에 있어서 결정적인 요소가 된다고 오랫동안 인식해왔다. 그러나 신학자들은 대체로 양자물리학에서 시도하는 시간의 본성에 대한 새로운 이해라는 관점에서 이러한 교리의 전통적 공식화를 재검토하려는 시도를 하지 않았다. 이 장에서는 "숙명론"(fatalism)의 문제 - 영원 전부터 예정에 대한 "시간 이전의"(pretemporal) 하나님의 섭리가 시간 안에서의 인간의 지의 선택을 부득불 무의미하거나 실체가 없는 것으로 만든다는 비난 - 를 중심으로 그러한 재공식화(reformulation)를 제안하고자 한다. 필자가 시도하는 새로운 공식화에서는, 하나님의 선택이 시간 안에서 정적인(static) 속성보다는 오히려 동적(dynamic)인 속성으로 이해되며, 신앙의 "실험적 측정"이라는 정황과 그것에 완전한 실재를 부여하고 정의를 내리는 회개(conversion)와 완전하게 연결된다.

문제

많은 이들이 생각하기에, 전통적 예정론은 어떤 형태로든 숙명론을 필히 수반하는 것처럼 보인다. 우주가 창조되기 전에 모든 인간의 궁극적 운명을 결정하는, 신비에 싸여있는 하나님의 시간 이전의 섭리(에베소서 1:4)는 복음전파에 대한 시간 안에서의 인간의 반응을 결국에는 무의미한 것으로 만드는 것 같다. 궁극적으로 보면 인간의 "결정들"은 중요한 것이 아니다; 결과는 하나님에 의해 사전에 일방적으로 결정되었다. 인간의 반응은 실제적이라기보다는 오히려 명백한 것에 가깝다. 하나님은 심지어 불성실한 분으로 비치지만, 그분은 하나님의 선택을 받지 못한 사람들이 (구원의 기회에) 반응하지 않으며 또한 할 수 없다는 것을 익히 알고 계신다 하더라도 그들에게 구원의 기회를 제공하신다.

예정론이라는 시간 이전의 섭리에 대한 개념은 도르트 대회의 법규(Canons of the Synod of Dort, 1619)와 웨스트민스터 신앙고백 (Westminster Confession of Faith, 1647)과 같은 칼빈주의 문서들에 표현된 전통적인 신조로 공식화되었다.[3] 도르트 대회에서, 네덜란 드의 개혁주의 성직자들은 야콥 알미니우스(Jacob Arminius)와 그 의 추종자들이 퍼부은 비난에 대한 답변에서 구속과 예정에 있어서 의 하나님의 주권에 대한 그들의 공식화를 강화하였다. "교리의 제 1항목"(First Head of Doctrine)이라는 제목 하에, 도르트 대회는 하 나님의 예정이라는 쟁점을 다루었다. 제7항에서 하나님의 선택은 "그것에 의해, 세계가 형성되기 전, 그분이, 단순히 은총으로, 어떤 특정한 사람들을 선택하여 그리스도 안에서 구속받게 하신 하나님 의 변함없는 의도"라고 정의되고 있다. 11항에 의하면, 선택받는 사람들의 숫자는 고정되어 있어 변경할 수 없다: "선택받은 사람들 은 내쫓길 수도, 그들의 숫자는 감소될 수도 없다."

청교도 성직자들이 일으킨 영국 전쟁(찰스 I세와 의회와의 전쟁)의 와중에 공식화된 웨스트민스터 신앙고백은 이와 매우 유사하게 말 하고 있다. 제3장, "하나님의 영원한 작정에 관하여"는 "하나님은 영원 전부터, 자신의 의지에 의한 가장 지혜로우며 거룩한 결심에 의해, 구속받거나 혼들림 없이 어떤 일이든지 일어나도록 명령하실 수 있다." 구원이 예정되어 있는 사람들에 대해서는, "그들의 숫자 가 너무 확실하고 한정되어 있기 때문에 늘이거나 줄일 수가 없 다." 그 고백은 하나님의 영원한 섭리에 의해 이차적 원인들의 진정한 우연성과 인간의지의 자유는 빼앗기는 것이 아니라 "오히려 확립된다." 비록 이것이 어떻게 사실일 수 있는가 하는 것이 많은 독자들에게 분명하지 않기는 했지만 말이다.

도르트 대회와 웨스트민스터 총회에서, 하나님의 선택 혹은 예정은 정태적인 범주로서, 역사 안에서 이루어진 복음전파에 대한 믿음의 반응(혹은 그것의 결여)이 일어나기 전에 이미 확립되고 결정된 의미를 지닌다. 이 장에서는 이처럼 결정적인 가정을 성경적 전통의 다른 요소들과 현대 물리학에서 도출되는 전망들의 관점에서 검토하고자 한다.

시간 이전의, 결정적인 선택의 작정에 대한 전통적인 공식화는, 유기된 자들에게 전파되는 복음의 진지함과 신자가 구원을 확신하는 근거와 같은, 조직신학과 실천신학에서의 문제들을 초래하였다는 점에 우리가 또한 주목하지 않으면 안 된다. 만일 하나님이 자신의 일방적인 주권적 섭리에 기초하여 실제로 믿음을 받아들일 자가 누구인지를 미리 아신다면, 선택받지 못한 자들에게 구원의 기회를 제공하는 일이 어떻게 의미 있고 진지한 일이라고 할 수 있겠는가? 그리고 만일 구원이 믿음 이전에 하나님의 신비에 감추어진 시간 이전의 섭리에 궁극적으로 의존한다면, 신자는 자신이 선택받은 자 가운데 한 사람이라는 사실을 실제로 어떻게 알 수 있는가?[4] 이러한 질문들은 칼빈의 예정론이 공식화된 이후로 수 세기 동안 전통적인 칼빈주의자들의 예정 이해에 의문을 제기해 왔다.

"코펜하겐" 학파의 양자역학과 "지연된 선택" 실험들

현대 양자물리학의 두 영역으로부터 도출된 특정한 개념들, 양자역학에 대한 지배적인 코펜하겐 학파의 해석과 존 휠러의 지연된 선택 실험 등은 현안에 대해 해석의 빛을 비출 수 있을지도 모른다. 덴마크의 물리학자인 닐스 보어 및 그의 추종자들과 관련 있는 코펜하겐 학파의 해석은 전자나 광자와 같은 아원자의(subatomic) 실체가 지니는 속성에 대해 언급할 때 실험측정의 역할이 결정적임을 강조한다.[5] 존 휠러(John A. Wheeler)가 제안한 지연된 선택 실험은 과거에 이미 완료된 것으로 흔히 생각되었던 어떤 양자 사건들이 사실상 현재에 와서 실험측정이 완료되기까지는 완전히 실현되고 결정되지 않을 수도 있음을 지적한다.[6]

논의를 진전시키기 전에, 필자는 현대 물리학에서 도출된 범주들을 구성신학(constructive theology)의 과제에 적용시키는 것의 타당성에 관해 몇 마디 언급하고자 한다.[7] 일반적으로 인정하듯이, 두 영역 – 신학적 예정론과 현대 양자물리학 – 은 복잡하고 다양한 해석이 가능하다. 새로운 신학적 구성은 어느 것이든 성격상 어느 정도는 사변적일 수밖에 없다. 두 분야 사이에서 이끌어낸 유비는 어느 것이든, 특별히 두 분야가 상이한 주제를 다루기 때문에 매우 조심스럽게 그리고 용의주도하게 다루지 않으면 안 된다: 물리학은 비인격적인 것을, 신학은 인격적인 것을 다룬다. 그럼에도 불구하고, 그러한 시도가 신학적 정당화를 결여하고 있는 것은 아니다: 동일한 하나님이 자연(양자 역학의 법칙들)과 기독교적 종교체험(믿음, 회개, 선택)의 궁극적 원천이다. 자연을 제대로 이해하기만 하면 그것은 종교적 체험과 성경의 올바른 이해와 일관되며, 한 영역에서의 새로운 통찰은 다른 영역에 유익한 조명을 할 수 있다.[8] 아래에서 논의되겠지만, 로마서 11:7, 23과 같은 성경 텍스트는 양자 역학으로부터 도출되는 개념을 예정론에 유추적으로 적용하는 것에 대해 보증을 해준다. 이러한 제안은 향후 신학계와 과학계의 엄밀한 검토 대상이 되어, 탐구적인 정신으로 행해진다.

이미 살펴보았듯이, 현재 활동 중인 물리학자들 사이에서 지배적인 견해가 되고 있는 코펜하겐 학파의 양자역학 해석에서, 측정(measurement)은 양자계의 속성을 정의하는데 있어서 결정적인 역할을 하게 된다. 보어에 의하면, "고립된 물질 입자는, 그들의 특성이 오직 다른 계(system)와의 상호작용을 통해서만 정의되고 관찰될 수 있기 때문에, 추상적 개념(abstraction)이다."[9] 예를 들면, 보어의 견해로는, "전자는 '실제로' 입자와 유사한가 또는 파동과 유사한가?"라고 질문하는 것은 무의미하다. 보어라면 이렇게 답변할 것이다, "그것은 당신이 행하는 실험이 어떤 유형이냐에 달려있다. 어떤 상황에서는 전자의 파동적 특성들이 분명하게 나타나며, 다른 상황에서는 입자적 특성들이 드러난다. 당신은 전자가 구체적인 실험상황과는 유리된 상태에서 그것이 어떤 것과 '실제로' 유사한 지를 말할 수 없다."

닉 허버트(Nick Herbert)는 코펜하겐 학파의 입장을 이렇게 설명한다: "설령 전자가 실험결과 특정한 운동량(momentum)을 가지고 있는 것으로 나타나더라도, 실험을 하기 전에 그것이 어떤 확정된 운동량을 가지고 있다고 상상하는 것은 잘못된 것이다. 코펜하겐 학파에 속한 사람들은 전자가 측정되고 있지 않을 때에는, 그것은 명확히 동태적(dynamic) 속성들을 지니지 못한다고 믿고 있다.[10]

양자적 실체를 갖는 자연에 대한 코펜하겐 학파의 이해는 "정황적 실재론"(contextual realism)이라고 부를 수 있을 것이다. 실재론(*realism*)이란 전자(*electron*)라는 단어에 의해 표시되는 기존의 실체는 관찰자에 의해 창조되지 않음을 의미 한다; 전자는 관찰자의 주관성(subjectivity)과는 무관한 실체를 갖는다. 그러나 정황적(*contextual*)이라는 용어는 전자의 어떤 속성들(*attributes*)이 특정한 실험과 일련의 측정들이라는 정황에서만 명확한 의미, 가치 그리고 존재를 지니게 됨을 의미할 때에만 이러한 자격을 갖추게 된다.

따라서, 코펜하겐 학파의 입장은 실재에 대한 상식적인 개념과 비교할 때 매우 역설적이며 직관에 반하는 것이다. "정상 실재론"(ordinary realism)이라고 명명할 수 있는 것에서, 당구공과 야구공은 보는 사람이 아무도 없을 때에도 위치와 운동량과 같은 뚜렷한 속성들을 지닌다. 양자현상이라는 특이한 세계에서는, 전자가 파동처럼 보이느냐 입자처럼 보이느냐 하는 것은 관찰자가 그것을 보기로 선택하는 방식과 시점에 좌우된다. 대다수의 물리학자들이 수용하고 여기서 전제로 삼는 코펜하겐 학파의 견해에 대해, 전자의 그러한 속성들은 전자가 고립된 상태에서는 정의될 수 없으며, 오로지 전자, 실험장치 그리고 관찰자를 연결시키는 실험적 정황 내에서만 정의가 가능한 것이다. "입자" 혹은 "파동"과 같은 속성들은 현실재와 측정장치와의 공동 소유물이다.

정황적 실재론의 개념은 무지개를 쳐다보는 경험을 예로 들어 설명할 수 있다.[11] 무지개는 관찰자의 어떤 상상의 산물이 아니다; 그것은 하늘의 수없이 많은 물방울들에 의해 굴절되는 햇빛이라는 외적 실체에 기초하고 있다. 그런데, 하늘에 있는 무지개 – 마치 땅에 닿는 것처럼 보이는– 의 위치는 관찰자가 서있는 위치에 따라 달라진다. 관찰자가 움직이면 무지개의 위치도 움직인다. 무지개의 "위치"는 관찰자의 위치가 특별히 명시되었을 때에 한해서 명확한 의미를 지닐 수 있다.

아래에 진행될 논의에서, 코펜하겐 학파로부터 이끌어낸 정황적 실재론이라는 이러한 개념이 예정론이라는 개념에 적용될 것이다. 필자는 하나님의 선택을 시간을 초월하는, 확정된 "정적인" 속성 (전통적인 견해에서처럼)으로서가 아니라, 회심의 체험과 믿음이라는 정황에서만 신자에게 확정된 그리고 완전히 현실화된 의미를 부여하는 동적인 속성으로서 간주해야 한다고 주장할 것이다.

21세기 물리학이 물질계에 대한 전통적이며 상식적 차원의 이해에 엄청난 도전을 가했음은 오늘날 널리 인식되고 있다. 아인슈타인의 특수상대성이론은 시간과 공간의 본질에 대한 기존의 이해를 바꾸어 놓았다.[12] 양자역학의 이론을 확증하는 무수한 실험들을 통해 인과관계에 대한 우리의 일상적인 관념이 아원자 (subatomic) 세계의 실체를 기술하는데 부적합하다는 사실이 드러났다.[13] 물리학에서 말하는 소위 지연된 선택 실험은 사람들에게 별로 알려지지 않았는데, 과거가 현재와 어떻게 연결되는지에 대한 우리의 상식적인 차원에서의 이해에 도전을 가하고 있다. 물리학자 존 휠러(John Archbald Wheeler)에 의해 제안되고, 그 후 1980년대와 1990년대에 행해진 실험은 어떤 상황에서, 과거에 발생한 것으로 통상 이해되는 사건들이 현재에 실험측정이 완료되기까지는 완전하게 현실화되거나 결정된 것이 아님을 지적하고 있다.[14]

휠러의 지연된 선택 실험의 주요 특징은 〈도형 2〉에 도식화되어 있다.

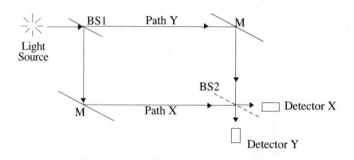

<도형 2> 휠러의 지연된 선택 실험

　빛의 파동은 왼쪽에 있는 실험 장치 안으로 들어가서 첫 번째 분광기(first beam splitter, *BS1*)를 통과한다, 그리고 분광기는 통로 x 또는 통로 y를 따라 빛을 보낸다. 거울 M은 검파기 x와 y로 향하는 빛을 반사하며, 검파기 x와 y는 광선이 어느 통로로 지나갔는지를 가리킨다. 이러한 방식으로, 빛은 x와 y라는 두 통로를 동시에 지나가지 않고, x 혹은 y라는 일정한 통로 둘 중의 하나만을 지나간 입자처럼 행동하는 것처럼 보인다. 그러나, 만일 두 번째 분광기(*BS2*)가 빛이 BS1을 통과한 후 통로에 삽입시킨다면, 빛이 파동과 같이 행동하면서, 통로 x와 y를 둘 다 지나갔음을 지적하는, 일종의 간섭 효과가 나타난다.[15]

　이 실험은 우리가 보통 광선(beam)이 *BS1*을 통과할 때 "과거"에 "이미" 결정된 것으로 생각하고는 했던 빛의 입자적 성질과 같은 속성이 실제로는 *BS2*가 삽입되었을 때(혹은 삽입되지 않았을 때) 그리고 실험측정이 현재에 완료되었을 때에라야 완전히 결정되는 것임을 보여준다. 휠러에 따르면, 이러한 역설적 정황은 어떤 의미에서, "우리는 '그 일이 이미 일어난 후에야' 어떤 일이 미래에 일어나게 되는 지를 선택하게 되는 것이다. 그 일은 실제로 일어나지 않았다, 그것은 관찰을 통한 현상이 되기 전에는 현상이라고 할 수 없다" 라는 것을 의미한다.[16]

토마스 헬머쓰(Thomas Hellmuth)가 주장하는 바와 같이, 그러한 실험은 "우리가 과거에 대해 묘사하는 것에 지대한 영향을 미친다." 양자 세계에서, 하나의 사건은 철회할 수 없는 측정행위에 의해 정지되기까지는 완전히 실현되는 것은 아니다. 과거는 실험이 끝날 때까지 돌에 새겨 지거나 완전히 결정되고 실현되는 것은 아니다. 혹은 휠러가 언급한 것처럼, "과거는 그것이 현재에 기록될 때를 제외하고는 존재하지 않는다." [17]

아래의 논의에서, 필자는 과거에 확정되고 결정된 것으로 전통적으로 이해되었던 사건들－예정에 있어서의 하나님의 선택(예, 에베소서 1:4)－이 회심이라는 현재적 체험 안에서 완전히 현실화된다는 점을 주장할 것이다.

역동적 속성으로서의 전자(電子)

예정론에 대한 전통적인 공식화가 (하나님의) 선택을 정태적 범주로 다루어 왔지만, 필자는 그것을 회심과 믿음의 실험적이며 역사적인 정황과 실타래가 뒤엉킨 것처럼 관계되어 있는 동태적인 것으로 이해할 것을 제안하고자 한다. 양자 역학에 대한 코펜하겐 학파의 해석에 있어서, 전자의 위치와 운동량과 같은 그러한 양자현상의 역동적 속성들, 혹은 파동적 또는 입자적 특성들은 실제로 실험을 통해 측정하지 않거나 그 이전에는 확정된 그리고 결정적인 의미를 갖지 못하는 것으로 이해되어 왔다. 전자의 "파동적" 속성은 잠재성의 상태에서 완전한 실현이라는 상태로 이동하는데, 이는 전자, 측정 장치 그리고 관찰자가 현재 상호 작용하는 일을 포함하여 전체적 실험상황이라는 컨텍스트에서만 가능하다.

유비의 방법에 의하여, 신약성경에서 예정은 선험적(a priori) 정황이 아니라 후험적(a posteriori) 정황에서 논의되고 있음에 주목해야 한다. 다시 말해, 선택과 예정이라는 범주는 복음이 선포되기 전에 어떤 사람이 구원받을 것인가에 관한 고찰이라는 맥락에서는 나타나지 않는다; 그것들은 회심 이후라는 맥락에 나타나며, 복음의 메시지에 믿음으로 이미 응답한 사람들을 다룬다.[18] 복음 선포에 믿음으로 응답한 후에, 신자는 선택과 예정이라는 개념들을 사용하여 믿음을 하나님의 주도권과 하나님의 주권적 의지에 궁극적으로 근거하고 있는 것으로 간주하게 된다. 예정에 관한 신약성경의 텍스트는 기독교의 메시지를 아직까지 들어본 적이 없는 자들의 영원한 운명에 관한 성찰을 하기위한 기초로서가 아니라, 기존의 믿음을 명확히 하고 설명해주는 것으로서 제시된다.

이전의 개혁전통 흐름은, 신약성경이 이처럼 예정과 믿음을 연결하고 있음을 드러낸다. 예를 들어, 「기독교 강요」의 1559년 판, 제3권 "우리가 그리스도의 은혜를 받는 길"의 21-24장의 결론부분에서 칼빈은 구속론이라는 맥락에서 예정을 논하고 있다. 오토 베버(Otto Weber)가 주목하는 바와 같이, 칼빈은 "예정론을 사변적 방식으로, 하나의 선험적 관념으로 보지 않고, 구원 사건의 경험에 확증된 대로 하나의 후험적 방식으로 이해하였다.[19]

이후의 개혁전통에서 예정론은 구속론적 맥락에서 벗어나 영원한 하나님의 작정 교리의 한 부분으로서 보다 선험적인 방식으로 다루어지게 된다. 도르트 대회의 법규와 웨스트민스터 신앙고백은 이 점에서 주목할만한 그리고 영향력 있는 사례가 된다. 웨스트민스터 신앙고백의 경우, 이것은 제임스 토랜스(James Torrance)가 진술한 바와 같이, "선택이 은총에 선행한다"는 견해로 바뀌는 것을 의미하며, 결과적으로 그리스도의 인격과 사역은 작정론에 종속되며...은총은 선택받은 자들의 구속으로 제한된다.[20]

신학의 역사는 예정론이 구속론적 맥락과 위치에서 분리되어 영원한 작정이라는 선험적 맥락으로 이동하면서 숙명론과 ("선택받지 못한" 자들에게) 전파되는 복음의 정직성(sincerity)이라는 문제가 대두되었음을 보여 왔다. 여기서 논의되고 있는 코펜하겐 학파의 유비(analogy)의 관점에서 보면, 그러한 추론(abstraction)은 비논리적인데, 그 이유는 선택과 예정은 회심과 믿음이라는 "실험적" 맥락에서만 완전히 현실화되고 정의될 수 있는 범주이기 때문이다. 예정과 선택의 범주를 회심과 믿음에 대한 신약성경의 맥락에 보다 밀접하게 연관시킴으로써, 숙명론과 복음전파의 정직성이라는 문제는 한번에 비껴갈 수는 없어도 완화시킬 수는 있게 되었다.

논의의 다음 단계는 휠러의 지연된 선택 실험과 "과거는 현재에 기록될 때에야 비로소 존재하게 된다"라는 자신의 명제를 역동적 예정론이라는 개념에 결부시키는 것이다. 로마서 11:7, 23이 현재의 논의에 부여하는 의미심장함은 대체로 신학자들과 주석학자들의 주목을 받지 못하였다: "그런즉 어떠하뇨? 이스라엘이 구하는 그것〔즉, 하나님과의 올바른 관계〕을 얻지 못하고, 오직 택하심을 입은 자〔he ekloge〕가 얻었고, 그 남은 자들〔hoi loipoi〕은 완악하여졌느니라…저희〔hoi loipoi〕도 믿지 아니하는데 거하지 아니하면, 접붙임을 얻으리니, 이는 저희를 접붙이실 능력이 하나님께 있음이라."

7절의 "선택받은 자"는 사도들의 복음전파에 응답하였고 예수를 메시아로 인식한 소수(minority)의 유대인들을 일컫는다. 바울은 그들에게서 믿음과 회심이 일어난 후에야 선택받는 것을 이러한 사람들에게 귀속시키고 있다. 믿지 아니한 "그 남은 자들"은 아마도 "선택받지 못한 자들" 가운데 있을 것이다, 그러나 여기서 주목해야 할 결정적인 사실은 역사가 진행되는 동안, 그리고 복음이 전파되는 동안, *선택의 범주는 확정되고 결정적인 것이라기보다는 오히려 유동적이며 동태적이라는 것이다.* 23절에 의하면, 그들이 현재 불신앙의 태도를 보인다는 점에서 본다면 아마도 선택받지 못한 자들을 가리키는 것으로 생각되는 "그 남은 자들"은, 만일 그들이 불신앙을 지속하지 않는다면 "선택받은 자들"이 될 수 있는데, "그 이유는 하나님이 그들을 접붙일 능력을 가지고 계시기 때문이다." 사도 바울이 생각하기에 이스라엘의 구원은 단순히 어떤 영원한 과거에 있어서 하나님의 의지가 선험적으로 결정되었기 때문인 것은 아니다; 선택의 동태성은 하나님의 은총이 인간의 죄와 불신앙과 상호 작용하면서 역사 안에서 내재적으로 지속적인 작용을 할 것이다. 일단 믿음이 현실화되면, "선택받지 못한 자들"은 "선택받은 자들"이 되고, 매우 역설적으로 들리겠지만, 지금 참된 것(선택받는 것)은 (에베소서 1:4의 "창세전에...우리를 택하사"와 같이) "언제나" 참된 것이 된다. "과거"는 회심의 순간에, 선택받는 것과 같이 구체적이며 완전히 실제적인 것이 된다. 성경적 사고에서 하나님의 선택이라는 범주는 하나님의 의지가 인간의 의지보다 무조건 선행하며, 하나님의 은총은 구속의 과정에서 인간의 공적이나 노력보다 무조건 선행함을 나타낸다.

몇몇 주석가들은 로마서 11:7, 23에서 하나님의 선택의 범주가 동태적 성격을 지니고 있음을 넌지시 비췄다. 하지만 그러한 통찰력은 체계적으로 전개되지 못했다. 대단히 전통적인 칼빈주의적 예정론을 대표하는 찰스 핫지(Charles Hodge)는 23절에 관해 "하나님의 마음속에는 그들의(믿지 않는 이스라엘의) 구원을 방해하려는 냉혹한 의도가 없다"고 진술하였다.[21] 칼 바르트(Karl Barth)는 이 23절을 주석하면서 역사 안에서 하나님의 자유와 주권이 계속되고 있음에 주의를 환기시켰다: "하나님은 (구원의 문제를) 처리하는 일을 중단하신 것이 아니라, 다시금 자유롭게 처리하신다... 이것은 모든 동시대적인 상황에 관해 위안을 주는 진리가 된다."[22] 프란쯔 린하르트(Franz Leenhardt)에게, 그 본문은 사도 바울이 생각하기에 역사는 "외적이며 불변하는 신의 섭리를 기계적으로 표명하는" 과정이 아님을 보여준다. 하나님은 역사를 자신이 선택한 의도에 부합하도록 실제로 이끌어 가시지만, 그 분은 인간의 자유가 하나의 장애물로서 그 분의 의지에 거역한다는 점을 참작하신다.[23]

보다 목회적인 맥락에서, 이러한 동태적 예정론이라는 개념에 대한 암시는 찰스 스펄전(Charles Spurgeon)이 한 것으로 생각되는 기도문에서 찾을 수 있다: "주여, 당신이 택하신 자들을 모두 불러 모아 주시고, 그런 후에 좀더 많은 사람을 구원하소서."[24] 스펄전에게, 지금까지 구원의 사역을 펼쳐 오신 주권자 하나님은 역사 안에서 계속해서 구원의 사역을 펼치신다.

몇몇 케케묵은 논쟁에 대한 새로운 전망들

필자는 양자 역학과 존 휠러의 지연된 선택 실험에 대한 코펜하겐 학파의 해석이 지니는 정황적 실재론이, 그 안에서 예정과 선택을 정태적인 범주가 아닌 동태적인 범주로 간주할 수 있는 개념적 틀을 제공한다고 주장하였다. 이러한 관점에서, "선택"은 어느 개인이 회심하기 전이 아니라, 회심할 때 결정적인 속성을 지니게 된다. 복음을 듣는 모든 사람들은 회개가 일어나기 전에 잠재적으로 구원받은 자들이다; 믿는 자들은 회심의 순간에 실제로 구원을 받게 된다.[25] 구속에 있어서 하나님의 의지가 시간적으로 그리고 영원히 선행한다는 것을 강조하는 에베소서 1:4와 같은 성경 본문은 회심이 일어나기 전의 잠재적인 그리고 일시적인 의미에서 참된 것으로 이해된다; 구원을 가져다주는 믿음이 일어나는 순간에, "과거"의 주권적 은총의 이러한 "이미"(already)의 측면은 신자에게는 실제로 그리고 결정적으로 참된 것이 된다. 일단 회심이 일어나면, 하나님이 "이미" "영원한 과거"로부터 신자를 선택했다는 것이 사실이 된다.[26]

이제는 동태적 선택이라는 이러한 개념이 함축하는 바를 몇 가지 - 필요에 의해, 그리고 매우 간략하게 - 묘사하는 일만 남았다.

숙명론과 관련하여, 여기서 제안하는 관점은 문제를 다른 시각에서 조명한다. 복음이 지금도 전파되고 있는 반면, 하나님이 선택하느냐 선택하지 않느냐 하는 문제는 순전히 미해결의 문제로 남는다 (로마서 11:7, 23). 심지어는 마음이 완악해진 불신자조차도 역사 안에서 내재적으로 계속해서 활동하시는 하나님의 자비에 의해 그 마음이 온화해질 수 있는데, "그 이유는 하나님이 그들을 다시 접붙일 능력이 있기 때문이다." 숙명론의 문제는 발생하지 않는다. 왜냐하면 선택과 영벌(永罰)은 회심이 일어나기 전에 이미 결정되었거나 돌에 새겨진 것이 아니기 때문이다.

이와 유사하게, 이러한 견해에 있어서 영벌에 처한 사람들에게 복음을 전파하는 것이 부정직하다는 문제는 발생하지 않는다. 요한복음 3:16과 같은 텍스트는 믿음의 조건에 관해 죄인에게 구원을 베푸시려는 하나님의 열망이 완전하며 성실한 것임을 선언하는, 대단히 직설적인 의미로 해석할 수 있다. 그 어느 누구도 선험적으로 (a priori) 제외되지 않는다; 복음을 듣는 사람은 누구든지 잠재적으로 선택받은 자들이다. 믿기를 계속 거부하는 자만이 실제로 구원받는 사람들의 반열에 들어가지 못하게 된다.

이러한 제안은 속죄의 정도(extent)와 관련하여 역사적으로 제기되었던 몇 가지 난해한 논쟁에 대해 다른 관점을 제시해 준다. 전통적으로 제기되어 온 질문은 "그리스도가 모든 인류의 죄를 속죄하고자 했는가, 아니면 구원받을 자들만의 죄를 속죄하고자 했는가?"이다. "선택받은 자들"과 "선택"을 회심 이전의 미결정된 그리고 잠정적인 성격을 지니는 것으로 이해하게 되면, 다시 말해, 선택을 정태적으로가 아닌 동태적으로 이해하게 되면, 이 문제는 꽤 다른 시각에서 볼 수 있게 된다. 잠재적 의미에서, 속죄가 의도하는 바는 복음을 듣는 사람은 누구든지 잠재적으로 선택받은 자들이라는 점에서, 회심 이전의 보편적인 성격을 지닌다. 회심이 일어나는 순간, 속죄가 주는 혜택들은 신자에게 실제적인 것이 된다, 왜냐하면 선택 그 자체의 범주가 실제적이며 구체적인 것이 되기 때문이다. 이러한 관점에서, "동태적으로 특별한 속죄"라고 명명할 수 있는 스펄전의 기도를 알기 쉽게 바꾸어 말한다면, "그리스도는 '선택받은 자들'의 죄 때문에 죽으셨다 - 그러나 하나님은 역사 안에서 여전히 사람들을 선택하고 계신다."라고 말해도 무방할 것이다.[27]

마지막으로, 동태적 예정의 개념은 구원의 확신이라는 문제에 있어서 역사적으로 제기되었던 몇몇 목회적인 문제들을 피할 수 있게 해준다. 신비에 감추어진 그리고 시간 이전의 작정과 "제한된 구속"은 신자가 "나는 정말로 그리스도가 위해서 돌아가신 선택받은 자들 가운데 하나인가? 라고 의아하게 생각할 때, 계속되는 의구심과 불건전한 자기반성이라는 문제를 일으킨다.[28] 이러한 제안은 예정론을 신약성경과 기독론 및 구원론의 초기 개혁교회의 맥락으로 돌려놓는다. 진정한 의미에서, 요한복음 3:16은 신자가 관심을 가질 필요가 있는 유일한 작정이다. 선택받았다는 확신은 복음을 통해 그리스도가 전파되어, 신자가 그것에 대해 믿음으로 응답할 때 일어난다.

이러한 견해는 (칼빈과 같은) 개혁전통의 선구자들이 보여준 지혜로운 신학적 및 목회적 통찰력과 일관되는데, 그는 "나는 사람들을 하나님의 신비스러운 선택이라는 곳으로 보내어, 그들로 하여금 그곳에서 입을 딱 벌리고 구원을 마냥 기다리라고 하지 않는다. 나는 그들로 하여금 우리에게 구원을 베푸시는 그리스도에게로 직접 달려가라고 명령을 내린다. 믿음이라는 명백한 길을 걷지 않는 자는 누구나 하나님의 선택을 이해할 수 없으며, 도리어 파멸의 미궁(迷宮)을 만들뿐이다.[29] 본 논문에서 필자는 현대 양자물리학에서 도출된 개념들의 도움을 받아 칼빈이 이처럼 강조한 것을 회복시키고자 하였다.

제4장

카오스 이론에 대한 신학적 고찰

우리는 1960년 이후 오류가 있는 것으로 판명된 뉴턴의 운동 법칙을 충족시키는 계(系)의 결정론에 관한 생각들을 유포시켜, 교육받은 일반대중들을 오도한 것에 대해 집단사과를 하고자 한다. 당시 국제 이론 및 응용역학 연합 회장이었던 제임스 라이트힐(James Lighthill)은 뉴턴의 위대한 「수학원리」(*Principia Mathematica*)가 런던왕립협회에 헌정된 지 정확히 300년이 지나서 이처럼 주목할만한 공개 사과를 하였다. 라이트힐은 계속해서 말하기를, "역학계(dynamical systems)의 현대이론들"은 뉴턴 역학의 방정식에 의해 지배를 받는 계가 반드시 '예측가능성'(predictability)이라는 특성을 드러내는 것은 아니라는 뜻밖의 사실을 분명하게 보여주었다.[1]

라이트힐은 회장 취임 연설에서 카오스 이론 — 과학자들이 결정론, 예측가능성 및 날씨로부터 인간 심장의 박동 그리고 동물 수의 증가와 감소에 이르기까지 변화하는 자연계에서의 매우 다양한 현상들에 대해 생각하는 방식을 변화시켜 온 이론적인 개념들과 실험결과들의 총체(body) — 으로 알려진 새로운 과학 연구 분야에 대해 고찰하였다.

이 장에서 필자는 카오스 이론의 역사적 기원과 주요 특징들을 검토하며, 이 이론이 기독교적 세계관에 함축하는 바를 신학적으로 고찰할 것이다. 카오스 이론은 몇몇 주석가들이 시사한 바와 같이, 결정론과 자유의지라는 골치 아픈 문제들에 대해 새로운 전망을 제시하는가? 만일 카오스 연구가 뉴턴 과학에서 말하는 예측가능한, "태엽장치"(clockwork)와 같이 규칙적인 우주를 손상시켰다면, 이것이 인간 지식의 한계와 인간의 자연통제에 대한 우리의 이해에 함축하는 바는 무엇인가? 카오스 이론은 "우연히" 일어나는 사건과 하나님의 섭리와의 관계를 이해하는 데 있어서 새로운 방식을 전개하며, 하나님이 자연계에서 새로운 삶의 형태를 창조하는 방식을 전개하는가? 이러한 것들은 신학적 고찰을 요하는 질문들 가운데 몇 가지이다. 필자가 근본적으로 확신하는 바는 카오스 이론은 기독교 신앙에 위협이 되지 않으며, 오히려 그것이 사실상 하나님의 창조사역과 섭리에 의한 물질계의 질서(ordering)의 풍성함과 복잡성을 이해하는 데 새로운 방식을 제시해 준다는 사실이다.

카오스 이론: 역사적 기원과 주요 특징들

1963년 매사추세츠공과대학(MIT)의 기상학자인 에드워드 로렌쯔(Edward Lorenz)는 "결정론적 비주기적 흐름"(Deterministic Nonperiodic Flow)이라는 제목의 논문을 발표하였는데, 이 논문은 향후 카오스 연구라는 새롭게 부상하는 분야의 고전이 되었다.[2] 대기의 유동(流動) 패턴에 대한 수학적 모델과 컴퓨터 모의실험을 통하여, 로렌쯔는 기상예보에 있어서, "까마득히 먼 미래에 대한 예측은 어떠한 방식으로도 불가능하다" 라는 결론을 내렸다. 기상관측이 어쩔 수 없이 불완전할 수밖에 없다는 점을 감안한다면, "정확하면서 상당히 오랜 기간에 걸친 기상예보란 실제로는 존재하지 않는 것처럼 보일 것이다."[3] 로렌쯔의 실험결과가 알려지자, 대다수의 과학자들은 기상을 조절하거나 심지어는 그것을 더 오랜 기간에 걸쳐 예보할 수 있다는 인간의 능력에 대한 이전의 낙관주의는 과학적으로 근거가 없다는 데 의견을 모았다. 지구의 기상과 같은 체계는 단지 너무 복잡하기 때문에 장기간에 걸친 예측을 할 수 없었던 것이다.

로렌쯔의 기상예보에 대한 연구는 카오스 연구에 있어서 하나의 개념을 탄생시켰는데, 그것이 바로 사람들 사이에 널리 알려져 있는 "나비효과"(butterfly effect)라는 것이다. 이 용어에 표현된 다소 눈에 띄는 아이디어는 어떤 물질계의 초기 상태에서 일어난 매우 작은 변화-북경에서 나비의 날개가 퍼덕이는 것과 같은- 는 그것이 복잡계(complicated system)를 통해 예측 불가능할 정도로 진행되면서(cascade) 나중에 뉴욕에서의 폭풍우와 같은 매우 커다란 효과를 불러일으킬 수 있다는 것이다.

나비효과는 카오스 체계의 일반적인 특징인데, 그것이 좀더 추상화되면 "초기 상태에 민감하게 의존하는 것"으로 특징지을 수 있다. 만일 사람이 연필의 뾰족한 끝을 바닥에 세우고 쓰러지지 않게 균형을 잡을 수 있다면, 틀림없이 (연필의) 어느 방향에서든지 살짝 건드리기만 해도 매우 커다란 결과를, 예를 들면 연필이 바닥으로 떨어지는 것과 같은 결과를 가져오게 될 것이다. 이것은 물질계의 매우 다양한 복잡계의 특징이라고 할 수 있는 초기 상태에 대한 민감한 의존(*sensitive dependence on the initial condition*)을 매우 간단하게 그리고 조야하게 예를 든 것이다: 대기와 배관을 통해 가스와 액체가 흐르는 것, 어떤 화학 용액의 반응, 전자회로, 인간의 심장 박동, 사람들 사이에 확산되는 질병, 수도꼭지에서 떨어지는 물방울, 금속 및 수정 표면의 형태와 분열의 형성, 눈송이가 만들어지는 것, 증권시장의 행태, 기타 등등. 개개의 이러한 경우와 이와 유사한 다른 경우에 있어서, 시스템에서 일어나는 초기의 매우 작은 변화는 증폭되어 나중의 어느 시점에서는 엉뚱한 그리고 예측할 수 없는 행동을 만들어 낸다. 심지어 진자운동 - 오랫동안 뉴턴 과학의 예측 가능함의 전형(paradigm)으로 생각되어 왔는데 - 이 지금에 와서는 어떤 조건하에서 "무질서한" 그리고 불규칙적인 운동을 나타내는 것으로 알려지고 있다.[4]

　카오스적 행위는 물리학자들에 의해 "산일적"(散逸的, dissipative)이라고 명명된 체계, 즉 마찰이 중요한 요인이 되는 체계와 관련이 있다. 파이프를 통해 흐르는 물이나 빙판을 가로지르는 하키용 퍽(puck)은 산일적 체계의 사례들이다. 그러한 경우에 *비선형*(*nonlinear*) 방정식이 그 체계의 행위를 기술하는데 필요하다. 일차(선형) 방정식 - 그래프 상의 직선으로 표시되는 - 과는 대조적으로 비선형 방정식은 해결하기가 매우 어려우며 대다수의 경우 정확한 해답이 없다. 그러한 방정식은 "성가시며", 결과적으로 수학자들과 물리학자들은 비교적 최근까지 그 방정식에 별로 주의를 기울이지 않았었다. 1960년대 출현하기 시작한 카오스 이론에 대한 연구는 그러한 비선형 방정식에 의해 묘사되는 체계가, 원리상으로는 결정론적이며 전통적인 뉴턴 물리학의 법칙을 준수하는 반면, 장기간에 걸쳐서는 예측 불가능하다는 특징을 지닌다는 주목할만한 결과를 확립하였다. 그 분야의 연구자인 데이빗 룰(David Ruelle)은 사실상 카오스 체계의 본질이 "결정론-아직은 장기간의 예측 불가능함"의 역설적 결합이라는 점을 시사하였다.[5] 놀라운 사실은, 제임스 크러취필드(James Crutchfield)가 주목한 바와 같이, "기껏해야 몇 가지 요소들밖에는 없는 단순한 결정론적 체계" - 예를 들면, 운동하는 진자-가 "임의적 행동을 초래할 수 있다"는 점이다. 이러한 임의 성은 기본적인 것이며, "좀더 많은 정보를 수집한다고 해서 그것이 사라지지는 않는다."[6]라고 크러취필드는 진술한다.

1975년 생물학자인 로버트 메이(Robert May)는 네이처(Nature) 지에 중요한 논문을 게재하였는데, 그 논문에서 카오스 이론의 개념을 동물의 인구를 늘이는데 적용시켰다.[7] 메이는 주어진 환경에서 동물 인구의 증가와 감소를 나타내기 위해 사용된, X[next]= kX(1-x)라는 형태의 비교적 간단한 방정식이 시간이 흐름에 따라 매우 엉뚱하면서 예측 불가능한 행위를 나타낼 수 있음을 보여주었다. 메이는 카오스 이론을 생물계와 생태계에 적용하였는데, 이는 생물학자들로 하여금 인구 증가를 다른 방식으로 볼 것을 촉구하였다. 전통적으로 생물학자들은 어떤 서식지에서 사슴의 숫자가 변덕스러울 만큼 변동이 심한 것은 가뭄이나 질병과 같은 환경의 변화를 반영하는 것이라고 가정하고는 했었다. 메이의 분석은 그러한 변동을 인구 증가를 기술하는 지극히 수학적인 법칙으로 구성할 수 있음을 보여주었다.

세미나에서 발표한 논문에서, 메이는 또한 전통적인 과학 교과서들이 예측 가능한 행동을 보이는 체계에만 초점을 맞추었다는 사실에 주의를 환기시켰다. 결과적으로 학생들은 실험실 밖의 진짜 세계에서 흔히 볼 수 있는 비선형적이며 "카오스적" 체계에 대해서는 충분히 대처할 수가 없었다. "연구에서 뿐 아니라, 정치와 경제를 다루는 일상세계에서도, 보다 많은 사람들이 단순한 비선형적 체계가 반드시 단순한 역동적 특징들을 가지는 것은 아니라는 점을 깨닫는다면 우리 모두는 지금보다 더 유복하게 살 수 있을 것"이라고 메이는 말하고 있다.[8] 사실상 그는 내내 그 분야(생물학)에 있었던 예측 불가능한 행위 전체를 인지하고 심각하게 받아들이게 될, 생물학에서의 패러다임 변이(paradigm shift)를 요구하고 있었던 것이다. 메이가 "뒷구멍을 통해"(through the back door)[9] 생물학에 관심을 나타내기 전, 이론 물리학과 응용 수학을 공부했다는 사실은 19세기 이후 과학계를 지배해왔던, 전문분야가 세분화되는 추세와는 매우 대조적으로, 많은 학자들이 이처럼 새로운 분야에 대해 여러 학문분야에 걸친(cross-disciplinary) 관심을 갖고 있음을 예증한 것이다.

1960년대와 1970년대 기간동안 화학, 열역학(열에 대한 연구) 그리고 순수수학에서의 발전은 새롭게 부상하는 카오스 연구 분야에 크게 기여하였다. 1977년 벨기에의 과학자 일리야 프리고진(Ilya Prigogine)은 비평형 열역학에 대한 연구로 노벨상을 수상하였다. 19세기에 발전된 전통적인 열역학은 열의 평형을 이루려는 경향을 보이는 체계에서의 열의 흐름을 연구하였다: 가령 기온이 80도인 어느 방과 기온이 60도인 옆방 사이에 있는 문을 연다면, 시간이 갈수록 기온은 70도라는 평형온도 쪽으로 기울어지는 경향을 보일 것이다. 프리고진은 화학용액과 열을 가한 유체가 전통적인 화학과 열역학에서 연구되는 현상과는 매우 다르게, 진폭과 엉뚱하면서 예측 불가능한 행동을 나타낼 수 있음을 발견했다. 그는 대다수의 경우에 이러한 비선형적, 카오스적 체계는 계에 있어서 보다 고차원적인 차원에서의 질서와 새로운 복잡성을 발생시킬 수 있으며, 생명 그 자체가 화학적 및 물리적 기질(基質)로부터 출현한다는 것을 이해할 수 있는 방식을 제공해 줄 수 있을지도 모른다.[10]

순수 수학의 발전 또한 카오스 연구에 박차를 가하였다. 1970년대 뉴욕 소재 IBM의 연구전담 부서에서 일하는 다소 괴벽스러운 수학자인 버나드 맨들브롯(Bernard Mandelbrot)은 추후 프랙탈 기하학[11]으로 알려지게 된 전적으로 새로운 수학분야를 개척하였다. 맨들브롯은 자연에서 눈부실 만큼 다양한 형태로 나타나는 불규칙하며 들쭉날쭉한 형태-눈송이, 구름, 번갯불의 번쩍임, 영국의 해안, 금속의 균열 혹은 지구의 표면-에 대해 프랙탈(fractal)이라는 용어를 주조하였다. 전통적인 유클릿 기하학은 인간의 눈이 직선과 곡선에 의해서 자연을 바라보도록 하였다; 맨들브롯은 인간이 종잡을 수 없을 정도의 복잡성을 지니고 있는 자연을 바라보는데 도움을 줄 수 있는 새로운 기하학적 렌즈를 제공하였다. 과학자들과 기술자들은 투박하며 고르지 않은 금속표면, 석유를 함유하고 있는 암석의 작은 구멍과 통로, 인체 모세혈관의 복잡한 네트워크 등-새로운 기하학을 물질과학과 생명과학에 여러 가지로 적용할 수 있는 몇 가지 예를 든다면-을 연구할 수 있는 강력한 수학적 도구를 얻을 수 있었다.

몇몇 사람들이, 많은 현상들-간단한 진자의 들쭉날쭉한 운동과 같은-이 원리상으로는 그 분야(카오스 이론)가 1970년대에 출현하기 전 오랫동안 알려져 있었다는 사실을 감안할 때, 어째서 "카오스"가 그 이전에는 발견되지 않았는지 의아하게 생각하였다. 예를 들어, 20세기 벽두에, 프랑스의 위대한 수학자 앙리 프앙카레(Henri Poincare)는 뉴턴 과학의 방정식 이면에 숨어있는 "카오스적" 가능성들을 지적한 바 있다.[12] 답변의 일부는 1960년대가 되어서야 비로소 과학자들이 카오스적 행동을 나타내기 위해 사용된 비선형 방정식을 해결하는데 간여하고 있는 숫자를 크런칭(crunching) 하는 고생스러운 작업을 수행할 수 있는 막강한 성능의 컴퓨터를 손에 넣을 수 있었다는 사실에 있는지도 모른다. 20세기의 대부분의 기간 동안, 물리학자들은 양자론과 특수상대성이론에 의해 열린 새로운 전망들을 탐색하는데 그들의 에너지와 신경을 모두 쏟아 부었다. 그리고 맨들브롯과 다른 수학자들이 이러한 불규칙적이며 들쑥날쑥한 현상들을 개념화하고 엄밀하게 묘사할 수 있는 수학적 도구들을 계발할 때까지, 과학자들은 그곳에 내내 있었던 실재들을 "보지" 않으려는 경향을 가졌었다.

카오스의 실체: 신학적 고찰

이 책을 저술할 당시, 카오스 연구에서 이루어진 발견들에 대한 신학계의 반응은 제한적인 것이었다. 이것은 카오스 연구의 상당부분이 기술적인 성격을 지니며 이러한 발전이 최근에 이루어진 것임을 감안할 때 놀라운 일은 아니다. 카오스 이론에 관한 최초의 국제 과학회의는 1977년 이탈리아 코모에서 개최되었으며, 독창적인 과학논문 가운데 대단히 중요한 다수의 논문들은 일반 대중이 쉽게 접근할 수 없는 전문적인 학술잡지에 게재되었었다.

그런데 1950년대 초반 몇몇 기독교 신학자들이 하나님이 세상을 섭리에 의해 다스리는 것과 관련하여, 우연과 예측 불가능성이라는 쟁점에 대해 관심을 표명하기 시작했다. 앞으로 보게 되겠지만, 이러한 숙고는 카오스 연구가 추후 제기하는 문제와 관계있다. 초기의 이러한 고찰은 대체로 1920년대 세간의 이목을 집중시키기 시작한 양자 물리학의 특이한 그리고 예측 불가능한 현상이 제기하는 문제들을 신학적으로 그리고 철학적으로 맞붙잡고 싸우려는 시도였다. 1958년에 펴낸 「우연과 섭리」(*Chance and Providence*)라는 책에서, 사제이자 물리학자인 윌리엄 폴라드(William Pollard)는 아인슈타인의 유명한 질문, "하나님은 주사위를 던지시는가?" 라는 질문에 대해 기독교인은 '그렇다' 라는 답변을 한다고 진술하였다. 폴라드에 따르면, "오로지 자연의 법칙이 주사위를 던지는 것[즉, 확률]에 따라 사건을 지배하는 세계에서만, 그것의 역사가 하나님의 의지에 대한 응답이 되는 성경적 세계관이 우위를 점할 것이다." [13] 폴라드에게 동일한 사건에 대한 성경적 그리고 과학적 묘사는 상보적이며, "우연"은 하나님의 섭리 안에 포함되어 있다.

마찬가지로, 도날드 맥케이(Donald Mackay)는 1978년의 논문에서 "우연"이란 "전례(前例)를 기초로 한 결정을 무시하는 것"으로 정의하였다. 우연이란 예측할 수 없을지도 모르는 사건들을 가리키는데, 따라서 그것들은 무의미한 것은 아니다. 기독교적 관점에서 보면, 명백히 우연한 사건들은 보다 광범위한 하나님의 섭리 하에 포함된다. [14] 폴라드와 맥케이 두 사람 모두 "카오스적" 불확실성보다는 오히려 "양자" 불확정성을 다루고 있었지만, 그들의 관찰은 그들의 저술 이후 과학계를 깜짝 놀라게 한 예측 불가능한 현상과 유추적(類推的)인 연관성을 지닌다.

1979년에 발표한 논문 "하나님과 우연의 질서"(God and Contingent Order)에서, 스코틀랜드의 신학자 토마스 토랜스(Thomas F. Torrance)는 빅뱅 우주론과 프리고진의 비평형 열역학을 넌지시 말하면서, 과학의 일시성(一時性)과 불가역성(不可逆性)의 새로운 인식에 대해 숙고하였다. 카오스 연구에 대한 인식이 과학계의 울타리를 넘어 확산되기 시작할 때 저술하면서, 토랜스는 이처럼 새로운 관점을 하나님과 세상과의 관계에 대한 기독교적 이해 안으로 통합시키려 했다.[15]

통계학자 바톨레뮤(D. J. Bartholemew)가 1984년에 펴낸 「우연의 하나님」(God of Chance)이라는 책은 자연계에서의 우연을 섭리에 대한 기독교적 이해와 결부시키려는 가장 의미심장한 시도 가운데 하나였다. 양자 불확실성에 대해 생각을 집중하고 보다 최근의 카오스 이론에 대해서는 어느 정도 인식하면서, 바톨레뮤는 "우연이란 창조의 절대 필요한 부분이기 때문에, 그것은 하나님의 계획 가운데 한 부분임에 틀림없다."라고 가정한다. 우연이란 섭리적 행동에 걸림돌이 되기보다는 오히려 섭리적 제분소(mill)에 필요한 제분용 곡식(grist)으로 보아야 한다. 우연은 하나님의 창조사역에서 사실상 매우 긍정적인 역할을 할 수 있는데, 그 이유는 그것(우연)이 소개하는 다양성과 불확실성이 인간 발달의 완전한 영역에 대해 자극적이며 도전적인 환경을 마련해 주기 때문이다.[16] 자신보다 앞선 시대의 폴라드와 맥케이와 같이, 바톨레뮤는 우연과 예측 불가능함을 하나님의 섭리적 의도와 대조되는 것이라기보다는 오히려 일관되는 것으로 간주한다.

1980년대와 1990년대 초기에 저술활동을 한 필립 헤프너(Philip Hefner)와 스튜어트 챈들러(Stuart Chandler)는 고대 종교신화에서의 카오스의 개념에 대해 논의하였는데, 그 논의는 카오스 이론의 과학적 연구와는 상호작용이 거의 없거나 전혀 없었다.[17] 1989년에 발표한 논문에서 영국의 기상학자 휴턴(J. T. Houghton)은 카오스 이론이 환원주의 세계관에 의미심장한 도전을 함축한다고 시사한다; 그는 자연이 카오스를 건설적으로 이용하여 생물계로 하여금 새로운 형태에 접근할 수 있게 해준다고 믿고 있다.[18]

1993년 8월, 20명의 학자들과 과학자들로 구성된 여러 학문분야에 걸친(cross-disciplinary) 그룹이 카오스 이론이 세상 안에서의 하나님의 활동에 대한 철학적이며 신학적인 이해에 관해 함축하는 바를 탐색하기 위해, 캘리포니아주 버클리에 있는 '신학과 자연과학센터'(Center for Theology and Natural Sciences)에 회동했다. 그 학회에서 발표된 논문들 - 과학적 관점과 신학적 관점 모두를 나타내는 - 은 후에 카오스와 복잡성: 하나님의 행동에 대한 과학적 관점들(Chaos and Complexity: Scientific Perspectives on Divine Action)이라는 표제 하에 출간되었다.[19] 이 논문집은 지금까지 있었던 카오스 이론에 대한 철학적이며 신학적인 반응 가운데 가장 실질적인 것을 대표한다. 그런데, 논문을 게재한 기고가들의 대다수는 카오스 이론이 세상 안에서의 하나님의 활동을 과학법칙과 관련해서 정확히 어떻게 이해해야 할 것인가라는 질문에 대해 어떠한 손쉬운 답변이라도 제시하지 못한다는 결론을 내렸다.

그 외의 신학적 고찰들

몇몇 필자들은 카오스 이론이 결정론과 자유의지라는 골치 아픈 문제에 대해 해결책을 제공해준다고 시사하였다. 가령 물체의 움직임이 물리학의 법칙에 의해 결정되며, 인간(그들의 두뇌를 포함하여)이 적어도 부분적으로는 물질적 존재라고 한다면, 자유의지의 작용이 어떻게 이러한 물리학의 법칙과 일관될 수 있는가? 크러취필드는 근원적으로 카오스적인 과정이 작은 변동을 선택적으로 확대하기 때문에, "카오스는 결정론적 법칙에 의해 지배받는 세계 안에서 자유의지를 허용하는 메커니즘(mechanism)을 제공한다." 라고 시사하였다.[20] 마찬가지로, 그 당시 로스 알라모스 국립연구소(Los Alamos National Laboratory)에 근무하고 있었던 도인 파머(Doyne Farmer)라는 과학자는 카오스 이론이 "자유의지를 정의할 수 있는 조작(operational) 방식, 즉 자유의지와 결정론을 화해시킬 수 있는 방식을 제공할지도 모른다고 진술하였다." 그 체계는 결정론적이지만, 당신은 그것이 다음에[정확히] 어떤 일을 하게 될 지 알 수 없다.[21]

그러한 제안들이 초기에는 아주 매력적인 것으로 보일지 모르지만, 좀더 숙고해 보면 그것들이 심각한 문제를 지니고 있음이 드러난다. 근본적인 문제는 이러한 제안들이 본질적으로 환원주의적이며, 비인격적이며 반(半)인격적인(subpersonal) 실체에 의해 인간적이며 인격적인 실재(자유)를 설명하려 한다는 점이다. 따라서 이러한 접근방법은 근본적인 범주 오류(category mistake)를 저지르고 있다: 물리적 실재는 물리적 실체와 법칙에 의존함으로써 설명될 수 있지만, 인격적 실재는 자연질서 안에 존속하지만 그것을 초월하는 보다 고차원의 실재 – 인격적인 – 에 놓여있다. 그러한 견해는 인간에 대한 성경적 관념 – "먼지"이기 때문에 자연질서의 한 부분이며, "하나님의 형상"이기 때문에 자연질서를 초월하는 – 에 의해 나타난다. 기독교적 관점에서 보면, 하나님의 형상(imago dei)이라는 성경적 교리는 인간을 완전히 혹은 오로지 과학법칙에 의해서만 설명하려는 모든 시도에 근본적으로 제동을 건다. 위에서 주의 깊게 살펴본 제안은, 그 의도는 훌륭한 반면, 인간과 영적 실재를 물적 대상과 힘의 행동으로 설명할 수 있는 현상으로 환원시킨다는 돌이킬 수 없는 결점을 지니고 있다.

크러취필드와 파머의 제안이 심각한 범주오류를 나타내는 것에는 또 다른 의미가 있다. 결정론적 세계에서 인간의 자유를 위한 공간을 확보하려는 시도는 자유를 무작위성(randomness)이나 예측 불가능함과 암시적으로 동일시하게 만든다. 이러한 암시적 동일시에 따른 문제는 그것이 진정한 인간의 자유는 어떤 특정한 목적의 성취를 위해 행동하는 인간 행위자(agent)의 의도와 연관되어 있다는 결정적인 사실을 간과한다는 점이다.

나는 나의 가치관과 의도에 따라 어떤 특정한 직업을 선택하거나 결혼 또는 독신을 선택한다. 인간 행위자가 하는 진정한 의미에서의 자유로운 선택은 이처럼 의도적이거나 목적론적인(teleological) 컨텍스트 안에서 발생한다. 회전하고 있는 룰렛(roulette, 종이나 천에 재봉을 위한 금을 내는 기어식 점선기-역자 주) 바퀴가 단지 그 행동이 임의적이거나 예측 불가능한 것처럼 보이기 때문에 "자유 의지"를 행사한다고 말하는 것은 얼토당토 않은 것이다. 무작위성 혹은 예측 불가능함의 출현은 자유로운 선택과 관계가 있을지 모르지만,

그러한 임의성은 자유의 본질과는 거리가 멀다. 많은 대안들 가운데서 어떤 특정한 목적의 성취를 지향하는 인간 선택의 목적론적 차원은 물리학 - 그것이 뉴턴 물리학이건 양자 역학 물리학이건 아니면 "카오스" 물리학이건 간에 - 의 범주로 환원될 수 없다.

카오스 연구에서 새롭게 발견된 사실들이 지난 삼백년 동안 대중들의 상상력을 지배해왔던 예측 가능한 "규칙적인(clockwork) 우주"라는 뉴턴적(Newtonian) 이미지를 영구히 산산조각 내었다는 사실상의 공감대가 과학자, 철학자 그리고 신학자들 사이에서 형성되어 왔다. 카오스 체계에서, 비록 그 체계가 원리상으로는 결정론적 형식의 법칙에 의해 지배를 받기는 하지만, 작은 불확실성은 매우 급격하게 확대되어, 실제로는, 로버트 러셀(Robert J. Russell)이 주시한 바와 같이, "그 행위가 신속하게 예측 불가능한 상태가 된다."[22] 전문적인 교육을 받은 생화학자이자 영국성공회 사제인 아더 피콕은 그러한 예측 불가능함은 심지어 "초기 상태에 대한 완전히 정확한 지식 - 만일 이것을 습득할 수 있다면 - 에 의해서조차도 "근절될 수 없으며" 또한 제거될 수 없음을 강조한다.[23]

카오스 체계에는 그것을 넘어서는 정확한 예측이 불가능한 (대략 2주간의 날씨에 대한) 피할 수 없는 "예측 가능성의 한계"(predictability horizon)라는 것이 있다. "우리는 굳이 양자역학이나 하이젠베르크의 불확정성 원리에 대해 언급하지 않더라도 이러한 결론에 도달할 수 있다." 라고 제임스 라이트힐은 말한다. "미래에 대한 근본적인 불확실성은, 추측하건대 상당히 오래된 뉴턴의 운동법칙에 견실하게 기초한다고 하더라도, 사실상 그곳에 존재한다.[24]

이처럼 놀라운 과학적 전망들이 바야흐로 일반 대중들의 의식

속에 침투하기 시작하고 있다. 그러나 박식한 과학자들은 완전히 예측 가능하며 통제 가능한 세계에 대한 계몽 운동(Enlightenment)의 꿈이 이제는 생명을 잃어 매장되는 과정에 있다는 점을 깨닫고 있다. 이러한 꿈에 고전적인 표현을 붙인 것은 뉴턴의 세계관을 전파하는 사도인 프랑스의 위대한 수학자 삐에르-시몽 라쁠라스(Pierre-Simon Laplace)가 1795년 파리의 에꼴 노르말(프랑스의 국립사범대-역자 주)에서 행한 유명한 연속 강좌에서였다. 라쁠라스는, 우리가 모든 물체들, 행성들 그리고 개별 원자들을 지니고 있는 세계를 초기의 위치(상태)와 속도 모두에 대해 포괄적인 지식을 가지고 있는 무한한 지성이라는 관점에서 바라볼 수 있다고 한번 상상해 보라고 말한다. "그렇다면 우리는 우주의 현재상태를 그 이전 상태의 결과로서 그리고 앞으로 다가올 사건의 원인으로 간주해야 한다."라고 말하면서 라쁠라스는 물리학 법칙의 결정론을 언급한다. "왜냐하면 지성이 그처럼〔무한하다면〕, 불확실한 것은 아무 것도 없을 것이며, 미래는 과거와 같이 그 눈앞에 열릴 것이기 때문이다."[25] 라쁠라스가 말하는 이러한 "시계태엽장치처럼 규칙적인(clockwork) 우주에서는, "무한한 지성" – 또는 준(準)전지적인"(quasi-omniscient) 과학자 – 이라면, 추측하건대, 내일 시중에 나올 뉴욕 타임즈의 큰 표제가 무엇인지를 예측할 수 있을 것이다!

라쁠라스의 이러한 꿈은 영원히 산산조각이 났다; 과학자들은 이제 그것이 결코 사실이 아니었음을 알게 되었다. 규칙성과 예측 불가능함이라는 패러다임 – 예컨대, 간단한 진자 – 조차도 어떤 특정한 조건하에서는 카오스적인 행동을 나타낼 수 있음이 명백해졌다. 놀라운 것은, 오랫동안 규칙성의 모델로 간주되어 왔던 태양계 또한 카오스적인 행동을 나타낸다는 것이 최근에 알려졌다는 사실이다. 명왕성의 운동은 카오스적이며, 금성과 지구의 궤도는 상당한 불규칙성을 나타낸다. 수성의 궤도가 불안정하다고 알려진 것은 이 행성이 50억 년 안에 금성의 궤도를 횡단할지도 모른다는 점에서 볼 수 있다. 프랑스의 천문학자 자끄 라스까(Jacqes Laskar)에 따르면, "달이 없다면, 지구의 기울기는 매우 불안정한 상태가 될 것이며, 이것은 어쩌면 지표 위에서의 조직화된 삶의 발전을 엄청나게 어지럽혔을 것이다." 축을 중심으로 한 화성의 자전은 카오스적이다; 그것은 0도와 60도 사이에서 흔들거린다.[26]

보다 거대한 우주는 단순한 선형적 뉴턴적 역학 체계는 아니다; 여러 가지 점에서 그것은 카오스적 체계로서 행동한다. "유한한 지성은, 그것이 아무리 강력하다고 하더라도, 미래에 어떠한 새로운 형태나 체계가 존재하게 될지 예상할 수 없다." 라고 물리학자인 폴 데이비스는 결론지었다.[27]

이러한 "무한한 예측 가능함에 대한 꿈의 소멸"은 지난 세기에 과학이 접했던 인간 지식이 근본적으로 한계가 있음을 가리킨다. 아인슈타인의 특수상대성 이론은 빛의 속도가 어떤 물리적인 대상이나 메시지가 움직이는 속도에 절대적인 제한을 가한다고 진술하였다. 하이젠베르크의 불확정성 원리는 아(亞)원자의 세계에서 질량을 측정할 수 있는 인간의 능력을 근본적으로 제한한다는 것을 지적하였다. 열역학 제2법칙은 열 장치의 효율성이 본래적으로 제한적이며 영속적으로 작동하는 기계를 만들어 내는 것이 불가능함을 지적하였다. 오늘날 카오스 이론은 미래를 예측하고 통제할 수 있는 인간능력이 본래적으로 제한적인 것임을 지적하였다.

기독교적 관점에서 볼때, 그러한 한계에 부딪치게 되면 우리는 무한한 창조주와 인간을 포함한 유한하며 제한적인 피조물 사이에는 근본적으로 차이가 있음을 상기하게 된다. 카오스 이론의 발견은 우리가 복잡하고 예측 불가능한 세계에 직면했을 때 인식론적으로 겸손한 자세를 취해야할 그 이상의 이유를 제시한다.

카오스 이론은 또한 현대과학의 협의사항(agenda) 대부분에 암시되어 있는 환원주의에 대해 중요한 철학적 함축을 지닌다. 단순한 체계조차도 복잡하고 예측 불가능한 행동을 일으킬 수 있다는 사실이 점차 인식되면서, 보다 많은 과학자들이 물리적 및 인격적 실재의 전 영역은 원자, 분자 그리고 기초입자의 운동과 상호작용에 의해 적절하게 설명될 수 없음을 인정하기 시작했다. 이 과학자들은 전체로부터 따로 떼어서 부분을 연구하는 것의 한계를 인식하기 시작했다. "그들에게는, 카오스야말로 과학에 있어서의 환원주의자의 프로그램의 종국이었다."라고 제임스 글릭(James Gleick)은 언급하였다.[28]

크러취필드는 물리학이 기본 입자와 힘에 대한 더욱더 상세한 이해를 통해 물리적 실재를 완전하게 묘사할 수 있다는 희망은 근거가 없는 것이라는 결론을 내린다. 사실을 말하자면, 어떤(one) 규모로 구성요소들 간에 상호작용이 일어나면 그것은 "일반적으로 개별 구성요소에 대한 지식으로는 추론할 수 없는, 보다 더 큰 규모의 복잡한 지구적 행동을 일으킬 수 있다는 것이다.[29] 데이비스는 "환원주의는 결정론이라는 신빙성 없는 개념에 근거를 둔 모호한 약속에 다름 아니다"라고 단호하게 말한다.[30]

환원주의가 과학의 주된 패러다임으로서 부적합하다는 인식이 이처럼 확산되는 것은 인간을 포함한 살아있는 유기체의 실재가 물리학과 화학의 범주 안에서는 완벽하게 이해될 수 없다는 것을 시사한다. 물론, 살아있는 존재들은 유형(有形)의 질서 안에 존속하고, 유형의 범주에 종속하며, 또한 그것에 의해 상당한 정도까지 분석이 가능하다. 그러나 이러한 물리적 및 화학적 작용은 순수하게 물리적인 것을 초월하며 물리학의 기초입자와 더불어 "실체적 인식"이 허용되어야 하는 새로운 수준의 구조, 복잡성, 직감, 그리고 가치를 초래한다.

다시 말하거니와, 필자는 카오스 이론으로부터 인간의 자유에 대한 직접적인 논리적 추론을 이끌어낼 수 있다고 주장하는 것은 *아니다.* 그러한 시도는 현재 비난받고 있는 동일한 환원주의적 접근방식으로 후퇴하게 될 것이다: 이것은 생애가 끝날 때 인간의 자유는 실제로 물질 입자의 운동의 산물에 지나지 않는다는 인식과 같은 것이다. 오히려, 필자가 말하고자 하는 핵심은 카오스 연구로부터 떠오르는 새로운 관점이 종교를 포함한 인간 과학을 위한 문화적이며 인식에 관한 공간을 마련하는데 도움을 준다는 것이다. 라쁠라스 식의 계몽주의 비전이 지니고 있는 지지할 수 없는 특질을 강조하는 어떠한 과학적 연구도, 적어도 간접적으로는, 하나님이 창조하신 세계가 복잡하고, 여러 수준을 지니며(multi-leveled), 그리고 덜 예측 가능한 성격을 지니고 있음을 인정하는 보다 더 적합한 세계관에 중요하게 기여한다. 만일 과학이 이제 어떤 경우에서든지 간단한 진자가 미래에 어떤 행동을 할지 예측하는 것이 불가능하다는 것을 인정한다면, 인간의 행동과 가치를 물질 입자의 단순한 운동으로 환원하는 것은 얼마나 불가능한지! 카오스 연구가 과학에 있어서의 라쁠라스 식의 협의사항(agenda)에 대한 인식론적 오만(hubris)을 점검하는 바, 그로 인해 새로운 분별이 가능해지며, 자연과학과 종교계 사이에 보다 더 유익한 상호작용이 이루어질 수 있는 새로운 문화적 공간이 확보될 수 있을 것이다.

카오스 이론은 또한 하나님의 창조사역과 섭리를 이해하는데 새로운 관점을 제시해준다. 특히, 이러한 발견들은 역사적인 창조-진화 논쟁에서 제기되는 몇 가지 문제들을 다른 시각에서 이해할 수 있게 해준다. 적절한 사례로서, 1874년에 있었던 다윈주의(Darwinism)에 대한 비난에서 프린스턴대의 신학자 찰스 핫지(Charles Hodge)는 대자연(Nature)에 있어서의 의도와 계획을 부인하는 것이 기독교 신앙에 근본적인 위협이 된다고 보았다. "최종적 원인들을 부인하는 것이 다윈의 이론을 형성하는 사상이며, 그러므로 어떠한 목적론자도 다윈주의자가 될 수 없다."고 핫지는 믿었다. 핫지의 견해로는, 대자연의 계획을 부인하는 것은 하나님을 부인하는 것과 다를 바 없었다. 다윈은 개인적으로는 무신론자가 아니었으나, 그의 이론은 "사실상 무신론적인" 것이었다: 하나님이 우주와 최초의 생명의 기원을 창조했을지도 모른다; 그러나 나중에 그 분은 "결과가 어찌되든 전혀 신경 쓰지 않고, 우주 그 자체가 우연과 필연에 의해 조종되도록 내버려두셨다." 핫지는 다윈의 진화론을 하나님의 섭리에 대한 부인으로 이해하였다. 다윈이 자신의 저서의 제목에서 주장한 질문: "다윈주의란 무엇인가?"에 대한 답변으로 '그것은 무신론이다.' 라고 결론짓게 한 것은 바로 하나님의 섭리에 대한 이러한 부인때문이었다.[31]

"순전한 우연"이 신의 섭리와 조화되지 않기 때문에 다윈주의가 기독교적 신론과 완전히 양립할 수 없다는 것이 핫지의 생각이다. 그러나 오늘에 와서는 카오스 연구가 제시하는 관점들은 "우연한" 사건과 법칙에 따른 행동 사이의 관계를 다르게 이해할 수 있는 길을 터놓았다. 바톨레뮤와 다른 학자들이 지적한 바와 같이, 오늘날 명백히 임의적인 행동이 질서정연한 결과를 일으킬 수 있다는 것이 인식되고 있다; 질서는 "무질서"(카오스)의 결과일 수 있다. 예를 들면, 어떤 특정한 개인의 행동과 그 사람이 죽게 될 시점이 언제인지 매우 불확실하지만, 생명보험회사의 보험통계표는 일반 대중의 사망에 대해서는 매우 정확한 예측을 할 수 있다. 바톨레뮤는 우리로 하여금 "자연에서 우연의 작용이 단순히 일어난다고 해서 그것이 (하나님의) 의도가 부재함을 추론할 수 있는 충분한 근거가 되지 못함"을 이해하는데 도움을 준다.[32] 인간 행위자가 자신의 목적 - 복권, 모노폴리 게임(반상槃上 게임의 일종-역자 주) 혹은 그 수가 제한되어 있는 신장투석기를 분배하는 것에서 - 을 위해 우연 이라는 메커니즘을 사용할 수 있는 것과 같이, 하나님이 자신의 고유한 창조적 목적을 위해 명백하게 임의적인 방법들을 사용한다고 생각하는 것은 충분히 가능성 있는 일이다.

피콕은 이러한 관점에서 저술하면서, 카오스와 복잡성의 발견은, 우연과 법칙의 창조적 상호작용에 의해 자연을 이해할 수 있는 새로운 패러다임을 제시한다고 주장한다. 우연은 나타날 수 있는 결과들을 제한하는 법칙과 같은(lawlike) 틀 안에서 작동한다. 우연은 새로운 형태의 생명체와 조직이 출현하는 것을 허용하는 반면, 결정론적 법칙은 이러한 새로운 형태들이 존속하도록 안정성을 부여한다. "질서정연한 우주가 자신 안에서 새로운 양식의 생명체를 출현할 수 있게 하는 것은 다름 아닌 두 가지(법칙과 우연)의 결합이다."[33] 이러한 관점에서, 우연은 하나님의 의도에 대항하는 자율적 형이상학적 원리가 아니라, 사실상 보다 커다란 합법적 구조의 한 부분이며 하나님이 창조과정에서 사용하신 메커니즘 가운데 하나인 것이다. 이러한 관점에서 보면, 진화론에 있어서의 우연의 역할이 핫지가 생각한 것처럼 기독교적 신론에 반드시 위협이 되는 것은 아니다.[34]

우연의 사건과 하나님의 섭리와의 관계를 이런 식으로 고찰하는, 기독교 신학사에 중요한 선례가 있다. 토마스 아퀴나스는 「대이교도 대전」(*Summa Contra Gentiles*)에서 모든 사건이 하나님의 섭리에 의해 제약을 받는 한편, 반드시 모든 것이 "필연적으로 되는 것이 아니라, 상당히 많은 것이 우연한 것이 된다."고 하였다. 하나님은 만물의 원인이시며, 동물이 자기 새끼를 돌보듯이, 하나님 역시 자신이 창조하신 모든 것을 돌보신다. 그분의 신적인 섭리는 필연적으로 일어나는 그 모든 사건들 뿐 아니라 참새 한 마리가 떨어지는 것(마태복음 10:29)과 같은 우연히 일어나는 개별사건에도 적용된다.[35]

어쩌면 영어권 기독교에서 가장 영향력 있는 단일한 고백 문서라고 할 수 있는 웨스트민스터 신앙고백(1647)은 섭리(5.2)의 문제를 다음과 같이 다룬다. 청교도주의와 칼빈주의의 신학적 관점에서 의견을 개진하는 웨스트민스터 성직자들은 "비록 만물이 제1원인인 하나님의 예지와 섭리와 관련되어 있지만, 만물은 변함없이 그리고 오류 없이 발생하게 된다, 그렇지만 동일한 섭리에 의해 그 분은, 제2원인의 특질에 따라, 만물이 반드시, 자유롭게 혹은 우연히 소멸하도록 명령을 내리신다." 웨스트민스터 신앙고백은 여기서 토마스 아퀴나스가 *제1(primary)* 원인과 *제2(secondary)* 원인으로 구분한 것을 그대로 차용한다. 하나님은, 참새가 떨어지거나, 제국이 몰락하거나, 태양이 떠오르거나 혹은 메시아가 십자가에 못 박히시든지 간에, 일어나는 모든 사건의 제1원인이자 궁극적 원인이다. 그런데 하나님의 제1의 인과관계는 일반적으로 인간의 선택이나 자연법칙의 시행이라는 제2원인의 작용에 의해 매개된다. 이러한 제2원인들은 돌이 땅에 떨어지는 것에서처럼, "필연적으로" 작동할 수 있다; 주사위를 던져서 정하는 것에서처럼, "우연히" 작동할 수 있다; 또는 다윗 왕이 밧세바와 간음을 저지르기로 결심하는 것에서처럼, "자유롭게" 작동할 수 있다. 비록 17세기 당시의 웨스트민스터 성직자들이 *우연히(contingently)*라는 용어를, 당연히 그 당시에는 알려져 있지 않았던 "양자" 혹은 "카오스적" 불확실성보다는 오히려 (동전을 던져서 정하는 것과 같이) 우리가 "전통적인" 불확실성이라고 부르고자 하는 것에 의해 이해했지만, 그들의 기본 논점은 카오스 이론의 현상들을 포함하는 데까지 확대될 수가 있다. "제2원인들"은 뉴턴(혹은 아리스토텔레스) 물리학이 묘사하는 현상들 뿐 아니라 양자역학과 카오스 이론이 묘사하는 현상들도 포함하는 데까지 확대될 수 있다. 역사와 자연에서 일어나는 모든 사건들은 궁극적으로 하나님의 섭리에 의해 정돈된 합법적이며 논리적인 구조 안에 삽입되어 있다.

하나님과 카오스적 현상과의 관계에 대한 성경적 이해는 고대 세계의 대부분의 우주론에서 나타나는 이해와는 매우 다르다는 사실에 주목해야 한다. 소위 바빌로니아 창세기라고 하는, 에뉴마 엘리쉬(Enuma Elish)와 같은 고대 근동의 창조신화에서, 마르둑(Marduk) 신은 혼돈(카오스)의 세력이 의인화된 티아맛(Tiamat) 신을 물리침으로써 신들 가운데서 최고의 자리를 쟁취한다.[36] 플라톤의 「티마에우스」(*Timaeus*)에서 조물주(Demiurge)는 무로부터의 창조라는 주권적 행위에 의해 만물을 조성하기보다는 오히려 이전부터 존재하고 있었던 혼돈의 물질에 형태를 부여한다.[37] 성경적 사고에서 자연과 역사에서의 혼돈의 세력은 하나님에 대항해서 독자적으로 행동하는 신적인 존재나 형이상학적 원리가 아니다. 성경의 하나님은 주권적 창조주요, 유지자(維持者)요 또한 구속자로서, 자신의 고유한 목적을 위해, 인간적 견지에서 자연계의 예측 불가능하고 통제 불가능한 힘을 사용하신다.

과학자와 기술자들을 위해 저술한 카오스 이론에 대한 교재에서, 프랜시스 문(Francis C. Moon)은 뉴턴 과학의 규칙적 이미지를 대체하기 시작한 패러다임이 "질서정연한 법칙으로부터 야기되는 카오스적 사건들의 개념 – 형태 없는 카오스가 아니라, 우리가 살고 있는 '질서정연한' 세계에 대한 새로운 수학적 견해에 의해 지배를 받는, 그 안에 심층적 패턴, 프랙털 구조가 있는 카오스 – 이라는 점을 주시한다.[38] 카오스적 현상이 보다 심오한 심층적 구조 안에 끼어있다는 문의 관찰은 창조와 섭리에 대한 성서신학과 놀랄 만큼 훌륭하게 일치한다. 카오스 이론가들이 연구한 난폭하며 예측 불가능한 사건들을 포함하는 하나님이 창조하신 질서 속에는 "로고스 구조"(요한복음 1:1, 3; 골로새서 1:15-20과 비교)가 있다. 이러한 현상들은 카오스적이기는 하나, 비합법적이거나 무한의 카오스를 뜻하는 것은 아니다; 그것들은 보다 심오한 심층적인 질서의 구조 안에 끼어있다.

욥기서가 끝날 무렵, 하나님은 폭풍 가운데서 말씀 하신다: "내가 땅의 기초를 놓을 때에 네가 어디 있었느냐?"(욥기 38:4). 창조에 관한 일련의 장구한 질문에서, 하나님은 욥을 인도하셔서서 자연 질서의 특징에 관한 보다 심오한 깨달음은 전능자의 창조사역에 직면했을 때 경이와 겸손을 불러일으킬 수 있다는 점을 깨닫게 하신다. 일리야 프리고진은 경탄해마지 않는다, "우리가 사방을 둘러보아도, 우리 눈에 보이는 것은 다양성과 혁신이 풍부한 자연이다."[39] 카오스 이론의 발견은 인간이 하나님의 창조와 우연히 마주쳤던 역사에서 최근에 기록된 보다 흥미진진한 장(章)들 가운데 하나임을 나타낸다. 카오스 이론은 섭리에 관한 성경적 이해에 위협이 되기는커녕 오히려, 미래를 예측할 수 있는 인간 능력의 한계와 하나님의 창조의 권능의 풍성함을 올바르게 인식할 수 있는 새로운 통로로 볼 수 있다.

제5장

괴델의 증명은 신학적 함축을 지니는가?

　사람들은 그를 "아리스토텔레스 이후 가장 위대한 논리학자"로 칭송해왔다. 그가 1929-1939년 사이의 10년 동안 이룩한 놀랄 만큼 중요한 업적은 그에게 "20세기의 가장 중요한 논리학자"라는 명성을 가져다주었으며, 수리논리 분야를 변형시켰고 수학의 기초분야에서의 모든 후속 연구에 영향을 끼쳤다.[1]

　이처럼 높은 칭송이 그 당시 일반대중들에게는 거의 알려져 있지 않았던, 독일어를 구사하는 무명의 수학자이자 논리학자인 쿠르트 괴델(1906-1978)에게 주어졌다. 1931년에 발표한 획기적인 논문에서 그는 모든 일관된 형식체계에는...미결정의...명제들이 존재하며...게다가, 그러한 체계는 어느 것이든 그 일관성이 체계 안에서는 입증될 수 없다는 사실을 증명하였다.[2] 괴델이 이룩한 중요한 성과는 아리스토텔레스와 유클리드 이후로 논리적 증명과 증명 가능함(provability)이라는 개념에 대한 이해방식에 도전하였다.

　쿠르트는 대체 어떤 인물이었으며, 그의 유명한 "불완전성 증명"(incompleteness proof)은 어째서 인간 사상사에 있어서 그처럼 중요한 이정표(milestone)로 간주되고 있는가? 그의 연구는 자유의지 대(對) 결정론, 하나님의 전지, 성경의 권위, 그리고 인간이성의 한계 등과 같은 질문에 대해 신학적 함축을 지니는가? 괴델의 연구는 포스트모더니즘의 감수성을 불러일으키는데 기여하였는가? 이러한 질문들이 이 장에서 탐구해야 할 몇 가지 쟁점들이다.

간략한 생애 묘사

그는 가냘픈 체구에 연약해 보이며, 식성이 매우 까다롭고 우울증에 걸릴 만큼 병에 대해 지레 걱정하는, "지나치게 고독벽(癖)이 있으며 수줍음을 타는" 사람으로 묘사되었다. 그는 하루 일과가 끝나면 두꺼운 검정 코트를 걸치고-심지어는 더운 날씨에도-귀가하고는 했는데, 그의 그러한 모습은 뉴저지주 프린스턴의 고등연구원에서는 낯설지 않은 풍경이었다.[3]

이처럼 숫기 없는 수학 천재는 1906년 당시 오스트리아-헝가리 제국의 한 지역이었던 체코슬로바키아의 브르노에서 독일어를 구사하는 부모에게서 태어났다. 18세가 되었을 때 쿠르트 괴델은 물리학을 공부하기 위해 비엔나대에 진학했지만, 그의 관심사는 돌연 수학과 수리논리로 바뀌었다. 그는 1929년 오스트리아 국적을 취득했고, 1930년 24세의 나이로 박사학위를 취득했다. 그의 유명한 불완전성 증명은 1931년 논문으로 발표되었고, 다음해 그는 비엔나 대학의 무급 강사(프리바토젠트, Privatdozent)가 되었다. 나찌가 오스트리아를 점령한 후인 1940년 1월, 괴델과 1938년 그와 결혼한 아델레는 미국으로 이주하였다. 그들은 기차로 동부 유럽을 거쳐 시베리아로 갔으며 거기서 요코하마로 갔고, 보트를 타고 태평양을 횡단하여 샌프란시스코로 향했으며, 마침내 그곳에서 기차로 프린스턴에 안착했다. 그리고 그들은 다시는 유럽으로 돌아가지 않았다.

괴델은 엘리트의 학문적 두뇌집단인 프린스턴의 고등연구원에 거처를 정하도록 초청받았는데, 거기서 그는 평생동안 학문적 경력을 쌓았다. 그는 또한 그 연구원의 상임 연구원으로서 앨버트 아인슈타인과 절친한 교분을 쌓았으며, 두 사람이 깊은 대화에 몰두한 채 걸어가는 모습이 종종 사람들에 의해 목격되기도 하였다. 괴델은 1975년 대통령 제럴드 포드로부터 국가과학훈장을 수상하였다. 괴델은 1960년대 이후 건강이 계속 나빠졌는데, 그것이 우울증과 편집증으로 더욱 악화되어 향년 72세인 1978년 세상을 떠났다. 괴델 부부에게는 자식이 없었다.

괴델 정리의 의의

괴델이 이룩한 근본적인 성과는 다음과 같이 요약할 수 있겠다: 대수 및 기타 보다 복잡한 수학체계는 그 자체의 내적 일관성을 확립할 수 없으며, 결정할 수 없는 명제들, 다시 말해, 그 체계 안에서 증명할 수도 논박할 수도 없는 명제들을 포함하지 않으면 안 된다.[4] 이러한 성과는 두 가지 정리(定理)의 형태로 보다 정확하게 나타낼 수 있다.

제1정리: "대수를 포함할 만큼 충분히 커다란, 모든 자명한 형식체계 S는 S 안에서 증명할 수 없는 진술을 포함한다."

제2정리: "만일 그러한 체계 S가 모순이 없다면, 체계 S안에 있는 방법들에 의해 그것이 모순이 없다는 것을 증명하는 것은 불가

능하다."[5]

괴델의 연구가 지니는 중요성을 제대로 이해하기 위해서는, 많은 전문용어들을 이해할 필요가 있다. "형식적 공리 체계"(formal axiomatic system)란 그 안에서 몇몇 원리들(공리들)을 참된 것으로 가정하고 다른 명제들(정리들)을 이러한 원리들을 이용하여 증명할 수 있는 체계를 말한다. 그처럼 자명한 체계의 친숙한 예를 든다면 그것은 유클리드 기하학이다. 유클리드는 자명하게 참된 것으로 간주되는 공리들의 집합(예, "어떤 두 점 사이에는 오직 단 하나의 직선만을 그을 수 있다.")과 더불어 시작하였으며, 이러한 공리들에 기초하여 많은 정리들(예, 피타고라스의 정리: "어떤 직각 삼각형의 빗변의 제곱은 나머지 두 변의 제곱의 합과 같다.")을 증명하였다. 유클리드의 공리체계는 서구 문명에서 논리 정연함과 꼼꼼한 증명의 전형(典型)이 되었다.

이러한 논의의 맥락에서, 산수(算數, arithmetic)는 통상적 논의에서 사용되는 것과 다소 다른 의미를 지닌다. 여기서 말하는 산수는 양의 정수와 변수를 나타내는 기호들로 제한되는, 고등학교의 대수(algebra) - 예컨대 "2 + 2 = 4"와 "만일 $xy = 18$이고, $x = 2y$라면, $x = 6$이고 $y = 3$"과 같은 진술들을 포함하는 - 와 더욱 유사한 그 어떤 것을 의미한다.[6]

괴델의 증명은 완전과 일관성의 영역에서 어떠한 형식체계든지 거기에는 근본적인 한계가 있음을 보여주었다. 논리적으로 흥미 있으며 복잡한 공리 체계는 어느 것이든 그 체계의 언어 안에서 공식화될 수 있지만 그 체계의 공리를 감안할 때 증명하거나 논박할 수 없는 참된 진술들이 있다는 점에서 본래적으로 "불완전" 하다. 그것들은 "결정할 수 없는" 것이다. 만일 원래의 체계가 그 이상의 공리를 추가함으로써 확대된다면 이러한 진술들은 증명될 수 있지만, 그럴 경우 동일한 문제가 발생한다: 새로운 그리고 확대된 체계 안에서는 증명할 수 없는 새로운 명제들이 존재한다.

수학사에서 "골드바흐의 추론"(Goldbach's Conjecture)으로 알려진 유명한 난제(難題)는 아마도 불완전과 미결정성이라는 이러한 특징에 대한 훌륭한 사례가 될 것이다. 1742년 독일의 수학자 골드바흐는 "모든 짝수는 두 개의 소수의 합으로 나타낼 수 있을 것"으로 추정하였다. 3, 5, 혹은 17과 같은 소수는 그 자신과 1에 의해서만 나누어진다. 8과 같은 짝수는 3+5의 합으로 나타낼 수 있다; 10은 7+3으로 나타낼 수 있다; 기타 등등. 수학적 도전은 모든(every)이라는 용어에 들어있다. 수학자들은 그 동안 골드바흐의 추론을 증명하거나 반박하는데 실패를 거듭해 왔다; 그것이 사실일 수는 있지만 그것이 사실이라는 것은 알려져 있지 않다. 결과적으로, 그것은 수론(數論)의 불완전함에 대한 흥미 있는 사례를 나타낼 수 있을 것이다.

일관성에 관하여, 괴델은 그 체계 안에서 이용 가능한 방법들을 사용하는 어떠한 형식체계의 완전한 내적 일관성을 증명하는 것은 불가능함을 입증하였다. 하나의 체계는 만일, 주어진 공리들의 집합으로부터, 하나의 명제("소크라테스는 인간이다")와 그것의 부정("소크라테스는 인간이 아니다") 둘 다 입증할 수 있다면 내적으로 모순된다. 하나의 체계는 모순이 없을지 모르나, 그것은 그 자신의 일관성을 증명할 수는 없다.

어네스트 네이겔(Ernest Nagel)과 제임스 뉴먼(James R. Newman)

은 괴델의 탁월한 증명이 지니는 근본적인 중요성을 이렇게 요약한다: 괴델은 "공리적 방법에 있어서의 본래적 한계"를 증명하였다. "그것으로부터 모든 참된 산술적(arithmetical) 진술들이 형식상으로 도출할 수 있는, 최종적으로 확고한 공리들의 집합을 상술함으로써" 수학분야에 대해 확고부동한 토대를 발견하고자 하는 수학자들의 염원은 되돌릴 수 없을 정도로 산산조각이 났다.[7] 괴델의 연구가 주는 인식론적 함축은 철학자들에 의해 여전히 논의되고 있으며, 일반대중들은 이처럼 놀랄만한 지적 성취에 대해서는 거의 무지한 상태에 있다.

괴델의 증명과 기독교 신학

몇몇 논객들은 괴델의 정리가 기독교 신학에 대해 함축하는 바가 의미심장하다고 주장하였다. 1961년에 발표한 "정신, 기계 그리고 괴델"(Minds, Machines and Gödel)이라는 영향력 있는 논문에서, 옥스퍼드대의 철학자 루카스(J. R. Lucas)는 괴델의 연구가 자유의지 대(對) 결정론에 대한 논의에 중요한 결과를 초래했다고 주장하였다. "괴델의 정리는 내게 메커니즘은 허위라는, 다시 말해 정신은 기계로써 설명될 수 없다는 점을 증명하는 것처럼 보인다"라고 루카스는 말하였다.[8] 괴델의 증명은 일반적으로 논리학자들과 철학자들에 의해 순전히 기계적인 수단을 사용해 주어진 형식체계 안에서 기술될 수 있는 어떤 그리고 모든 진술의 참 혹은 거짓을 결정할 수 있는 컴퓨터를 구성하고 컴퓨터에 프로그램을 넣는 것이 불가능함을 나타내는 것으로 이해되어 왔다. 루카스는 어떠한 기계나 컴퓨터도 인간의 정신을 완벽하게 또는 적절하게 묘사하는 모델이 될 수 없다고 주장하였다; "정신은 기계와는 본질적으로 다르다." 컴퓨터와 기타 기계장치와는 달리, 인간존재는 연역적 추론을 하는 것에 국한되지는 않는다. 인간의 정신은 상상력과 창조력을 지니고 있어서, 괴델 특유의 개척자적인 연구가 보여주듯이, 주어진 순간에 존재할지도 모르는 규칙들과 절차들을 뛰어넘는 새로운 추론양식과 논증양식을 고안해 낼 수 있다. 게다가, 인간의 정신은 컴퓨터와는 달리 자아를 의식하고 성찰할 수 있다.[9]

　　루카스는 이러한 결론들이 불가피한 것으로 믿었는데, 그 이유는 괴델의 정리가 규칙의 구속을 받는 (rule-bound) 묘사와 규칙성 설명에 의해, "인간 행동에 대한 모든 환원적 분석에 적용되기 때문이다."[10] 루카스에 의하면, 인간 정신을 컴퓨터로 보는 모든 기계적인 설명은, 그것이 아무리 막강하다고 하더라도, 괴델이 말하는 제한에 종속될 것이다. 루카스의 관점에서 보면, 인간 정신은 이러한 제한들을 초월할 수 있기 때문에, 인간 정신은 결코 컴퓨터로 완전히 환원될 수 없으며, 이에 결정론은 허위임에 틀림이 없다. 이러한 결론은 철학적으로 상당히 중요한 데, 그 이유는 더 이상 "과학의 이름으로 자유를 부정할 필요가 없기 때문이다...도덕주의자는 믿음에 자리를 양보하기 위해 더 이상 지식을 폐지할 충동을 느끼지 않을 것이기 때문이다."[11]

　　루카스의 논증이 지니는 위력을 평가하기란 쉬운 일이 아니다. 몇몇 철학자들은 기술적인 이유를 내세워 루카스가 괴델의 정리를 사용하는 것에 이의를 제기하였다.[12] 그리고 다른 학자들은 컴퓨터 기술이 점차 위력을 더해가고 정교화 되면서 루카스가 본래적인 것으로 생각했던 몇몇 한계들이 극복되고, 이것은 어떤 의미에서 "창조적"이고 심지어는 "자아를 의식하는" 컴퓨터의 출현으로 이어지게 될지도 모른다고 주장할 것이다. 인간 정신은 규칙의 구속을 받는 컴퓨터의 행위를 초월하는 힘을 지니고 있다는 루카스의 주장은 그럴듯하게 보이지만, 만일 루카스와 그의 비판자들 사이에서 일어나고 있는 논쟁에 종지부를 찍어야 한다면, 괴델의 증명과 정신-육체의 이원론적 문제에 대한 철학적 분석에서, 그리고 컴퓨터 과학과 기술의 분야에서 더 많은 진전이 이루어질 때까지 기다려야할 것이다.

괴델의 증명과 하나님의 전지(全知)

미국의 철학자 패트릭 그림(Patrick Grim)은 괴델의 정리가 하나님의 전지라는 교리에 대해 중요성을 부여한다고 시사하였다. 우리가 알고 있는 어떠한 논리의 제약 안에서, "전지는 단지 불가능한 것으로 나타난다"고 그는 생각한다. 사실상, 괴델의 연구결과를 감안한다면, 전지라는 바로 그 개념은 어떤 일관된 의미를 지니는 것으로 보이지는 않는다.[13]

그림은 어떻게 해서 이처럼 다소 대담하고 파문을 일으키는 결론에 이르는가? 그는 전지에 대해 간략하게 정의를 내림으로써 자신의 논지를 펼쳐나간다: "어떤 전지의 존재라도 모든 것들[진리들]과 유일한 진리들을 신뢰할 것이다."[14] 그림에 따르면, 괴델의 정리가 주는 중요한 함축은 "모든 진리들의 집합"이 존재하지 않는다는 것이다. 전지의 존재는 모든 진리들을 마땅히 알고 있지 않으면 안 되기 때문에, 전지의 존재란 있을 수 없다.[15]

그림은 이러한 결론이, 적당히 복잡한 형식체계는 그 체계 안에서 증명될 수 없는 참된 진술들을 포함하고 있다는 의미에서 "불완전하다"는, 괴델의 증명을 따르고 있다고 생각한다. 가장 큰 자연수가 존재하지 않는 것과 같이, 지식 또한 "본래의 극대점"(intrinsic maximum)을 지니지 못한다; 모든 형식체계와 모든 지식의 통일체(body)에는 그것을 초월하는 어떤 지식이 존재한다. "전지의" 존재라고 하여도 알 수 있는 "사실들의 전체성"이라는 것은 존재하지 않는다; 우주와 우주에 대한 묘사는 어느 것이든 본질적으로 미결정이며 불완전하다.[16]

이처럼 다소 대담한 주장에 대해 우리는 어떻게 생각해야 할까? 괴델의 정리는 실제로 하나님의 전지에 대한 기독교적 이해를 뒤집는가? 전지에 대한 *정의*를 어떻게 내리느냐가 이 질문에 대한 답변에 결정적인 것임은 분명하다. 그림이 내리는 정의는 다음과 같이 진술할 수 있는 전통적인 정의와는 현저하게 다르다: "어떤 존재 X는 만일, 주어진 시간 T에서, 모든 참된 명제를 안다면 전지하다."[17] "주어진 시간에서"라는 조건은 의미심장하다. 어떤 주어진 시간에서, 주어진 형식체계의 언어 안에서 진술될 수 있는 유한한 수의 참된 명제들이 존재한다. 확대된 체계 안에는 추가적인 참된 진술들이 존재하는 것이 사실인 반면, 주어진 미래의 시간 T2에서 확대된 체계의 언어 안에서 진술될 수 있는 (따라서 알려질 수 있는) 오로지 유한한 수의 참된 명제들만이 존재한다는 것도 여전히 사실이다. "주어진 시간에서"라는 언급(reference)을 포함시키는 것을 감안하면, 전지의 개념에 대한 그림의 반대는 설득력을 잃는다.

그림의 반대를 피하면서 전지에 대해 정의를 내리는 또 다른

방식이 아직 있다: 어떤 존재 X는 만일 X가 논리적으로 알 수 있는 모든 참된 명제들을 안다면 전지하다. 이것이 하나님의 전지에 대한 전통적인 이해에 암시되어 있는 조건이다. 따라서 하나님이 "2 + 2 = 5"라는 명제를 알 수 있다고 말하는 것은 이치에 닿지 않는다; 그러한 진술은, 마치 "하나님은 자신이 들어올릴 수 없을 만큼 무거운 돌을 만들 수 있는가?"라는 질문이 자기모순이고 무의미한 것처럼, 논리적으로 알 수 없는 것이다. 그러한 조건들은 실재하는 모든 사물과 (존재) 가능한 모든 사물에 대한 극대의 그리고 완전한 지식을 수반하는, 하나님에 대한 참된 지식에 대해 가하는 진정한 제약이 아니다. 그러므로 기독교 신학이 괴델의 공리로부터 발생하는 어떠한 논리적 결과들을 몇 가지 정의 안으로 합병시키는 것은 원칙적으로는 문제가 되지 않는다; 이와 같은 조건은 우리가 "2 + 2 = 5"를 알 수 없는 것과 같이 하나님에 대한 제한이 아니다.

성경의 권위에 대한 함축

마틴 쿤디(H. Martyn Cundy)는 괴델의 정리가 성경의 권위에 대한 개신교의 이해에 대해 함축하는 바가 있음을 시사하였다. 성경은 인간의 모든 상황을 망라하는 철저한 진리를 제공하기 위한 의도를 지닌 명제들에 대한 하나의 "형식체계"로서 다루어서는 안 된다. 각 시대마다 교회는 성경의 원리들을 성경의 범주들과 언어에 의해 명백하게 제기되지 않는 새로운 상황들과 문제들에 적용하기 위해 성령의 조명하시는 임재를 필요로 한다. 설사 형식상의 수학적 체계가 불완전하다고 하더라도, 우리는 성경을 교회가 필요로 하는 상상할 수 있는 한의 모든 진리의 포괄적인 명세서(compendium)로 기대해서는 안 된다.[18] 사실상 괴델의 정리가 "오직 성서"(sola scriptura)라는 개신교적 개념에 대해 의미심장한 제한을 함축하고 있음을 쿤디는 시사하고 있는 것이다.

쿤디의 추론은 그럴듯한 것인가? 물론 이 질문에 대한 답변은 성경과 형식적 공리 체계 사이에 타당한 유비(類比)와 기본적인 일치가 존재하는 정도에 의해 결정된다. 우리는 기독교 신학사에서 성경은 논리적으로 엄격하게 그리고 심지어는 "과학적인" 방식으로 다루어야 한다는 것을 암시하는 조직신학자들의 진술들을 확실히 발견할 수 있다. 19세기 프린스턴의 신학자 찰스 핫지는, 신학방법론에 대한 토론에서 "성경과 신학자와의 관계는 자연과 과학자와의 관계와 같다"라고 말하였다.[19] 성경의 각 책들은 모든 신학의 "사실들"을 담고 있으며, 귀납적인 방식을 이용하여 성경의 모든 사실들을 수집하고, 정리하고 그것들의 내적 관계를 나타내는 것은 신학자에게 주어진 과제이다.[20]

종교개혁 이후, 17세기의 개혁파 및 루터파 정교회의 신학자들 – 때때로 "개신교의 스콜라 철학자들"이라고 불리는데 – 은 로마 천주교의 주장에 맞서 개신교의 믿음을 변호하는 강력하면서 꼼꼼하게 논의된 신학적 체계를 완성한 것으로 이름을 떨쳤다. 이 신학자들은 그 당시의 논리와 변증법을 상당 부분 차용하였다.[21] 그런데 이러한 신학적 체계를 단순히 "개신교의 아리스토텔레스 철학"으로만 이해한다면 그것은 실수를 범하는 일이 될 것이다; 이신칭의(justification by faith)라는 성경적 교리는 이러한 신학자들의 연구에서 주요한 핵심이자 추진력으로 남아 있었다.[22]

심지어 핫지와 17세기의 정통파에 있어서도, 그들의 신학과 형적 공리 체계 사이의 유사성은 다소 미미한 것이다. 신학과 형식적의 논리 체계 사이의 차이점들은 현대 신학자들에 의해 훨씬 단호하게 강조될 것이다. 예컨대, 영향력 있는 책 「교리의 본성」(*The Nature of Doctrine*)에서 조지 린드벡(George Lindbeck)은 종교를 삶과 사상의 온전함(entirety)의 꼴을 형성하는 "문화적-언어적 틀"로 특징 지운다. 신학은 논증적(discursive)인 상징들과 비논증적인 (nondiscursive) 상징들의 어휘를 사용하며, 특정한 신앙 공동체의 컨텍스트 안에서만 의미를 지니는 자신만의 특유한 "논리"와 "문법"을 가지고 있다. 신학적 담론은 교리 뿐 아니라 이야기, 설화, 종교적 의식 그리고 윤리적 명령을 포함한다; 그것(신학)은 특정한 "삶의 형태"를 반영하는 특별한 "언어놀이"(비트겐슈타인)이다.[23] 신학적 담론은 형식논리체계가 명백히 존재하지 않는 방식으로 인간경험의 정서적이며 행동적 측면과 관계가 있다.

최근의 여러 신학 논문들은, 기독교 교리의 내러티브(narrative)로서의 기초에 주의를 환기시켜 왔다. 예를 들면, 데이빗 포드(David F. Ford)는 기독교 조직신학에서 "이야기"(story)가 중심적 역할을 하고 있음에 주목한다. 기독교 신학의 내용과 구조는 기독교 이야기들, 특히 복음서들의 형식 및 내용과 분리될 수 없다. 전통적 신학의 장(場, loci) - 하나님, 선택, 창조, 섭리, 타락, 그리스도, 구원, 교회, 종말론 - 의 주요 관계는 무엇보다도 체계적인 (systematic) 것이 아니라 "무엇보다 소중한 이야기"(overarching story)의 배열(ordering)이다.[24] 기독교 교리체계는 형식상의 논리체계와 비슷하기보다는 오히려 그 기본요소가 창조, 타락, 구속 및 종말로 구성되어 있는 하나의 이야기와 더욱 흡사하다. (신학과) 관련된 논리에는 형식상의 추론을 어느 정도 활용하는 일이 포함되지만, 신학과제에 보다 중심적인 것은 어떤 공리들의 집합으로부터 도출되는 엄격한 추론보다는 이야기의 개연성과 일관성이다.

이러한 관찰의 결말은 형식상의 논리체계와 기독교 신학체계의 차이점들이 어떤 유사점들보다 더욱 의미심장한 것처럼 보인다는 점이다. 성경을 새로운 상황에 맞게 적용하기 위해서는 성령의 조명이 필요하다는 쿤디의 결론은 충분히 타당성이 있지만, 이러한 결론을 뒷받침하기 위해 괴델의 증명에 호소하는 것의 필요성과 설득력은 없는 것 같다.

괴델과 포스트모더니즘의 감수성

철학자 존 캐드배니(John Kadvany)에 따르면, 오늘날 하나의 학문으로서의 수학은 "파편화 되고 두 갈래로 나누어진 지적 활동"으로서, 이는 포스트모더니즘의 세계를 특징 짓는 지적 회의주의에 대한 주목할만하며 중요한 사례이다. 그는 쿠르트 괴델이 논리와 수학의 기초분야에 남긴 지적 유산을 "포스트모더니즘 시대에 있어서의 수학적 회의주의"로 보고 있다.[25] 괴델은 수학의 기초분야에서의 완전한 일관성과 완전에 대한 추구는 이루어질 수 없는 것임을 증명하였다. 순수수학은 임의의 출발점을 지니며 수학자의 정신 밖의 실제 세계와는 별로 연관성이 없는 하위학문(sub-discipline)들의 이종의(disparate) 집합으로 방치되었다. 연역체계와 논리적 엄격함을 지니고 있는 수학은 일반적으로 다른 학문분야들이 도달하려고 애쓰는 지식의 표준으로 간주되어 왔기 때문

에, 괴델이 이룩한 성과는 인간지식의 전 영역에 대해 함축하는 바가 있다.[26]

괴델의 연구는 모더니즘의 감수성에서 포스트모더니즘의 감수성으로의 변이라는 보다 거시적인 문화적 컨텍스트에서 이해될 수 있다. 그의 명쾌한 불완전성 정리는 이러한 변이를 나타내며 그것에 크게 기여하는 요소이기도 하다. 스티븐 툴민(Stephen Toulmin)에 의하면, 모더니즘이 추구했던 계몽주의 기획은 "확실성과 보편성에 대한 추진력"이라는 특징을 지녔다; 그것은 대체로 종교개혁 이후 유럽에서의 분열과 유혈참사에 대한 반작용이었다. 계몽주의 철학자들은 지식에 대한 명백하면서도 합리적인 토대를 추구하고 있었는데, 이는 그러한 지식이 전쟁의 상흔으로 얼룩진 유럽에 평화를 가져다 줄 것이라는 희망 때문이었다. 과학적-논리적 합리주의는 인간지식의 이상으로서 17세기에 출현하였다.[27]

과학철학자 낸시 머피(Nancey Murphy)는 "현대성(모더니티)이 인식론에 있어서는 토대주의(foundationalism), 언어철학에 있어서는 지시성(referentialism), 그리고 형이상학에 있어서는 원자론(atomism)의 특징을 갖는다"고 주장한다.[28] 인식론에 있어서의 토대주의는 "어떤 신조들이 다른 신앙체계를 정당화하는 '토대' 혹은 확실한 출발점으로서의 역할을 해야 하는가?"라는 질문을 제기한다. 그러한 '토대' 위에 구축하여 '초구조'(superstructure)라는 보다 고차원적인 수준에 이를 수 있는 적절한 '구성[추론]방식은 무엇인가? 인식론에 있어서의 기초주의는 빌딩의 이미지를 연상케 하는데, 빌딩에서는 기본 신조들이 토대를 형성하고, 토대에 의해 지지를 받는 신조들은 "초구조"를 형성한다. 그 자체에 공리(토대)와 정리(초구조)를 지니고 있는 유클리드 기하학은 그러한 토대주의자(foundationalist) 기획의 전형적인 패러다임이다.

현대에 와서 르네 데카르트의 합리주의 인식론은 토대주의적 접근법의 전형이었다. 그의 유명한 진술인 "나는 생각한다 고로 나는 존재한다"(Cogito ergo sum)는, 인간정신의 "명백하며 독특한 사상"에 있어서 인간지식에 대한 확실한 출발점을 위한 기대를 나타내었다. 데카르트의 토대주의적 접근법은 1637년에 발표한 「방법론에 대한 담화」(*Discourse on Method*)에서 공식화되었으며, 이 논문에서 그는 합리적 방식을 통해 인간지식의 전 영역을 통합하고 그것에 확실성을 부여하고자 하였다. 데카르트 방법론의 본질은 다음과 같이 네 가지 명제로 나타낼 수 있다: (1) 모든 의심을 물리치기 위해 마음에 아주 분명하게 와 닿는 것만 수용한다, (2) 커다란 문제는 여러 개의 작은 문제로 나눈다, (3) 논증은 단순한 것에서 시작하여 복잡한 것으로 나아간다, (4) 완료되면 점검하고 확증한다.[29] 데카르트의 꿈은 그것에 의해 인간의 모든 문제 - 과학, 법, 정치 혹은 철학에서의 - 가 논리적 계산에 의해 합리적으로 그리고 체계적으로 해결될 수 있는 보편적 방식을 계발하는 것이었다.[30]

괴델의 연구는 데카르트의 토대주의적 프로그램과 같은 프로그램이 그들이 과거에 가져다줄 수 있었던 것보다 더 많은 것을 약속했음을 보여주었다. 인간사상의 어떤 영역에서도 확실한 "토대"에 근거해서 최종적 완전과 일관성을 성취했다고 주장할 수 있는 논리적 체계라는 것은 없다. 물론 이것은 형식상의 공리 체계가 무가치하다는 것을 말하는 것은 아니다; 그것은 그러한 체계의 본래적 한계가 보다 더 명백해졌음을 의미할 뿐이다.

모더니즘의 감수성에서 포스트모더니즘의 감수성으로의 변이의 한 부분으로서, 철학자들은 다양한 토대주의적 인식론에서 벗어나 소위 "인식론적 통전성(holism)"으로 방향을 전환했다.[31] 인식론적 통전성에서 거미줄(web)이나 그물(net)로서의 지식의 이미지는 토대 위에 세워진 빌딩의 이미지로 대체된다.[32] 인간지식의 구조(fabric)는 마치 많은 가닥과 매듭이 서로 얽혀있는 거미줄 혹은 그물과 같다; 단 하나의 가닥만으로는 어떤 특별한 물체의 무게 전체를 지탱할 수 없을 지 모르지만, 각각의 가닥은 그물의 전반적 강도를 형성하는데 기여한다. 하나의 통일체로서의 그물은 여러 가지 다양한 형태로 인간경험에 연계되어 있으며, 이러한 경험은 인간지식에 경계를 설정하는 조건을 형성한다. 예를 들면, 신학에 있어서 그러한 통전적 혹은 "탈토대주의자"(post-foundationalist) 접근법은 신론에서의 주장들이 하나님의 존재를 증명하기 위해 어떤 단 하나의 완벽한 증명에 의존하는 것이 아니라, 그것들이 결합되었을 때 신론을 설득력 있게 만들어 주는, 인간경험의 전 영역에서 도출된 논증과 증거들이 복합적으로 얽혀있는 가닥들에 의존한다는 것을 의미할 수 있다.[33]

그렇다면, 이 장의 제목에서 제기된 질문과 관련하여, 괴델의 증명이 기독교 신학에 대해 지니는 의의는 직접적인 것이라기보다는 오히려 간접적인 것일지도 모른다. 성경과 조직신학 모두 괴델 논리학의 의미에서 보면 형식상의 공리 체계가 아니기 때문에, 괴델의 증명으로부터 신학적이며 철학적인 결론을 직접 도출하려는 시도를 할 때는 신중을 기하지 않으면 안 된다. 다른 한편으로, 간접적인 중요성은 큰 것으로 보인다. 괴델은 모든 형식체계가 본래적으로 한계가 있음을 증명하였기 때문에, 그의 업적에 대해 잘 알고 있는 사상가들은 수학과 자연과학의 논리적-과학적 방식들을 그것에 의해 지식에 대한 모든 타당한 주장들을 평가하고 정당화하는 규범으로 간주하려고 하지 않는다. 괴델의 증명은 사실상 포스트모더니즘의 세계에서 자연과학과는 매우 상이한 자료와 정경과 방식들을 지니고 있는 신학과 같은 학문에 대해, 보다 폭넓은 문화적 공간을 만들어주는 것으로 이해할 수 있다. 혹자가 주시한 바와 같이, 괴델의 정리는 진리의 개념을 *증명 가능함*(provability)의 개념으로 환원시킬 수 없다는 점을 그 어느 때보다 더욱 명백히 하는데 도움을 주었다.[34] 신학은 자신만의 독특한 목소리를 지니고 있으며, 유클리드와 아인슈타인의 언어로 자신을 정당화하는 일에 영구히 몰두할 필요는 없다.

마지막으로, 만일 포스트모더니즘의 맥락과 괴델의 연구가 보다 폭넓은 문화적 및 인식론적 공간의 확보를 통해 몇 가지 유익을 가져다준다고 하더라도, 그것들이 기독교 신학에 대해 몇 가지 잠재적 위험을 가져올 수 있음도 주목해야 할 것이다. 포스트모더니즘의 이름으로 계몽주의에 대해 과민반응을 보이며 괴델의 연구가 갖는 의의를 엉뚱하게 해석하기란 어려운 일이 아니다. 괴델의 증명은 공리 체계가 본래적으로 한계가 있음을 증명한 것이지, 이성 그 자체는 무용지물이라거나 논리적 엄격함과 명쾌함을 추구하는 것이 무가치하다는 것을 증명한 것은 아니었다. "이성"과 자연과학은 지식의 자기 과신에 대한 괴델의 연구에 의해 제대로 교정될 수 있을지 모르지만, 복음주의 사상가들이 포스트모더니즘의 상대적이며 비합리적인 측면들을 비판의식 없이 포용한다면 그것은 심각한 오류를 범하는 일이 될 것이다. 그렇게 하게 되면 기독교 메시지의 보편적이며 규범적인 주장들을 손상시키는 일이 될 것이기 때문이다.

제6장

인공지능과 기독교적 인간이해

　만일 인공지능(AI) 연구가들이 인공지능 연구에 개가를 올려,[1] "우리로 하여금 우리가 사는 세상을 우리보다 더 영리한 존재들과 공유하도록 강요"한다면, 그것이 인간의 자기 이해에 함축하는 바는 무엇인가? 라고 다니엘 크레비어(Daniel Crevier)는 질문을 던진다. 인공지능 프로젝트가 성공을 거두게 된다면, 우리는 "새로운 르네상스"를 맞이하게 될 것인가, 아니면 "인간을 대체할 새로운 종(種)의 탄생"을 목격하게 될 것인가?[2]

　이와 유사한 질문이 1980년대 초반 미항공우주국(NASA)의 자기증식 체계 개념 팀(Self-Replicating Systems Concept Team)에 의해 제기되었다: 만일 우리가 "'지적 피조물'의 속(束)의 문(門)(generic class)의 한 사례"가 된다면 그것에 어떻게 적응해야 할 것인가? 만일 인간이 "하나님처럼" 또 다른 지적 존재를 창조하는 데 성공을 거둔다면 "하나님"에 대한 개념 또한 그 이전에 비해 독특함을 더 상실하게 되지는 않을까?[3] 그러한 질문들은 새삼스러운 것은 아니지만, 많은 관측자들이 생각하기로는 1997년 5월 IBM사의 "딥 블루"(Deep Blue)라는 컴퓨터가 세계 체스 챔피온인 개리 카스파로프(Garry Kasparov)와의 대국에서 승리를 거두자 그러한 질

문들이 새롭게 화급한 문제로 떠올랐다.[4]

인공지능을 옹호하는 자들과 비판하는 자들[5] 사이의 논쟁에 종지부를 찍거나, 의식의 본성을 드러내거나, 또는 정신-육체의 이원론적 문제를 해결하려는 것이 이 장에서 필자가 의도하는 바는 아니다.[6] 인공지능 프로그램이 어떤 식으로든 최종적으로 성공을 거둘 수 있다는 바로 그 가능성을 반박하는 주장들이 쏟아져 나왔다.[7] 논의를 위해, 본 논문은 강력한 인공지능 프로젝트가 궁극적으로 성공을 거둘 수 있다는 가능성 - 하나의 실험적 사고(thought experiment) 로서 - 을 가정하며, 그러한 결과가 신학적 및 철학적으로 함축하는 바가 무엇인지를 탐구하고자 한다.

보다 명확히 하기 위해, 필자는 여기서 두 가지 명제를 주장하고자 한다: 첫째로, 인공지능 연구의 진보는 기독교 신학으로 하여금 자신의 고유한 전통에 있어서 인간됨의 본질에 대한 *기능적*(functional)이해와는 대비되는 *관계적*(relational) 이해의 회복을 촉구하고 있다는 점과, 둘째로, 인공지능 연구의 진보는 인공지능 연구 집단으로 하여금 인공지능 연구에서 이루어진 결과를 사회에 적용하기 위한 윤리적 틀 - 과학적 방식 그 자체에 의해서는 제공될 수 없는 틀 - 을 계발하도록 촉구하고 있다는 점이다. 마지막으로, 필자는 인공지능 연구가 우리의 문화에서 이루어지고 있는 과학과 종교 간의 대화에 전도유망한 새로운 공동전선을 펼칠 수 있을지도 모른다는 점을 말하고자 한다.

역사적 맥락

1956년 여름 미국의 다트머쓰대 캠퍼스에서 개최된 "생각하는 기계"에 대한 두 달 동안의 공동연구(workshop)는 일반적으로 현대 인공지능 연구 프로그램의 효시로 간주되어 왔다. 매서추세츠공대(MIT)에 재직 중인 마빈 민스키(Marvin Minsky), 클로드 섀넌(Claude Shannon) 및 레이 솔로모노프(Ray Solomonoff)는 다른 여섯 명의 참가자들과 함께 오늘날까지 인공지능 연구의 초석이 되어온 "물질계 가설"(physical system hypothesis)로 알려진 진술을 만들어 냈다: "학습의 모든 측면 혹은 지능의 여타의 특징은 원리상으로는 아주 정밀하게 묘사될 수 있기 때문에 기계가 그것을 모방하도록 만들 수 있다."[8] 여기서의 가정(assumption)은 인간의 지능이 본질적으로 상징들을 처리할 수 있는 능력을 가리키며 또한 이러한 상징처리 능력이 원리상으로는 디지털 컴퓨터 안의 스위치 배열을 통해 복제가 가능하다는 점이다.

다트머쓰대에서의 공동연구가 개최되기 6년 전, 영국의 수학자 알란 튜링(Alan Turing)은 철학 전문학술지인 *마인드*(*Mind*)에, 나중에 "튜링 실험"으로 알려진 유명한 실험적 사고(thought experiment)를 제안한 바 있었다. 튜링은, 한 실험 대상자가 방에 고립되어 있으며 그는 자신이 방에 놓인 키보드를 통해서만 의사소통을 할 수 있는데, 컴퓨터는 다른 방에 놓여 있다는 상상을 한번 해보라고 제안하였다. 그 조사자는 딱 5분 동안 인간과 컴퓨터에게 문제를 내고 나오는 답변에 대한 평가를 해야 한다. 만일 컴퓨터의 프로그램을 아주 훌륭하게 만들어 그 조사자가 인간과 컴퓨터를 구별할 확률이 70% 정도 된다면, 그때서야 비로소 컴퓨터는 "지능을 가진"(intelligent) 컴퓨터로 간주하게 될 것이다. 1950년에 발표한 논문에서 튜링은 앞으로 50년 정도 지나면 컴퓨터는 매우 정교한 수준에

도달할 것이라고 생각하였다.[9]

다트머쓰에서의 공동연구가 개최된 후 몇 년이 지나, 카네기-멜론대, MIT와 그 대학의 링컨연구소, 그리고 연구 활동은 다소 떨어지지만, 스탠포드와 IBM 등이 인공지능 연구의 선두 주자로 부상하였다.[10] 컴퓨터는 거의 매 2년마다 정보처리 능력이 2배로 증가하였고, 6년 주기를 계속하였다. 1980년대 후반에 가서는 최대의 슈퍼컴퓨터는 대략 쥐의 두뇌의 1그램에 버금가는 처리능력을 갖게 되었다.[11] 하나의 추정에 따르면, 컴퓨터는 십칠 년이라는 차이가 있다 치더라도 2025년 무렵이 되면 인간과 동등한 능력을 지니게 될 것이지만,[12] 이러한 추정은 지나치게 조심스러운 것으로 판명될 수가 있다. 딥 블루가 1997년 5월 세계 체스챔피언 개리 카스파로프(Garry Kasparov)를 누르고 승리하자 비평가들은 난처한 상황에 처하게 되었으며, 이로 인해 과학자들은 인공지능 프로젝트에 더욱 박차를 가하였다.

인공지능의 도전을 받는 신학계

필자가 설정하는 첫 번째 명제는 인공지능 연구의 진보가 신학계로 하여금, 자신의 고유한 전통이 말하는 인간됨(personhood)에 대한 기능적 이해와 대비되는, 관계적 이해를 회복시킬 것을 촉구하고 있다는 것이다. 그러한 회복에는, 그것들이 현재의 논의에 대해 함축하고 있는 관계적 의미를 찾기 위해, 선택과 양자됨 같은 성경적 범주의 관점에서 "하나님의 형상"과 같은 유대교와 기독교의 성경에서 발견되는 기본적 개념에 대한 전통적 이해를 재검토하는 일이 포함될 것이다.[13] 본 장의 결론부분에서는 위에서 언급한 바와 같이 인간을 관계적 개념으로 이해하는 것이 인식론적 또는 정보처리 능력에 기초한 기능적 인간관보다는 사회질서의 주변부로 밀려난 구성원들의 인권을 보호하는 데 있어서 보다 적합한 발판을 제공할 수 있음을 제안할 것이다.

유대교 및 기독교의 전통에서 하나님의 형상이라는 성경적 개념은 인간됨의 본성을 이해하는 초석이 되어왔다. 이레니우스, 알렉산드리아의 클레멘트 그리고 아우구스티누스와 같은 초기 기독교적 작가들은 "하나님의 형상"(image)을 인간을 하등 피조물들과 구별해주는 인간의 지성과 추론 능력으로 동일시하였다.[14] 많은 학자들은 플라톤 철학과 신플라톤 철학이 이 점에 있어서 초기 기독교의 해석에 지대한 영향을 끼쳐왔음을 시사하였다.

토마스 아퀴나스는 인간은 지적 본성을 지니고 있기 때문에 하나님의 형상이라고 말한다. 인간을 하등 피조물과 구별해 주는 것은 정신이며, 지적 본성은 주로 이 점에 있어서, 즉 "하나님은 하나님 자신을 알며 사랑하신다"는 점에서 하나님을 닮는다. 인간은 자신의 지적 본성을 통해 하나님을 알며 사랑하고자 하는 자연적 경향(aptitude)을 가지고 있다.[15]

개신교 종교개혁가인 마틴 루터는 하나님의 형상을 그것에 의해 우리가 하나님을 알며 그분이 선하다고 믿는 인간의 "도덕적 실체 혹은 본성"으로 이해하였다. 인간이 죄를 범하고 타락한 결과, (하나님의) 형상의 두 측면이라고 할 수 있는 인간의 지성과 의지는, 파괴된 것은 아니었지만, 부패해졌다. 그러나 그것들은 그리스도를 믿음으로 말미암아 회복이 가능하다.[16]

존 칼빈에게 있어, 하나님의 형상이란 본질적으로 영적인 성격을 지니며, 이는 그것에 의해 인간의 본성이 살아있는 온갖 피조물을 능가하는, 비할 데 없는 탁월함으로까지 확대된다. 인간의 죄로 인해 이러한 형상은 이제 "혼란케 되고 망가져 버렸다." 그것은 회심과 믿음을 통해 부분적으로는 회복되겠지만 천국에 가서야 이전의 찬란함을 되찾게 될 것이다.[17]

종교개혁 이후 그리고 현대에 와서 학자들은 "하나님의 형상"이 다양한 의미로 해석될 수 있음을 제안하였는데, 통상적으로 형상이라는 개념이 인간에 내재된 몇 가지 특질, 예컨대 "감각"이나 초월의식, 혹은 더 나아가 인간의 두 발 사용 혹은 직립 보행과 관계가 있는 것으로 인식하였다.[18] 많은 사람들이 20세기의 가장 영향력 있는 신학자 가운데 하나로 간주하는 칼 바르트(Karl Barth)는 형상을 남자와 여자로서의 인간관계와 동일시하였다: "인간이 남자와 여자로 창조되었다는 사실은 인간과 하나님 사이에서 일어나게 될 모든 일의 위대한 전형(典型)이 될 것이다."[19]

최근에 구약학자들은 고대 근동의 종교라는 맥락이 형상의 의미를 이해하는데 중요하다고 주장하였다. 고대 이집트와 메소포타미아가 출처인 종교문헌들은 왕들을 신(들)의 "형상", 지상에서의 신의 대리자로 묘사하거나, 어떤 형상이나 신상(神像)을 신의 영(靈)과 권위가 구체적으로 나타나는 지상의 특정 장소로 묘사하고 있다.[20]

고대 근동의 종교들과 이처럼 비교하는 것도 의미심장한 일이지만, 필자가 강조하고자 하는 바는 하나님의 형상으로서의 인간을 *관계적으로* 이해하자는 것이다. 다시 말해, 인간은 인간 존재의 초월적 근거로서의 하나님과 인격적으로 관계를 맺을 수 있는 독특한 능력을 지니고 있다는 점에서 하나님의 형상이다. 이러한 시각에서 보면 인간은 독특한 존재인데, 그 이유는 선천적 능력에 의해서가 아니라 유대교, 기독교 및 이슬람교의 유신론이라는 전통에서 "하나님"이라고 불리는 초월적이며 인격적인 존재와 관계를 맺을 수 있는 재능과 능력을 인간만이 부여받았기 때문이다. 그러한 관점을 네덜란드의 신학자 벌카우워(G. C. Berkouwer)는 다음과 같이 표현하였다: "인간의 본성과 하나님과의 관계는 기존의 완전하며, 자기 폐쇄적이며, 고립된 본성에 더해진 그 무엇이 아니다; 그것은 인간의 본성에 본질적이며 구성적인 것이며, 인간은 이러한 관계를 떠나서는 이해될 수 없다.[21] 지성 혹은 합리성은 인간의 본질을 추상적이거나 선천적으로 규정하는지 못한다; 인간의 본성은 하나님과의 관계에 의해 알 수 있으며, 이러한 관계가 인간성을 구성한다.[22]

이와 같은 인간에 대한 관계적 이해가 함축하는 바는 기독교 신학이 원칙적으로 계산 능력에 있어서 실제로 인간의 두뇌를 능가하며, 어쩌면 감각의 기능을 가지거나 더 나아가 자신을 복제할 수 있게 될지도 모르는 컴퓨터의 개발이 성공적으로 이루어진다고 하더라도 그것이 기독교적 인간관에 근본적인 위협이 되는 것으로 볼 필요가 없다는 것이다. 인간의 독특함은 르네 데카르트(Rene Descartes)의 시대로부터 지금에 이르기까지 인간됨의 본성에 대한 사고를 지배해 오고는 했던 본유적(本有的)이며, 인식론적이며, 기계론적이며 기능적 범주에서보다는, 오히려 인간에게 은혜를 베푸시는 하나님과의 관계에서 찾아야 한다.[23]

하나님의 형상을 이처럼 관계 속에서 이해하는 것은 (하나님의) 선택과 양자됨(adoption)이라는 기독교 신학의 다른 기본 개념들과 일치한다. 이러한 두 경우에 있어서 개인(또는 국가로서의 이스라엘)

은 하나님과 특별한 인격적 관계를 맺기 위해 구성되고, 능력을 부여받으며, 타고난 자질이나 업적에 의해서가 아니라 하나님께서 주도적으로 관계를 이루어 나가시기 때문에 인간에게 가치가 부여되는 것이다. "선택받은" 개인 혹은 국가의 정체성, 목적 그리고 가치가 형성되고 규정되는 것은, 선택받은 자들이 본래 지니고 있는 특성들, 공로들 혹은 업적들에 의해서가 아니라, 하나님께서 택하시고자 하는 목적[24]에 의해서이다.

양자로 삼는 관습은 고대 근동과 그리스-로마의 문화권에서는 익히 알려진 일이었다. 성경 기자들은 이러한 개념을 사용하여 하나님의 구속행위를 묘사한다. 이스라엘은 하나님의 택함을 받아 그분의 "자녀"가 되는 것으로 묘사된다(예, 사사기 1:2; 호세아 11:1; 예레미아 3:19). 양자됨(adoption)이라는 용어는 바울 신학에서 매우 중요하다(로마서 8:15, 23; 9:4; 갈라디아서 4:5; 에베소서 1:5). 구원 혹은 구속은 하나님의 백성의 일원이 되는 것, 과거로부터 구원을 받아 현재 새로운 지위와 생활양식을 부여받는 것, 그리고 미래에 대한 새로운 소망이 주어지는 것 등이 포함된다.[25] 택함을 받는 경우와 마찬가지로, 양자로 삼는 경우에서도 주안점은 인간이 선천적으로 지니고 있는 어떤 자격이 아니라 하나님의 은혜와 은총의 주도권에 있다. 두 경우 모두에 있어 하나님과의 관계가 인간성의 토대적 기초가 된다.

도전받는 인공지능 커뮤니티

본 논문의 두 번째 명제는 "강력한" 인공지능 프로젝트가 성공할 가망을 보이면서 인공지능 커뮤니티는 어쩔 수 없이 과학적 방

식이 지니는 *윤리적 한계*라는 문제에 직면할 수밖에 없다는 것이
다. 과학적 방식이 인공지능 연구가 나아가야 할 방향을 안내하기
는 하지만, 과학적 방식 그 자체와 자연 도태(淘汰)와 같은 특정한
과학적 개념 둘 다 인공지능 기술을 사회에 적용하고자 할 때 필요
한 윤리적 틀을 생성해 내지는 못한다. 현재 이루어지고 있는 과학
과 종교 간의 대화를 이처럼 옹호하는 것이 어떤 함축을 지니는 지
에 대해 몇 가지만 주목할 것이다.

　과학적 방식을 과학사라는 맥락에서 고찰하기에 앞서, 만일 우
리가 과학적 방식과 지식이 적용되는 두 가지 특정한 사례들, 예컨
대 원자폭탄과 인간게놈 프로젝트(Human Genome Project)를 숙고
하게 되면, 이 두 번째 명제에 대해 보다 즉각적으로 초점을 맞출
수 있을 것이다. 원자폭탄과 관련, 우리는 이차 세계대전 당시 맨하
탄 프로젝트가 아인슈타인의 널리 알려진 방정식 $E=mc^2$에 표시된
과학적 진리인 질량과 에너지의 등가(等價) 및 상호 교환가능성을
무기산업 기술에 실제로 적용시키려는 성공적인 시도였다고 말할
수 있다. 여기서의 요점은 인간이 과학적 방식을 통해 발견한 것을
응용하고자 할 때 과학적 방식은 그것에 대한 도덕적 기준을 만들
어내지 못한다는 것이다: 과학적 방식은 우리에게 원자탄을 제조하
는데 필요한 지식은 제공해주지만, 히로시마에 원자탄을 투하하는
것이 도덕적으로 옳은지 그른 지의 여부는 말해주지 않는다는 점이
다. $E=mc^2$와 같은 방정식은 "옳은" 것도 아니고 "틀린" 것도 아니
다; 이와 같은 방정식은 기술적(descriptive) 진술이지 규범적
(normative) 진술은 아니다.

　마찬가지로, 인간 게놈 프로젝트가 성공을 거두게 되면 인간 개

체에 대한 유전자 지도를 완전하게 그릴 수 있게 되며, 어쩌면 인간의 질적 향상을 위한 유전자 조작이나 인간 복제 프로젝트에 활용될 수 있는 정보를 제공해 주게 될지도 모른다. 하지만, 그러한 유전자 정보에는 그것을 사회에 응용하고자 할 때 필요한 윤리적 틀이 들어있지 있지 않다. 인간을 복제하거나 인간의 평균 신장을 늘이고 지능을 향상시켜야 할 것인지 말 것인지는 과학적 방식만으로는 결정할 수 없는 규범적 판단의 문제를 내포하게 된다.

강력한 인공지능 프로젝트가 성공을 거두게 되면 생각하고 느끼고 호모 사피엔스(Homo sapiens)를 능가하는 탁월한 계산 능력을 지니는 기계들이 출현하게 될지도 모른다. 그러나 그러한 결과가 바람직한 것인지의 여부와 인간이 그러한 실체들을 어떻게 판단하며 어떤 관계를 맺어야 하는지는 과학적 방식이 답변하기에는 역부족이다.

과학적 방식을 통해 이룩한 결과를 사회에 적절하게 응용하고자 할 때 필요한 윤리적 가치를 창출해 내는데 과학적 방식이 적합하지 않다는 것은 19세기 중반 이후 과학계를 지배해 온 실증주의 철학이라는 역사적 맥락 속에서 살펴볼 수 있다.[26] 실증주의는 과학적 담론에 있어서 목적론 혹은 목적에 대한 언급을 배제하였고, 합법적 담론을 유효하며 구체적인 목적으로 제한하였다. 자연의 사물들과 물리 법칙들은 우주를 설계한 어떤 존재가 의도한 최종 목적과 관련해서 "좋은" 것도 아니고 "나쁜" 것도 아니다; 자연법은 그냥 존재하는 것이다. 실증주의 철학자들에게는, 사실이란 그것으로부터 어떤 가치 있는 추론을 할 수 없는 그냥 막연히 사실일 뿐이다. 다른 한편으로, 평범하며, "상식적인" 사고는 불가피하게 어떤 부류의 목적론적 가정들과 더불어 이루어진다. 예를 들면, 망치는 그것을 만든 사람이 어떤 용도로 사용하고자 하는 의도와 관련해서 유익하거나, 해롭거나 아니면 이도 저도 아닌 도구로 판단되는 것이다. 실증주의 과학철학이 현재 봉착하고 있는 난관은 인간의 질적 향상을 위한 유전자 조작이나 강력한 인공지능 프로젝트와 같은 현대적 기술들이, 단순히 비인격적 대상에 대해서가 아니라 인간이라는 행위자에 대해 직접적으로 영향을 끼치기 때문에, 불가피하게 인간의 존재목적과 성격이라는 문제, 즉 실증주의적 방법론에 의해서 선험적으로 배제되는 문제를 제기하게 된다.

게다가, 자연 도태의 개념이 인공지능 기술을 미래에 응용하고자 할 때 필요한 윤리적 틀을 제공하기에는 적합하지 않다는 것은 정의상으로(by definition) 거의 사실에 가깝다. 자연 도태란 자연의 맹목적이며 임의적인 작용이다; 미래를 내다볼 때 인간 행위자는 그들이 채택하기로 결정하는 윤리적 틀이 어느 것이든 그 맥락 안에서, 그러한 기술을 사용하는 것에 대해 의식적이며 의도적인 선택을 해야 할 책임을 감수하지 않으면 안 된다.

이러한 쟁점은 조지 심슨과 같은 진화생물학자들에 의해 명료하게 표현되었다. 자연 도태는 목적, 계획 혹은 설계에 대한 고찰을 배제한다. 우주에는 "어떤 목적이나 계획이 결여되어 있다는 인식은 필연적으로 우주의 활동이 선과 악에 대한 자율적, 보편적, 영구적 혹은 절대적 기준을 제공해 줄 수 없다는 결과를 낳는다."[27] 인간이 우주가 앞으로 진화하게 될 방향에 대해 영향을 끼칠 수 있는 가능성에는 우리가 그렇게 하는 것에 대한 책임을 감수하는 것이 포함된다.[28] 만일 인간이 미래에 진화가 어떠한 방향으로 진행될 것인지에 관해 윤리적 선택을 해야 한다면, 그러한 윤리적 가치들은 자연도태에 대한 비(非)목적론적 혹은 반(反)목적론적 개념으로는 창출될 수가 없다.

결론적으로, 인공지능 연구 프로그램의 진보는 종교계와 인공지능계 두 집단에 초월적 준거틀(frame of reference)에 근거를 두고 있는 인간됨의 본성에 대한 이해를 추구하도록 촉구한다. 기독교 전통은 하나님의 형상, 선택 그리고 양자됨과 같은 개념에 내재되어 있는 신학적 유산의 관계적 측면들을 재강조하도록 도전 받고 있다. 인공지능 커뮤니티는 인공지능 기술을 적절하게 사회에 응용하고자 할 때 과학적 방식과 자연도태의 개념 등을 필요한 윤리적 틀의 원천으로 간주하는 한, 과학적 방식과 자연도태의 개념에 대한 실증주의적 이해가 철학적 한계에 직면하라는 도전을 받는다. 바라건대, 포스트모더니즘의 문화에서의 다양한 커뮤니티들이 인간의 미래를 책임감 있게 운영하는데 적절한 윤리적 틀을 추구함에 따라, 인공지능 연구, 천문학, 우주론, 그리고 유전학과 같은 영역에서 활발하게 진행되고 있는 과학과 종교 간의 대화가 앞으로도 지속되었으면 한다.

제7장

"점진적 창조"는 여전히 유용한 개념인가?

창조, 진화 그리고 버나드 램(Bernard Ramm)의
기독교적 과학관과 성경에 대한 고찰

한 과학사가를 평가함에 있어서, 버나드 램이 1954년에 쓴 「기독교적 과학관과 성경」(*The Christian View of Science and Scripture*)라는 책은 "많은 정통 기독교인들이 창조와 진화에 의해 제기되는 질문에 어떻게 답변할 것인가"에 대해 지대한 영향을 끼쳤다.[1] 이 책이 발간된 후 25년이 지나 미국과학협회(American Scientific Affiliation, 자연과학 및 생물과학 분야에서 활동하는 복음주의자들의 협회-역자 주) 회원인 존 하스 2세(John W. Haas Jr.)는 이 책을 가리켜 현대 과학사 및 종교사에 있어서 하나의 "중추적인 사건"(pivotal event)이라고 논평하였다.[2]

생물과학에 대한 논의에서, 램은 창조를 거의 전적으로 하나님의 즉각적이며 초자연적인 행위에 의해서만 이해했던 사람들의 "명령 창조론"(fiat creationism)과 유신론적 진화론 양자에 대한 하나의 대안으로서 "점진적 창조"(progressive creation)라는 개념을 제안하였다. 램에 따르면, 점진적 창조는 그것에 의해 하나님의 영이

"세계의 생명력"(World Entelechy)으로서 하나님의 의지를 자연에 나타나게 하는 수단이다. 성령의 인도 하에, 자연의 법칙은 오랜 시간에 걸쳐 그리고 다양한 과정을 통해 하나님의 계획을 실현하였다.[3] 램은 지구의 역사에서 일어난 돌발적이며 명령에 의한 창조의 여러 행위들을-화석의 증거에 나타난 불연속성의 관점에서-믿었기 때문에, 그는 자신의 견해가 유신론적 진화와는 분명히 구별된다고 생각하였다. 램이 생각하기에, "점진적 창조"는 하나님의 초월에 대한 강조를 유지하면서, 명령에 의한 창조론의 임의성(arbitrariness)이라는 문제를 피할 수 있었으며, 또한 진보와 발전에 대한 강조를 지지하면서 유신론적 진화의 "균일설"(uniformitarianism, 지질의 변화는 부단히 균일하게 작용하는 힘에 의한 것이라는 학설-역자 주)의 문제도 피할 수 있었다고 본다.[4]

램은 자신이 창안한 점진적 창조라는 개념이, 상대성이론이 물리학에 관계되는 것처럼 생물학에 관계될 "새로운 생물학적 종합"의 토대를 형성할 수 있을 것이라는 어느 정도 장대하면서 다소 순박한 기대를 나타냈다.[5] 그런데 램의 제안은 자신의 의도와는 정반대로, 사실상 그가 잠재우기를 원했었던 하나의 전통인, 미국의 근본주의에 있어서 "홍수 지질학"(flood geology)과 "젊은 지구 창조설 주창자"(young-earth creationist)라는 전통을 부활시키는 단초가 되었다.[6]

이 장에서 필자는 "점진적 창조"가 (우주의) 기원과 연관된 성경 및 과학의 데이터를 해석하는 데 있어서 여전히 유용한 개념이라는 점을 제안하고자 한다. 램이 자신의 연구를 책으로 출간한 이래, 성경학 연구와 과학연구 두 분야에서 많은 일들이 일어났다. 신학과 과학 분야에서 이루어진 괄목할만한 발전을 살펴본 후, 필자는 램이 제시한 점진적 창조의 개념을 수정하여 그것을 영어권의 기독교계에서 현재 이루어지고 있는 창조와 진화에 대한 논의와 연계시키고자 한다.

성경학 연구의 추세

성서학자들은 현대 주석가들이 창세기의 처음 몇 장의 텍스트에 도입하려고 했던 협의사항들(agendas) - "과학과 성경"이라는 쟁점들 - 이 성경 기자들의 주요 관심사에 기껏해야 부차적이라는 사실에 대해 지속적으로 주의를 환기시켜 왔다. 예를 들면, 고든 웬햄(Gordon Wenham)같은 복음주의 학자들은 창세기를 18세기 이후 서구사회에서 세간의 많은 관심을 불러일으켰던 "창세기와 현대과학"이라는 쟁점에 의해서보다는, 우선적으로 창세기 당시의 고대 근동의 종교적 환경이라는 배경에 비추어 이해해야 한다고 강조한다. 웬햄에 의하면, 창세기 1-11장은 신, 세계 그리고 인간의 본성에 대한 고대 근동의 다신론적 종교관에 이의를 제기하는, '그 시대를 위한 책'(tract for the times)으로 보는 것이 가장 적절한 이해가 될 것이다. 창세기는 다신론에 직면해서 하나님의 하나됨을 확언하며, (여러 신들의) 변덕을 부리는 하나님이 아니라 하나님의 정의를 확언하는 일에 관심을 갖는다; 성경말씀의 현대적 의미에 관한 "과학적" 쟁점들은 기껏해야 텍스트의 일차적 목적에 간접적으로만 관계될 뿐이다.[7]

마찬가지로, 게르하르트 하셀(Gerhard Hasel)은 "창세기 우주론의 논쟁적 성격"을 지지하는 의견을 개진하였다.[8] (창세기) 텍스트의 주된 관심은 태양, 달, 별들 그리고 자연의 세력들을 신격화시킨 고대 근동의 다신론적 성격을 지닌 종교들을 비판하는데 있었다. 창세기 우주론은 천체는 예배의 대상인 남신들과 여신들이 아니며, 세계를 창조하시고 자신의 의로운 법칙에 따라 다스리시는 유일한 거룩하신 하나님이 지으신 피조물에 지나지 않음을 역설한다. 창세기 우주론은 비옥한 초생달 지대(Fertile Crescent, 나일 강과 티그리스 강과 페르시아 만을 연결하는 고대 농업지역-역자 주)에 있었던 이스라엘 주변 국가들의 신화적 우주론과의 완전한 단절을 의미한다.[9]

램이 「기독교적 견해」(*Christian View*)를 발표한 직후, 복음주의 신학자 패커(J. I. Packer)는 성경을 해석할 때 "성경이 말하는 주제들과 성경이 그 주제들에 대해 언급하기 위해 사용하는 용어들"을 구분하지 않으면 안 된다는 귀중한 소견을 말하였다. 성경 저자들은 그들과 동시대에 살고 있는 사람들의 일상적이고 비전문적인 언어를 사용하여 자연계에 대해 이야기하였다. 그들의 주된 관심사는 세계와 인간의 내적 구조에 있었던 것이 아니라, 이 두 가지가 하나님과 어떤 관계에 있느냐에 있었다.[10]

창세기의 초점이 과학적인 것을 다루기보다는 오히려 관계적인 것을 다루는데 있다는 이러한 논지는 또한 영국의 유전학자인 베리(R. J. Berry)에 의해 다른 방식으로 입증되었다. 베리는 18세기말 이후, 자유주의 성경 해석가들과 보수주의 성경 해석가들 공히 창조에 대한 성경의 기술에 접근할 때 "마치 창조 묘사가 관계에 대해 관심을 갖기보다는 오히려 기원에 주된 관심을 갖고 있는 것처럼" 생각하는 실수를 저질렀다고 생각하였다.[11] 기원의 문제에 대한 선입견은 성경의 주된 관심사, 즉 자연과 하나님과의 관계 그리고 인간과 자연과의 적절한 관계로부터 탈피하여 편향된 시각을 갖게 하였다. 결과적으로, 복음주의자들은 환경을 지키는 청지기로서의 직무에 적합한 신학과 실천방안을 계발하는 데 실패하였다.

"창조와 진화"에 관한 논쟁은 하나님의 창조사역을 기술하기 위해 사용된 성경의 여러 표현들이 다양한 의미를 내포할 수 있는 가능성에 주목하지 않았기 때문에 때로 어려움에 봉착하였다. 예컨대, 창세기에서 10회 사용된 것을 포함하여 구약전체에서 45회 사용된 핵심적 단어인 *바라*(bara, "창조하다")의 일차적 의미는 하나님의 명령을 통해 그 이전에는 존재하지 않았던 어떤 것이 존재하게 되었다는 것이다. 그 단어는 전적으로 하나님의 행위를 언급할 때만 사용되며, 인간의 능력을 초월하는 창조적인 사역을 함축한다. 그 단어는 물질적인 대상을 언급할 때는 결코 사용되지 않기 때문에, 그 단어가 일차적으로 강조하는 것은 창조된 사물의 참신함(newness)이다. *무로부터의*(ex nihilo) 창조라는 개념은 그것이 어떤 특정한 상황에서 의미가 규정되기도 하지만, 그 단어의 의미에서 반드시 그런 것은 아니다.[12]

여기서 동사 *바라*(bara)의 주안점이 하나님께서 다루시는 물리적 *과정*들(processes)에 있다기보다는 하나님의 행위로 인한 결과들(results)과 이러한 결과들이 하나님의 구속적 의도와 맺는 관계(relationship)에 있다는 사실을 주목하는 것이 중요하다. 현대과학은 물리적 과정들에 대해 주된 관심을 갖는다; 성경은 나타난 결과들과 관계들에 대해 주된 관심을 갖는다.[13] 동사 *바라*(bara)는 (이전에 존재하지 않았던) 우주를 생겨나게 하는 명백히 초자연적인, 무로부터의 창조적 행위(창세기 1:1), 혹은 바람을 "창조"(아모스 4:13)하거나 잉태라는 정상적인 과정을 통해 동물들을 탄생(시편 104:30)시키기 위해 자연의 과정들을 통해 역사하는 하나님의 권능을 언급하는데 사용될 수 있다. 어떤 특정한 상황에서 이루어지는 하나님의 창조사역이 자연적 혹은 초자연적 수단들을 내포하는지, 또는 즉각적인 효력이 아니라 오랜 기간에 걸쳐서 나타나는 효과를 내포하는지는, 미리 판단할 수 있는 것이 아니며, 특정한 성경 본문과 자연 질서의 뚜렷한 특징이라는 관점에서 결정하지 않으면 안 된다. 과정과 결과 사이의 이러한 구별은 이 장의 마지막 부분에 나오는 점진적 창조와 유신론적 진화에 대해 고찰할 때 다시 한번 언급될 것이다.

램 이후 이루어진 과학의 발전

생물학은 램이 1954년 「기독교적 과학관과 성경」(The Christian View of Science and Scripture)라는 책을 펴낸 이후 엄청난 발전을 이룩해 왔다.[14] 가장 폭발적인 발전이 이루어진 몇몇 분야는 유전학과 분자생물학이었다. 제임스 왓슨(James Watson)과 프랜시스 크릭(Francis Crick)에 의한 DNA 분자의 이중나선 구조의 발견과 이에 따른 유전자 코드의 해독은 생물학의 역사에 분기점을 이루면서 과학연구의 새로운 지평을 열었다.[15] 생물학자들은 그 후로 유전학 및 분자의 차원에서 생물 형태를 내적으로 뿐 아니라 외적으로도 연구할 수 있게 되었다.

스티븐 굴드(Stephen Jay Gould)에 따르면, 1970년대의 진화 생물학에 있어서 가장 중요한 사건은 "자연 개체군에 있어서 유전학적 변이의 기계적 측정에 대한 전기이동을 이용한 기술의 발전"이었다.[16] 이러한 기술로 인해 생물학자들은 유전자 물질들(DNA와 RNA)의 사슬들에 있어서의 염기서열과 각 유기체의 특징인 단백질의 아미노산 서열을 비교할 수 있게 되었다. 이러한 서열에서 나타나는 양적인 차이는 두 유기체가 공통의 조상으로부터 떨어져 있는 정도를 측정하는 것으로 해석된다. 유전학과 분자 생물학에서 이루어진 이러한 발견으로 인해 생물학자들은 이전에 형태학과 발생학의 연구로만 제한되었던 생물 형태들 사이의 관계에 대한 가설들을 검증할 수 있는 길이 열리게 되었다.[17]

20세기의 지난 20년 동안 고생물학 분야, 특히 척추동물의 화석 기록에 대한 중요한 발견들이 새롭게 이루어졌다. 턱이 없는 물고기들, 상어들, 양서류와 공룡의 새로운 집단들이 각광을 받게 되었고, 양서류와 파충류. 파충류와 포유류, 공룡들과 조류 사이의 주요 변이(變異)에 대해 폭넓은 연구가 이루어져왔다.[18]

1970년대 미국 자연사박물관의 나일스 엘드레지(Niles Eldredge)와 하버드대의 스티븐 굴드(Stephen Jay Gould)라는 두 고생물학자는 그들이 창안한 "단속 평형(punctuated equilibria)"이라는 개념을 제시하여 진화 생물학과 고생물학 분야에 커다란 논쟁을 촉발하였다. 이 견해에 따르면, 진화는 소규모의 점진적인 다윈설의(Darwinian) 단계로 진행되기보다는 오히려 발작적으로 진행된다. 진화는 새로운 종들이 형성되면 매우 급속한 속도로 진행되며, 이러한 생존형태들은 오랜 기간 동안 불변의 상태("균형상태")로 남게 된다. "단속주의자"(斷屬主義者, punctuationists)에 따르면, 화석 기록에서의 널리 알려진 단절들은 실재하며, 만일 종분화(種分化)가 화석의 잔해를 거의 남기지 않을 정도의 소규모로 그리고 지리적으로 외진 집단에서 급속히 일어난다면 그러한 단절들을 기대할 수 있을 것이다.[19]

정통 다윈설의(Darwinian) 점진주의를 옹호하는 자들은 단속주의자들이 자신들의 입장을 과장해서 말하였다고 주장한다. 대다수의 화석 연구에 대한 조악한 시간 분석(time resolution)은 관찰자의 시각을 균형상태의 개념 쪽으로 편향되게 한다. 몇몇 사례들은 단속주의자 모델에 기막힐 정도로 딱 들어맞지만, 포유류와 같은 다른 집단의 경우는 대단히 점진적이며 단편적으로 적응하며 변화해 온 듯하다.[20]

고생물학자 조지 심슨(George Gaylord Simpson)이 「진화의 주요 특징들」(*The Major Features of Evolution*)[21]이라는 거시진화(macro-evolution)에 관한 정평 있는 책을 출간했던 1953년까지도, 보다 커다란 분류 집단 사이에 존재하는 주요한 진화론적 변이에 대한 기록이 대부분 화석기록으로부터 부적절한 방식으로 문서화되었다.[22] 찰스 다윈 자신은 화석지층에 커다란 틈이 있음을 진작부터 알고 있었으며, 그런 틈이 생긴 것을 "결함투성이의" 지질 기록 탓으로 돌렸다.[23] 1950년대 이후 발견된 새로운 화석들은 어류와 양서류 사이에 그리고 파충류와 포유류 사이에서 중간 생물임이 분명한 변이과정 중에 있는 몇몇 형태들이 존재한다는 것을 입증하였다.

1952년이 시작되면서부터 에릭 자빅(Erik Jarvik)과 여타의 고생물학자들은 그린랜드 동부지역의 퇴적암에서 발견된, *이크티오스테가*(*Ichthyostega*)라는 원시시대에 멸종된 양서류 동물에 집중적

으로 주의를 기울여왔다: 그것은 보다 진보한 양서류와 그것으로
부터 양서류가 진화한 것으로 생각되는 총기아강(crossopterygian,
일명 엽상형(lobe-finned)) 폐어(肺魚) 사이의 중간형태의 해부학적
특징을 지니고 있다. 멸종된 폐어인 유스테노프테론
(*Eusthenopteron*)과 이크티오스테가(*Ichthyostega*)는 공기호흡 능력,
몸통의 모양, 사지의 윗부분과 두개골의 골격의 특징 등을 포함하
여 많은 특징들을 공유하고 있다. 이크티오스테가(*Ichthyostega*)는
물고기처럼 진짜 꼬리가 있으며, 피부는 작은 물고기의 비늘과 같
은 것으로 덮혀 있다. 압축된 몸통의 모양은 물고기를 상징한다.
그러나 물고기와 양서류의 특징들이 묘하게 섞여있는 형태임에도
불구하고, 이크티오스테가(*Ichthyostega*)는 완전히 성숙한 사지동
물임이 분명하며, 그것은 고대를 대표하는 초기 양서류 동물의 하
나로 분류될 수 있다.[24]

　보다 근자에 이르러 영국 자연사박물관의 고생물학자인 퍼 알버
그(Per Ahlberg)가 어류의 특징과 양서류의 특징을 모자이크한 것
같은 엽상형(lobe-finned)의 멸종된 물고기인 판데리크티스
(*panderichthys*)와 연관된 새로운 발견사실들을 보고한 바 있다.[25]
이 화석들은 두개골의 윗부분(roof), 두개(頭蓋) 그리고 지느러미의
변화가 구백만 년에서 천 사백 만년이라는 비교적 빠른 기간에(지
질학적으로 말하면) 일어났음을 나타내며, 엄밀한 의미에서 물에 사
는 물고기들과 네 발 달린 양서류 동물 사이에 변이가 있었다는 추
가적인 증거를 제시해 준다.[26]

　캐나다 맥길대의 고생물학자인 로버트 캐롤(Robert Carroll)에
따르면, 파충류로부터 가장 초기의 포유동물에 이르기까지의 화석

의 연쇄는 "척추동물의 진화에서 일어난 주요 변이들을 가장 완전하게 기록한 것이다."[27] 화석의 증거(기록)에서의 변형에 대한 추적은 "크기가 작으며 냉혈(冷血)의 비늘이 있는 파충류로부터 크기가 작으며 온혈(溫血)의 모피 포유동물에 이르기까지 1억 5천만년 전 이상으로 거슬러 올라갈 수 있다."[28] 여기서 우리는 "화석 기록의 간격들(gaps)"보다는 오히려 풍부한 기록들을 가지고 있다. 옥스퍼드대의 대학 박물관과 동물학과의 켐프(T. S. Kemp) 교수에 따르면, "이것이야말로 척추동물의 한 문(門)이 다른 문(門)으로의 진화가 화석 기록에 의해 훌륭하게 입증된 것으로 알려진 사례가 된다."[29]

고생물학자들은 포유동물의 계통(系統)은 시노돈트(cynodont)로 알려진 멸종된 포유동물과 유사한 파충류 집단 가운데서 찾아야 한다는데 일반적으로 동의하고 있다.[30] 포유동물과 유사한 파충류(synapsids)에 대한 화석 기록은 포유동물 그 자신을 제외하면 육생(陸生)의 척추동물 집단 그 어느 것에 대해서도 가장 완벽하다.[31]

실례로서 우리는 단궁아강 수궁목의 대표적 동물인 시노그나투스(*cynognathus*)를 검토해 볼 수 있는데, 이는 크기가 개와 비슷한 멸종된 시노돈트로서 파충류와 포유동물이 혼합된 특성들을 나타낸다. 시노그나투스(*cynognathus*)는 생김새가 개와 비슷하며 다소 커다란 두개골을 가지고 있었다. 그 치아는 파충류의 가지런한 치아와는 달리, 차이가 있으며 분화되었다. 크기가 작고 빨래집게같이 생긴 앞니는 물어뜯거나 무는데 적합하게 되었으며, 반면에 뒤송곳니(postcanine)는 음식물을 씹는데 적합하게 되었다. 이것은 이 동물이 대다수의 파충류가 포획물을 통째로 삼키는 것과는 달리 먹기 전에 포획물을 갈기갈기 찢었음을 나타내는 것이다. 척주(脊柱)는 경부(頸部), 흉추(dorsal) 그리고 요추(腰椎)의 부위들로 분화되었다. 다리는 몸통 밑에 달려 있었으며, 무릎은 전방을 향하고 팔꿈치는 후방을 향하게 되어 있어 보행을 효율적으로 할 수 있게 되었다. 시노그나투스(cynognathus)가 이처럼 그리고 다른 방식으로 분화된 것은 그것이 여러 점에서 포유동물의 발전단계에 근접하는, 활발히 움직이는 육식성의 파충류였음을 보여준다.[32] 시노그나투스(cynognathus)는 파충류와 포유류 사이의 중간단계에서 볼 수 있는 특성들을 드러내는, 멸종된 네발 달린 척추동물들의 거대한 집단에서 나온 하나의 본보기에 지나지 않는다.

몇몇 살아있는 형태들 - 단공류(單孔類), 혹은 오스트레일리아의 알을 낳는 포유동물들 - 또한 파충류와 보다 진보한 포유동물 사이의 중간단계에서 볼 수 있는 특징들을 나타낸다. 바늘두더지와 오리너구리는 알을 낳아 번식하고 수정된 땀샘에서 비밀리에 분출되는 젖으로 새끼를 먹이는 대단히 미개한 포유동물들이다.

이러한 동물들의 골격과 연한 조직은 파충류에서 볼 수 있는 일정한 특성들을 드러낸다.[33] 경부의 늑골은 용해되지 않으며, 두개골에서는 파충류에서 볼 수 있는 일정한 특징들이 나타난다. 생식기 계통과 직장(直腸)은 포유동물과 같이 분리되어 있는 것이 아니라, 파충류와 같이 공통의 배설강(排泄腔)쪽으로 통해있다. 여러 면에서 오리너구리와 바늘두더지와 같은 단공류(單孔類)들은 "그들이 진화하는 단계에서 포유동물류(類)의 파충류와 보다 고등의 포유동물 사이의 중간단계에 있는 포유동물의 살아있는 실례로서 그 역할을 톡톡히 해내고 있다."[34]

지질학의 기록에 나타난 중간단계 형태에 대한 논의는 어느 것이든 오늘날의 호모 사피엔스의 전조(前兆)라고 여겨지는 사람과(科)의 동물(hominid, 현대 인간과 모든 원시인류-역자 주) 형태에 대한 화석의 증거들을 반드시 포함하지 않으면 안 된다.[35] 램이 1954년에 책을 펴낸 이후로 많은 새로운 증거들이 쏟아져 나왔다. 사람과(科)의 동물 화석기록은 우리가 "인간"과 연계시키는 해부학적이며 행동적인 특성들이 장기간에 걸쳐 출현했고 발전해왔음을 보여준다. 예를 들면, 지금부터 대략 삼백만년에서 사백만년 전에 아프리카에서 번성했다가 멸종된 사람과(科)인 오스트랄로피테시네스(Australopithecines)는 현대인처럼 직립보행을 할 수 있었지만 뇌의 용량이나 기타 해부학적인 특성에서는 침팬지와 더욱 흡사하였다. 이 점에서 보면 오스트랄로피테시네스(Australopithecines)는 현대인과 유인원 사이의 중간형태인 셈이다. 오스트랄로피테시네스(Australopithecines)로부터 호모 하빌리스(Homo habilis, 최초로 도구를 만든 것으로 보이는 약 200만 년 전의 화석인류-역자 주), 호모 이렉투스(Homo erectus, 직립 원인(猿人)-역자 주), 호모 네안데르타렌시스(Homo neanderthalensis, 1856년에 독일의 네안데르탈에서 발굴된 구석기 시대의 유럽 원인-역자 주) 그리고 호모 사피엔스(Homo sapiens, 화석인과 구별되는 현세인-역자 주)에 이르기까지의 사백만년에 걸쳐 사람과(科)에 대한 화석의 기록을 추적해 보면, 뇌의 용량, 치아의 구조 그리고 골격상의 구조가 유인원에 보다 가까운 형태에서 현대인에 보다 가까운 특성을 나타내는 형태로 진화해 왔음을 보게 된다. 화석기록에서 볼 수 있는 이러한 변이의 증거는, 비교 해부학과 분자 생물학[36]에 나타나는 증거들과 더불어, 현대 생물학자들과 인류학자들로 하여금 현대인과 유인원이 지금부터 대략 오백만년 전에 필시 아프리카 대륙일 것으로 추정되는 곳에 공통의 조상이 있었던 것으로 믿게 만들었다.

화석기록에서 가장 주목할만한 특징 가운데 하나는 말기 전(前) 캄브리아와 초기 캄브리아기에 주요 종족(phyla)들이 갑작스럽게 그리고 거의 "폭발적으로" 나타났다는 점이다. 그 때 이후로 지금까지 종족 내에서 대규모의 변화가 발생하였으나, 새로운 동물 종족은 별로 출현하지 않았다. 돈 에이쳐(Don L. Eicher)와 리 맥알레스터(A. Lee McAlester)에 따르면, "이러한 종족들의 기원을 밝히는 화석기록은 없다. 왜냐하면 그것들은 처음에 화석으로 모습을 드러냈을 때 이미 명백하게 분리되고 구분되었기 때문이다."라는 사실 또한 주목할 필요가 있다.[37] 삼엽충(三葉蟲), 산호충 그리고 갑각류와 같은 복합적이며 다세포적인 유기체들은, 화석기록상에서 어떤 분명한 조상의 형태가 없이 완전히 형성된 것처럼 보인다.

지구 생명체의 역사에서 소위 빅뱅으로 불리어왔던 "캄브리아기의 폭발"(Cambrian explosion)에 대해서는 다양한 설명들이 시도되어 왔다. 어떤 이들은 대양의 산소농도가 증가하면서 생명체의 급속한 발전이 촉진되었을 수도 있었을 것이라고 단언하였다. 또 어떤 이들은 대양의 칼슘 혹은 인(燐)의 함유량이 증가하면서 골격을 지닌 유기체의 급속한 발전을 가능하게 했다고 말하였다; 포식동물이 출현하면서 다양화를 이룰 수 있는 선택 메커니즘이 마련되었다; 조정하는(regulatory) 유전자들이 진화하면서 새로운 동체 방식(body plan)이 급속히 나타나는 것을 가능하게 해주었다.[38] 이러한 제안들은 모두 다분히 사변적이며, 어떤 단일한 설명도 과학계의 전반적인 지지를 받지 못하였다.

1947년 이전에는 캄브리아기 이전의 다세포 생명체의 본질에 대해서는 거의 알려진 바가 없었다. 1947년 그 해, 대략 6억 4천만 년 전으로 거슬러 올라가는, 동체가 연성인(soft-bodied) 유기체의 화석 퇴적물이 오스트레일리아 남부의 에디아카라 힐즈(Ediacara Hills)에서 대규모로 발견되었다. 그 때부터 에디아카라 동물군(郡)으로 알려져 온 이러한 화석들은 네 가지 주요 범주로 분류된다: 해파리, 연성 산호충, (세포증식에 의해) 분절된 벌레들 그리고 유연(類緣)을 알 수 없는 기타 유기체들이다.[39] 이러한 동물들은 등딱지나 골격을 가지고 있지 않았다.

근자에 이르러 하부 캄브리아-전(前)캄브리아대의 경계로부터 유래한 동물군(郡)의 풍부하면서도 다양한 형태들이 시베리아에서 발견된 바 있다. 이처럼 작은 화석들-그것들의 상당수가 인산염을 함유한 등딱지를 가지고 있는데-은 일반적으로 "토모티안(Tommotian) 동물군(郡)"으로 알려져 있다. 그 이후로 유사한 화석들이 오스트레일리아, 영국 그리고 스칸디나비아 등지에서 발견되고 있다. 이러한 종류들의 상당수는 삼엽충과 더불어 나타나는 하부 캄브리아기로 계속 편입된다.[40]

에디아카라 동물군(郡) 혹은 조가비로 덮인 작은 토모티안 동물군(郡)이 삼엽충과 같은 복합 유기체의 조상으로 볼 수 있을지는 확실치 않다. 에딘버러대의 클락슨(E. N. K. Clarkson)의 말을 빌리면, 이 화석들은 "생명체의 역사에서 이처럼 대단히 결정적인 시기에 생명체가 폭발적으로 성장해왔음을" 입증해주고 있다.[41]

캄브리아기 동물들에 대한 연구 가운데 가장 광범위하게 이루어진 것은 삼엽충 및 오늘날의 말발굽 모양의 게와 다분히 닮은 곳이 있는 껍질이 딱딱한 피조물 등을 들 수 있는데, 이 동물들은 지금부터 5억 7천만 년 전인 전기 캄브리아로부터 대략 2억 5천만 년 전인 페르미안(Permian)기 동안에 최종적으로 멸종될 때까지의 화석기록에 풍성하게 나타나 있다. 화석기록을 보면 삼엽충은 갑작스럽게 그리고 완전하게 꼴을 갖춘 것으로 나타난다. 그들의 기원은 생명체의 역사에서 커다란 신비 가운데 하나이다. 이 분야의 뛰어난 권위자인 휘팅턴(H. B. Whittington)에 따르면, 삼엽충이 어떻게 그리고 어디에서 출현하게 되었는지에 대해서는 "명쾌한 답변을 할 수 없다"고 말한다: 과도기적인 화석계열들(series)은 그 어느 것도 아직까지 발견된 적이 없다.[42] 삼엽충의 조상일 것으로 추정되는 후보군이 환형(環形) 벌레들 혹은 에디아카라 속(屬)인 스프리기나(Spriggina) 가운데서 발견되었으나, 클락슨이 시인하는 바와 같이, "이것은 단지 추측에 지나지 않는다."[43]

1960년대 이후로 삼엽충의 매우 특이한 복안(複眼)에 대해 폭넓은 연구가 이루어져 왔다.[44] 삼엽충의 눈이야말로 생명체의 전체 역사를 살펴볼 때 가장 오래된 시각 계통이다. 곤충과 갑각류의 눈처럼, 그것들은 광각(廣角)의 시계장(視界場)을 제공하는, 방사상으로 배열된 시각 단위들로 구성된 복안(複眼)이다. 단 하나의 눈에 들어 있는 광학 요소들의 숫자는 약 백 개에서 천오백개 이상까지 그 범위가 유동적이다. 그런 눈으로 삼엽충은 가까이에 있는 물체에 대한 상을 만들어내며, 더 나아가서는 거리까지도 측정할 수 있었다. 진화론적인 관점에서 볼 때, 문제되는 바는 하찮으면서 점진적인 변화 그리고 자연도태(淘汰)를 통해 그처럼 복합적이며 갑작스럽게 나타나는 기관(器官)의 기원을 어떻게 설명하느냐이다. 삼엽충 이전의 살아있는 형태는 그 어느 것도 삼엽충의 눈과 같은 복안(複眼)은 말할 것도 없거니와, 심지어 미발달된 눈을 가졌다는 증거조차도 제시하지 못한다.

램이 「기독교적 시각」을 펴냈을 때, 생명의 기원에 대한 실험 연구는 걸음마 단계에 있었다. 1953년 시카고대의 스탠리 밀러(Stanley Miller)와 그의 동료들은 메탄, 암모니아, 수소 및 수증기의 혼합물에 전기 스파크를 통과시켜 다양한 아미노산을 합성하는, 생물탄생 이전의(prebiotic) 모의실험을 최초로 성공시키는 개가를 올렸다.[45] 1953년에 있었던 밀러의 선구적인 연구 이후 진행된 40년 동안의 집중적인 화학실험은 아미노산을 합성하는 일은 매우 쉽지만, 생명에 필요한 보다 복잡한 분자를 생물탄생이전에 합성하는 것은 극히 어려운 일임을 보여주었다.[46] 생명의 기원을 연구하는 사람들이 부딪히는 가장 근본적인 문제는 생명이 신진대사를 위해서는 대단히 복잡한 분자들(단백질, 효소)을, 복제를 위해서 또한 대단히 복합적 분자들(RNA, DNA)을 필요로 한다는 것이며, 게다가 이러한 분자들은 동시에 생성되어야 한다는 점이다.[47] 지구의 초기 상태와 유사한 조건 하에서 그러한 분자들을 만들어내는 일이 극도로 어려워지면서 DNA 분자구조의 공동발견자인 프랜시스 크릭(Francis Crick)은 생명이 어떤 고등문명에 의해 박테리아의 형태로 우주선에 실려 지구로 보내졌다는 기괴한 가설을 제안하기에 이르렀다("통제 汎種說", directed panspermia).[48]

이 분야의 주도적 연구자들 가운데 몇몇은 RNA야말로 생명의 기원에 있어서 최초의 분자로서, 처음으로 신진대사의 촉매로서의 역할과 복제를 위해 정보를 제공하는 "(핵산의) 주형(鑄型)(template)"으로서의 역할 두 가지를 다하는 것으로 믿고 있다. 화학자 만프레드 아이겐(Manfred Eigen)은 살아있는 박테리아에서 추출한 효소를 이용하여 RNA 분자를 합성할 수 있었으며, 레슬리 오겔(Leslie Orgel)은 RNA 종류를 (핵산의) 주형(鑄型)으로 사용하여 보다 단순한 분자로부터 RNA를 합성할 수 있었다. 그러나 아이겐이나 오겔 두 사람 모두 효소 혹은 (핵산의) 주형(鑄型)이 없이는 RNA를 합성할 수 없었는데, 이는 생물탄생 이전의 지구의 실제조건 하에서도 그랬을 것이다.[49]

다른 연구자들, 예컨대 글래스고우대의 화학자인 케언즈-스미스(A. G. Cairns-Smith)같은 사람들은 생명이 원시바다에서 기원한다는 문제는 불가항력적(overwhelming)인 것으로 믿고 있으며, 대안으로서 "점토가설"(clay hypothesis)을 제시하였다. 케언즈-스미스의 추론에 따르면, 지구상에서의 최초의 유기체는 오늘날의 생명체의 생화학적 구조와는 다른 구조를 지니고 있었고 자연도태를 통해무기(無機) 결정(結晶)의 상태에서 진화하였다. 복합 분자들이 점토기질(基質)위에 구축되었고, 이는 어떤 방식으로 복제에 필요한 정보 - 오늘날에는 RNA와 DNA에 의해 제공되는- 를 제공할 수 있었을 것이다.[50] 한 실험에서 연구자들은 긴(long) 분자들을 무기물의 표면 위에 구축할 수 있었지만, 이 분자들은 살아있는 계통에서처럼 자신을 복제할 능력이 없었다.[51]

실험실에서 생명을 창조하는 일은, 설령 그것이 가능하다고 하더라도, 앞으로 가야할 길이 멀기만 하다. 연구자들은 생명의 기원에 대해 이러저러한 모델들을 다양하게 제시하였지만, 이 분야의 선두주자인 오겔은 "각각의 모델을 뒷받침해주는 증거란 기껏해야 단편적인" 것에 지나지 않음을 시인하였다. 오겔은 향후 전망을 다분히 우울하게 예측하면서, "생명이…어떻게 출현하였는지에 대한 완전한 세부묘사는 가까운 장래에는 이루어지지 않을지도 모른다."라고 결론 짓는다.[52]

몇몇 결론적인 고찰들

전술(前述)한 개관은 버나드 램이 20세기 중반에 책을 펴낸 이후로 생명과학 분야에서 중대한 발견들이 이루어져 왔음을 보여준다. 그럼에도 불구하고, 필자는 램이 제안한 "점진적 창조"라는 개념이 기원과 관련된 성경과 과학의 데이터 둘 다를 해석하는데 유용한 방식이 된다고 확신한다. "명령 창조론"(fiat creation)과 두 가지 데이터(성경의 데이터와 과학의 데이터)에 들어있는 진리의 요소들을 통합하는 유신론적 진화에 대한 대안으로 간주할 수 있는 점진적 창조는 여기서 *하나님의 창조행위는 다양한 수단을 통해 장기간에 걸쳐 진행되어 왔음을* 뜻하는 것으로 이해된다.

"다양한 수단"에 대한 강조는 창조를 기술하는 성경의 용어법(terminology)이 하나님이 활동하신 결과와 그러한 결과들이 신적인 목적과 맺는 관계에 초점을 맞추고 있지, 하나님께서 이러한 결과들을 성취하기 위해 사용하신 과정들을 상세하게 묘사하는 일에 초점을 맞추는 것은 아니라는 사실에 주의를 환기시키고 있다. 미국의 근본주의 신학에서 "명령 창조설"(fiat creationism)은, 그것이 오래된 형태이든 보다 최근의 형태이든 창조를 지지하는 가능한 방식들로서 자연적 과정과 초자연적 과정 사이의 불필요한 이분법에 기초하고 있다.[53] 하나님은 자연의 수단을 통해서든 초자연적인 수단을 통해서든, 신속한 과정에 의하든 장기간에 걸쳐서 하든, 구속받지 않고 자유롭게 창조하신다; 그 어떤 단일한 형태의 과정도 선험적인 것을 하나님의 목적에 비할 바 없이 부합되는 것으로 동일시할 수는 없는 일이다.[54]

점진적 창조는 유신론적 진화와 같이, 기독교에서 말하는 기원론(theory of origins)이 생명체의 역사에서 발생해 왔던 진화론적 변화에 대한 증거를 시인하고 통합하지 않으면 안 된다는 사실을 인식하고 있다. 화석기록에 나타난 파충류로부터 포유류로의 변이와 같은 몇몇 사례들을 보면, 거시진화적(macro-evolutionary) 변화는 램이 상상했던 것보다 더욱 강력하며, "유신론적 진화"야말로 적절한 표현이 될 것이다.[55] 그러나 이와는 다른 사례에서 보면, 자연의 역사에서 단절(discontinuity)이 일어났으며 진기한 종들이 급속히 출현했다는 증거는 막강하며, "점진적 창조"라는 어구는 이러한 사실에 주의를 환기시킨다.[56] 여기서 주목할만한 사례들을 찾는다면, 빅뱅이 일어났을 때 무로부터(ex nihilo) 시공, 물질 및 에너지를 창조한 것, 35억 년 전부터 지금까지 무생물로부터 생명체가 출현한 것, 대략 5억 7천 만 년 전에 전캄브리아-캄브리아(Precambrian-Cambrian)의 경계점에서 주요 동물 종족이 폭발적으로 나타나게 된 것, 그리고 지금부터 대략 4만 년 전에 행동양식 면에서 현대적 인간상에 대한 예술과 다른 표현방식이 갑작스레 등장하게 된 것 등이 될 것이다.

"점진적 창조"는 자연의 법칙 안에서 활동하시는 하나님의 내재적 임재와 자연의 법칙을 초월하시는 하나님의 초월적 능력 둘 다를 망라할 만큼 매우 포괄적인 용어이자 개념이다. 이러한 관점에서 보면, 생명과학 분야에서 활동하는 기독교인은, "자연이라는 교과서"(book of nature)에 대한 올바른 이해가 궁극적으로는 "성경이라는 책"(book of Scripture)의 올바른 이해와 일관성을 갖는다는 확신을 가지고, 하나님의 창조활동을 다양하게 표현해온 방식들을 편하게 인식할 필요가 있다.

제8장

인간 원리-혹은 "설계자에 의한 우주"

물리학자 프리맨 다이슨(Freeman Dyson)은, "내가 우주를 탐색하고 그 우주 설계의 세부사항들을 연구하면 할수록, 나는 우주가 어떤 의미에서 우리 인간이 다가오고 있다는 것을 알고 있었음에 틀림없다는 사실을 더욱 더 발견하게 된다"고 말한 바 있다.[1) 다이슨이 책을 쓰고 있었던 바로 그 해(1979), 천문학자 카(B. J. Carr)와 리스(M. J. Rees)는 *네이처*(*Nature*)지에 기고한 논문에서 이와 비슷한 논지를 전개하였다: "우리가 알고 있는 생명체의 존재 가능성은 몇 가지 기본적인 물리학의 상수치(constants)에 의존하며, 그것(생명의 가능성)은 수치(數値)에 현저하리만큼 민감하다."[2)

이 학자들은 소위 "인간 원리"(anthropic principle)-우주는 매우 두드러진 방식으로 "세밀히 조정되어 있는"(fine-tuned) 것으로 나타난다는 사실을 언급하기 위해 사용된 용어-라는 것에 세간의 관심을 집중시켰다. 우리의 고유한 존재, 혹은 우주 어딘가에 존재하는 지적 생명체의 어떠한 형태라도 그것은 물리학과 천문학의 기본 상수에 대한 협소한 범위의 값에 매우 민감하게 좌우되는 것처럼 보인다.

인간 원리(AP)는 1970년대 이후 매우 빈번하게 철학적이며 신학적인 논쟁을 촉발시켜왔다. 몇몇 학자들은 그것을 "단순한 동의어 반복"(tautology)이나 사소한 관찰로 일축하였다: 만일 우주가 지금과 같은 방식으로 존재하지 않는다면, 우리는 지금 여기서 우주에 대해 왈가왈부할 수 없을 것이다; 그렇다면 우주는 어째서 우리의 화제 대상이 되는가? 다른 학자들은 한걸음 더 나아가 인간 원리와 그것의 토대를 이루는 증거가 "과학적 이해에 있어서의 조용한 혁명"을 뜻하는 것으로, 이는 "현대 세계관에 대해 급진적인 함축"을 지니고 있다는 주장을 하기에 이르렀다. 이러한 후자의 의미로 보면, 인간 원리는 하나님의 존재를 옹호하는 설계자 논쟁을 부활시키기 위해, "무작위의 우주"라는 청사진을 전복시키며, 대다수의 철학자들이 데이빗 흄, 임마누엘 칸트 그리고 찰스 다윈의 비판적 입장에서 일축했던 보다 새롭고 강력한 과학적 기반을 전복시키는 것을 의미한다.[3]

이 장에서는 인간 원리의 역사적 기원을 간략히 개관하고 물리학과 천문학으로부터 관련 자료 몇 가지를 제시한 후, 논쟁에서 제기되어 왔던 몇 가지 철학적 쟁점을 추려내고 기독교 신학의 관점에서 인간 원리의 중요성을 평가하고자 한다.

역사적 배경

현재 진행되고 있는 인간 원리에 대한 논의는 물리학과 천문학에서의 기본 상수치와 관계된 수많은 "우주에서의 우연의 일치들"(cosmic coincidences)에 주의를 환기시켰던 20세기 중반의 과학 연구라는 맥락에서 생겨났다. 이미 1937년에 물리학자 디랙(P. A. M.

Dirac)은 10이라는 큰 수가(the large number 10), 광속과 같은 기본 물리적 상수(c), 중력의 상수(G), 플랑크의 양자행동 상수(h), 전자와 양자의 질량(mp), 그리고 전자의 전하(e) 등으로부터, 형성되는 다수의 비례들에서 다소 놀랄 만큼 나타난다는 점에 주목하였다.[4] 이러한 큰 수는 단지 우연에 불과한 것인가, 아니면 보다 심오한 물리학상의 중요성을 지녔는가?

천문학자 로버트 디키(Robert Dicke)는 오늘날 인간원리로 알려진 것을 1961년에 처음으로 언급한 학자였을지도 모른다: 그는 물리학의 기본 상수들의 어떤 한도에 의해서 인간 생명체가 우주가 진화하는 어떤 특정한 단계에서 존재하게 된다는 사실을 관찰하였다.[5]

현재 사용되고 있는 "인간원리"라는 용어는 1974년 영국의 천문학자 브랜든 카터(Brandon Carter)에 의해 주조되었다. 카터는 코페르니쿠스 이전의 지구 중심의 우주론에서 말하는 "태고의 인간중심주의"(primitive anthropocentrism)와 그것과 똑같이 정당화될 수 없는 반(反)명제 사이에서, 천문학계가 "균형 잡힌 중도적 입장"(balanced intermediate attitude)을 취하는 것을 옹호하였다: "우주에서 인간이 처해있는 상황은 결코 특권적인 것은 아니다." 카터에 따르면, 우주에서의 인간의 위치가 중심적이라고 할 수 없을지 모르지만, 그 위치는 "인간이 존재하는데 특수한 조건들이 필요한" 정도로 특권적이다. 지적 생명체가 존재하는데 특수한 조건들 "이 필요하다는 사실로 인해 카터는 "인간 원리"라는 표지를 붙였다.[6]

1986년 존 배로우(John D. Barrow)와 프랭크 티플러(Frank Tipler)는 역사적 배경과 보다 광범위한 철학적 쟁점들에 대한 논의와 더불어 과학적 데이터를 포괄적으로 제시하면서 이 분야에서의 중요한 연구 성과인 「우주론적 인간 원리」(*The Anthropic Cosmological Principle*)라는 저서를 발간하였다.[7] 이 저서는 인간 원리에 대한 모든 후속 논의에서 하나의 기준(benchmark)이 되었다.

후속 논의에서 몇몇 학자들은 인간 원리의 "약한"(weak) 형태와 "강한"(strong) 형태를 구별하였다. 약한 인간 원리(Weak Anthropic Principle, WAP)는 말하자면 이렇다: "인간 생명체가 존재하는 것으로 가정하면, 그러한 생명체가 필요로 하는 물리적 조건들은 통용되지 않으면 안 된다."[8] 이런 식으로 진술하게 되면, WAP는 하찮은 진리에 지나지 않는다: 가령 X는 Y가 존재하기 위한 선행조건이고 Y가 존재하게 된다면, X는 사실상 통용되는 것이다. 이것은 분명히 사실이지만 그렇게 흥미 있거나 계몽적인 것은 아니다. 강한 인간 원리(Strong Anthropic Principle, SAP)는 이렇게 말할 수 있다: "우주는 인간 생명체의 기본적인 육체적 요구사항들이 충족된다는 것을 확실하게 해주는 목적론적이며 생명 지향적인 원리에 의해 지배된다." 실제로 SAP는 "우주는 인간이 출현한다는 것을 알고 있었음에 틀림없다"고 시사하는 것 같다. 인간 원리에 대한 두 번째 해석은 인간 생명체가 미래에 어떤 방식으로 출현하게 되면, 그것은 지적 생명체가 궁극적으로 출현할 수 있다는 것과 같은 그러한 자연의 기본 상수치를 미리 지배하고 정하였음을 암시하는 것이다.

SAP는 WAP 비해 보다 더 사변적임에 틀림없다. 본 논문에서는 "약한" 인간 원리에 초점을 맞출 것이며, 특별히 지적 존재가 우주를 설계했을 가능성에 대해 WAP가 불러일으킨 흥미와 관련하여 그렇게 할 것이다.

우주가 세밀히 조정되었다는 증거

인간 원리는, 만일 상당한 분량의 중요한 과학적 데이터가 그것을 뒷받침하지 않는다면, 1970년대 이후 계속된 꽤 많은 학문적 분석의 대상이 되는 기쁨을 누리기가 어려웠을 것이다. 물리학과 우주론에서의 기본 상수치-우리가 살고 있는 우주를 가장 작은 차원과 가장 큰 차원 둘 다에서 묘사하는 기본 매개 변수-는 생명체가 존재할 수 있도록 현저하리만큼 "세밀히 조정되어"(fine-tuned) 있는 것처럼 보인다.[9] 가령 양자와 중성자를 함께 묶는 핵력이 조금 더 강력했다면, 수소는 우주에서 희귀한 원소가 될 것이다. 중심핵에 있는 수소가 오랜 기간에 걸쳐 서서히 연소되면서 생명력을 유지하는 태양과 같은 행성은 존재하지 못할 것이다. 다른 한편, 강력한 핵력이 훨씬 더 약화되었더라면, 수소는 전혀 연소되지 못할 것이며 (수소보다) 더 무거운 원소들은 행성의 중심핵에서 생성되지 않았을 것이다. 생명체 그 자체는 강력한 핵력이 가질 수 있는 다소 좁은 범위의 값에 좌우된다. 일정한 형태의 방사성 물질의 자연 붕괴를 지배하는 약한 핵력은 태양 안의 수소가 서서히 그리고 한결같은 속도로 연소하도록 매우 약화된다. 약한 핵력에 대한 값이 현저하게 더 약하거나 강했더라면 생명체가 존재하는 데는 적합하지 않았을 것이다.

파울리 배제 원리(Pauli Exclusion Principle)라는 물리학의 또 다른 기본 법칙은 두 개의 전자가 정확히 동일한 상태에 놓이게 되는 것을 금한다. 만약 이것이 사실이 아니라면, 생명체에 필요한 몇 가지 기본적인 화학작용은 통용되지 않을 것이다. 원자 물리학에서 그처럼 "운 좋게 일어나는 사건"들이 없다면, 물은 액체 상태로 존재하지 못하며, 탄소원자는 복잡한 유기 분자를 형성하지 못하며, 수소 원자는 분자와 분자 사이에 필수적인 교상 결합(bridge)을 형성하지 못할 것이다.

만일 전자기력이 훨씬 더 강력했다면, 어떠한 행성도 적색 왜성(矮星)을 형성하지 못했을 것이며 모든 항성은 적색 왜성(矮星)이 되었을 것이다. 만일 양자의 질량과 전자의 질량의 비(比)가 1837과 훨씬 다르다면, DNA 나선(螺旋)의 복제는 거꾸로 영향을 받게 될 것이다. 만일 탄소와 산소 원자의 핵에 있는 공진(共振)의 정도가 훨씬 달랐다면, 탄소에 기반을 둔 생명체에 필요한 원소들을 합성한 항성들의 중심핵에서의 반응은 일어나지 않았을 것이다.

만일 빅뱅의 폭발력이 조금 더 강력했다면, 우주의 팽창속도는 은하계가 형성되지 않았을 그러한 속도였을 것이다. 다른 한편, 팽창속도가 약간 떨어졌다면, 우주는 "대격돌"(big crunch)이 일어나면서 스스로 붕괴했을 것이며, 생명체(만일 그것이 생겨났다면)는 우주의 불덩어리가 발생하면서 무(無)로 돌아갔을 것이다. 이와 같이 "우주에서 일어나는 우연한 사건들"은 물리학자 프리맨 다이슨으로 하여금 "우주는 뜻밖에도, 살아있는 피조물들이 자신의 거처를 정할 수 있는 쾌적한 곳이다"라는 결론을 내리게 하였다.[10] 우주가 이처럼 현저하게 세밀히 조정되어 있다는 것은 철학적 혹은 신학적 해석을 시급히 요하는 것이다.

인간 원리는 하나의 해석인가?

인간 원리는 위에서 언급했던 주목할만한 우주에서의 우연한 사건(cosmic coincidence)에 대해 적절한 해석을 제공하는가? 혹자는

인간 원리를 우연한 사건(coincidences)에 대한 하나의 "해석"으로
서가 아니라 해석할 필요성을 부인하는 하나의 방식으로 간주하였
다. 이러한 형태의 추론은 다음과 같이 환언할 수 있겠다: 물리학과
우주론에서의 기본 상수들이 지적 생명체가 존재할 수 있도록 매우
정교하게 "세밀히 조정되어 있다"는 것이 적어도 처음에는 다소 놀
랄만한 일처럼 보인다. 그러나 우리가 여기에 이렇게 존재한다는
사실 그 자체는 이러한 상수들이 현재 상태 그대로 되지 않으면 안
된다는 것을 암시한다. 만일 그 상수들이 그렇게 "세밀히 조정되
어" 있지 않다면, 우리는 그 문제를 논의하기 위해 여기에 이렇게
존재하지는 않을 것이다. 따라서 그 이상의 논의와 해명은 불필요
한 것이 된다.

우주에서의 우연한 사건에 대해 해석하며, 이런 식으로 인간 원
리에 매달리는 것은 철학적으로는 썩 내키지 않는 일이다. 그러한
반응은 우주가 아주 세밀히 조정되어 있다는 것에 대해 적절한 해
석을 제공해주지 않는다. "만일 상수들이 각기 다르다면, 우리는
그 문제를 논의하기 위해 여기에 이렇게 존재하지는 않을 것이다"
라는 것이 사실 – 실제로는, 하찮을 정도로 사실 – 인 반면, 이러한
형태의 반응은 우주가 처음부터 세밀히 조정되게 만든 요인이 무엇
인지에 대한 논점을 교묘히 회피한다.

인간 원리를 그런 방식으로 사용하는 것이 성격상 논점을 교묘
히 회피하는 것이라는 점이, 철학자 윌리엄 크레이그(William Lane
Craig)와 다른 철학자들이 제공하는 총살형 집행대(firing-squad)라
는 유추에 의해 예증되어 왔다.[11] 당신이 사형선고를 받아 곧 총살
형이 집행되는 것을 상상해보라고 크레이그는 말한다. 사형 집행이

이루어지는 당일 아침, 당신은 벽에 등을 붙인 채 서있고 불과 이십오 야드 떨어진 곳에서는 백 명의 노련한 저격수들이 당신의 심장을 향해 총을 겨누고 있다. 발사 명령이 떨어진다; 100발의 탄환이 원을 그리며 날아간다. 그런데 놀랍게도, 백 명의 저격수들은 목표물을 놓쳐 당신은 기적적으로 살아남게 된다! 도대체 우리는 이런 일을 어떻게 생각해야 하나? 그날 아침 거기에 있었던 한 목격자가 이런 "해명"을 했다고 가정해보자: "당신이 죽지 않고 살아남아 지금 여기에 서 있으며 백 명의 저격수 모두가 목표물을 명중시키지 못했다는 것이 적어도 처음에는 놀랄 만한 일처럼 생각될지도 모른다. 그러나 만일 그들이 목표물을 명중시켰다면, 우리는 지금 여기서 이런 토의를 할 수 없을 것이다. 그러니까 더 이상의 토의나 해명은 불필요한 셈이다.

그러한 반응이 적절한 해명이라고 여길 사람은 거의 없을 것이다. 만일 백 명의 저격수 모두가 목표물을 놓치지 않았다면 나는 살아남아 이렇게 질문을 할 수는 없을 것이라는 점은 하찮을 정도로 사실이지만, 진짜 질문은 어째서 모든 저격수들이 실제로 목표물을 명중시키지 못했는가하는 것이다. 상식과 경험에 비추어 나는 지금쯤 죽은 목숨이 되었을 것이라는 점이 지적되었을 때, 도대체 어떤 인과율에 따르는 조건이 내가 아직도 생존해 있다는 사실을 설명할 수 있을 것인가? 백 명의 저격수 모두가 목표물을 명중시키지 못했다는 사실이 단순히 우연에 지나지 않는다는 점은 이론적으로는 가능하지만, 대다수의 사람들은 이런 일이 일어날 가능성을 극히 희박한 것으로 일축할 것이며, 결과가 그렇게 나타난 것은 저격수들과 관계 당국 사이에 사전에 모종의 타협이 있었기 때문에 가능한 일이 아닐까 하고 의심할 것이다. 위에서 언급한 반응의 "인간적" (anthropic) 형태는 내가 여전히 생존하고 있다는 사실에 대한 설명이 아니라, 논점을 교묘히 회피하며 진정한 의미에서 인과율에 따르는 설명을 할 필요성을 부인하는 방식이다.

인간 원리를 모의설명(pseudo-explanation)으로 사용하는 것에 관한 이 주안점들은, 이러한 양식의 추론을 보다 더 추상적인 형태로 진술함으로써 일반화할 수가 있다: X(우주에서의 우연의 일치들)는 Y(지적 생명체)가 존재하기 위한 전제조건이다; Y가 존재하게 된다; 그러므로 X에 대한 어떤 설명도 요구되지 않는다. X와 Y 둘 다 우발적인(contingent) 정황이다. 인간 생명체가 존재하는 것은 논리적으로 필연적인 것은 아니다; 물리학의 기본 상수들이 현재 상태 그대로가 되어야 하는 것, 또한 논리적으로 필연적인 것은 아니다. X는 Y에 대한 전제조건일지는 모르지만, 진정으로 우리가 물어야 할 질문은 어째서 Y가 조금이라도 통용되어야 하는가? X로 하여금 현재상태 그대로 존재하게 만드는 요인은 무엇인가? X+Y가 명시하는 전체 상황은 우연적이며, 우연적인 정황들은 비우연적인 어떤 원리에 의한 설명을 요구하는 것이다. 그러한 설명은 더 이상의 대화와 탐구를 차단하는 방식으로 인간 원리에 호소하는 것으로는 이루어지지 않는다.

인간적 추론에 대한 대안들

만일 인간 원리가 현저하게 세밀히 조정되어 있는 우주를 적절히 설명하지 못한다면, 어떤 대안들을 고려해야 할 것인가? 네 가지 가능성을 생각해 볼 수 있을 것이다: (1) "맹목적인(brute) 사실"로서의 우주, (2) "보다 심오한 물리학"으로서의 우주, (3) "다(多)세계" 가설로서의 우주, 그리고 (4) 지적 설계로서의 우주이다.

인간 원리가 지적하는 우주에서의 주목할만한 우연의 일치를 단순히 그 이상의 설명을 추구할 수 없는 "맹목적인 사실들"로 간주할 수 있을 것인가? 인간이 경험하는 모든 영역에서 설명의 과정은 그 어디에서 중단되어야 하며, 모든 경우에 있어서 일련의 설명은 종국에 가서 그 자신보다 더욱 기본적이거나 초보적인 용어로는 설명할 수 없으며, 단순히 기정사실들로 받아들이는 가정들, 공리들, "자명한 진리들" 또는 "맹목적인 사실들"로 종결될 것이라고 주장할 수 있을 것이다. 이것은 논의의 대상이 되는 분야가 유클리드 기하학, 물리학, 신학 혹은 상식으로 알 수 있는 경험, 그 어느 것이든 간에 사실일 수밖에 없다. 그러나 우주에서의 우연의 일치라는 경우에 있어서, 토의를 종결하고 우주가 세밀히 조정되어 있음을 불가해한 맹목적인 사실로 받아들이는 것은 시기상조일 것이다. 현재 진행되고 있는 인류 발생에 대한 논의에서의 주요한 두 대화 상대-물리학과 신학-는 각기 다른 방식으로 맹목적인 사실들이 보다 심오한 실재에 뿌리 내리고 있음을 드러내고자 한다. 물리학자의 소망은 물리학과 우주론에서의 기본 상수치들이 실제로 자연법칙에 대한 보다 근본적인 이해에 의하여 어떻게 설명될 수 있는 지를 보여주는 것이다. 신학자의 소망은 우주가 세밀히 조정되어 있는 것이야말로 지적 설계에 대한 증거로서 매우 타당성 있는 것으로 이해될 수 있다고 주장하는 것이다. 물리학자와 신학자 모두 맹목적인 사실에 호소하고 보다 깊이 있는 설명을 탐구하는 것을 종식시키는 것이 시기상조라고 생각할 것이다.

우주에서의 우연의 일치에 대한 두 번째 가능한 반응은 "보다 심오한 물리학"을 탐구하는 것이다. 인간이 존재하는 것을 가능하게 만든 정확한 기본 상수치들과 물리학의 힘은 그 자체가 앞으로 발견되어야 할 보다 근본적인 자연법칙이 만들어내는 결과들이다. 물리학자들은 현재 미시 세계(양자 역학, 기초 입자)와 거시 세계(우주론, 중력, 일반 상대성)에 대한 우리의 이해를 통합시켜줄 야심만만한 "만물론"(theories of everything)을 발전시키려는 시도를 하고 있다. 생각컨대, 만물론은 이미 알고 있는 기본 상수치들이 임의적인 것이 아니라 보다 근본적인 자연법칙의 결과임을 보여준다.

그와 같은 만물론 또는 "초(超)물리학"이 일련의 가능한 설명들에 종지부를 찍을 것인가? 물리적 설명의 차원에서 보면, 대답은 부정적으로 나타날 것이다. 카(Carr)와 리즈(Rees)가 1979년에 발표한 논문에서 지적하는 바와 같이, 우주에서의 우연한 사건을 미래의 어떤 통일된 물리학 이론의 결과인 것으로 나타난다 하더라도, "물리학 이론이 규정하는 관계들이 또한 생명체에게 유익한 것으로 우연히 나타나게 되었다는 것은 여전히 주목할만한 일이 될 것이다."[12] 환언하면, 다음과 같은 질문이 남게 된다: 어째서 물리학 법칙들이 생명체에게 우호적인 특성을 지니게 되었는가? 어째서 물리학 법칙들은 이러한 특성들은 지니고 있지만 다른 특성들은 지니고 있는 않은가? 만일 물리학 법칙들이 논리적으로 필연적이지 않다면-그리고 그렇다고 주장하고 싶은 사람은 거의 없겠지만-그러한 법칙들은 생명체의 존재를 허용하는 방식으로 "설계"되어 온 것인가? 우리는 물리학 법칙들을 궁극적인 맹목적 사실로 받아들이지 않으면 안 되는가? 아니면 어떤 우월한 지적 존재가 그 법칙들을 생명체에게 우호적인 것이 되도록 설계할 수도 있었다는 것인가? 설령 만물론이 전개된다고 하더라도, 그러한 질문들은 형이상학적이며 신학적인 탐구의 차원에서 여전히 제기될 것이다.

우주의 우연한 사건(cosmic coincidences)의 일치에 대해 시도하는 또 다른 계통의 설명은 소위 다(多)세계 가설(many-worlds hypothesis)이다. 이처럼 대단히 이론적인 접근에 따르면, 우리에게 알려진 우주는 실제로 존재하는 다수의 (혹은 무한한 것일 수도 있는) 우주 가운데 하나일 뿐이다.[13] 이 가설은 양자역학과 양자 우주론의 컨텍스트에서 생겨났다. 1957년 물리학자 휴 에버렛(Hugh Everett)은 우주는 양자 사건(예를 들면, 원자핵의 붕괴)이 발생할 때마다 "분열"하거나 "분기(分岐)"하며, 이로 인해 우리가 지금 관찰할 수 있는 우주는 여러 우주 가운데 하나라는 가설을 세웠다.[14] 우주의 성찰이라는 영역에서 린데(A. D. Linde)와 여러 학자들은 "팽창하는 우주"라는 시나리오를 가설로 제시하였다: 우주는 빅뱅이 일어난 직후 급격히 "팽창"하며, 그 결과 상호간에 인과관계가 없으며 의사소통이 일어나지 않는 다수의 "우주"가 생겨난다.[15]

그러한 다세계 가설의 핵심은 만일 다수의(혹은 무한한 수의) 우주가 실제로 존재한다면, 적어도 하나의 우주-우리의 지구와 같은-에서는 생명체가 존속하는데 필요한 물리 상수의 값에 대한 정확한 조합이 이루어질 것이며, "우연한 사건"에 대한 설명이 이루어질 것이다.

그런데 그러한 가설들이 지니고 있는 근본적인 문제는 그것들이 입증 불가능하며 실증적 증거가 결여되어 있다는 것이다.[16] 어떤 물리학자나 천문학자도 우리가 살고 있는 우주 외에 다른 우주가 존재한다는 것을 입증할 수는 없다. 다세계 가설은 오캄의 면도날(Occam' s Razor), 즉 어떤 사건을 설명하기 위한 가설의 체계는 복잡해선 안 되며 간결하고 경제적이어야 한다는 철학적 원리와는 뚜렷하게 대비되는 것 같다. 단일 우주의 특성을 설명하기 위해서는, 물리적 증거와는 별개로 우주가 여럿이 존재하는 것으로 가정된다.[17] 더구나 물리학자 폴 데이비스(Paul Davies)가 지적한 바와 같이, 그러한 가설은 답변만큼이나 많은 질문을 제기한다. 우선 제기되는 질문은, 어째서 세계가 여럿(혹은 심지어는 하나라도) 존재해야 하는가? 물리학 법칙들은 어째서 모든 세계에서 동일해야 하는가?[18] 그러한 질문들은 다세계 가설이 우주에서의 우연의 일치에 대한 설명으로서는 부적절한 것임을 보여주는 몇 가지 사항들이다.

우주의 우연에 대해 반응하는 네 번째 방식은 그러한 우연을 지적인 존재가 설계했다는 증거로 보는 것이다. 데이비스처럼 하나님의 존재를 옹호하는 전통적인 설계 논쟁을 명확히 시인하지 않는 자들은, 그럼에도 불구하고, 사실들을 이런 식으로 해석할 수 있는 여지가 있음을 인정하고 있다. 데이비스에 의하면, "우주는 흡사 어떤 계획이나 청사진에 따라 자신의 비밀을 드러내는 것처럼 보인다...[물리학 법칙들]은 마치 지적 설계(intelligent design)의 산물처럼 보인다. 나로서는 그것을 어떻게 부정해야 할지 모르겠다."[19]

크레이그는 증거를 검토함에 있어서 그럴듯한 대안이란 단 두 가지뿐이라는 결론을 내린다: 무수히 많은 다른 세계들 아니면 우주의 설계자. 이러한 두 가지 선택을 감안한다면, "유신론을 선택하는 것이 다른 세계를 선택하는 것만큼 합리적인 것은 아닐까?"라고 크레이그는 기술하고 있다. 크레이그에 따르면, "사려 깊은 어떤 사람이 우주를 설계한 초자연적 지적 존재의 가능성을 합리적으로 추론해서는 안 된다는 법은 없는 것이다."[20]

인간 원리에 대해 폭넓게 저술활동을 해온 철학자 존 레슬리(John Leslie)는 데이비스의 의견에 공감하면서 "종교 사상가들이 하나님에 의해 창조된 것으로 믿는 우주, 바로 그 우주가 더할 나위 없이 하나님에 의해 창조된 것처럼 보인다는 결론을 내린다." 그런데 레슬리는 지적 설계 가설에 대해서는 자신의 입장을 명확히 밝히지 않는다. 그가 보기에 "하나님 가설이 다세계 가설보다 더 유리한 입장에 있는 것은 아니다."[21]

우주가 세밀히 조정되어 있다는 증거를 분석함에 있어서, 옥스퍼드대의 종교철학자 리처드 스윈번(Richard Swinburne)은 "하나님의 존재를 입증하는 것이 '다 세계의 존재'를 입증하는 것보다 그 가능성이 훨씬 더 크다고 결론짓는다."[22] 다세계와 지적 설계 가설은 동일하게 가능성이 있는 것으로 믿는 듯한 인상을 주는 크레이그와 레슬리와는 달리, 스윈번은 그러한 증거가 지적 설계를 분명히 선호하는 것으로 간주한다.

스윈번은 여기서 보다 훌륭한 논의를 전개하는 것으로 보인다. 다(多)세계 가설에 대한 에버렛(Everett)의 양자역학적 해설에 관하여, 스윈번이 "인간이 분열될 수 있다고 가정할 때 그것에는 철학적으로 상당한 난점이 따른다"고 본 것은 틀림없이 올바른 관찰이었다.[23] 스윈번의 이러한 언급을 영국인들이 조심스레 말하는 것(understatement)에 대한 훌륭한 본보기라고 볼 수 있을까? 원자들이 분열하여 다양한 우주로 분기되는 것이 어떤 물리학자들에게는 그럴듯한 것으로 생각될 수도 있으나, 정신과 인간을 분기시키는 것은 그와는 전연 별개의 문제인 것이다.

스윈번이 설계가설을 선택하기로 결정한 것은 다세계 가설이 특별히 입증 불가능하며, 오캄의 원리와도 일치하지 않으며, 독립적인 증거노선에 의해서도 지지를 받지 못한다는 점에서 정당화되는 듯하다. 다른 한편으로, 하나님에 의한 설계가설은 우주가 세밀히 조정되어 있다는 증거와도 일치할 뿐 아니라, 유신론에 대한 증거로 여길 수 있는 광범위한 다른 고려사항들 - 종교적 경험, 도덕적 자각, 섭리와 기적 - 과도 일관된다.[24]

스윈번이라면 설계논쟁이 어쩔 수 없이 한계를 지니며 그 자체로서는 유신론에 대한 빈틈없는 논증을 구성할 수 없다는 소위 "새로운 스타일의 자연신학"(new-style natural theology)[25]을 주창하는 다른 사람들과는 의견을 달리할 것이다. 예컨대, 데이빗 흄의 시대 이후 설계가설 논증은 그 자체로는 유일하며, 무한히 완벽하며 인격적인 하나님의 존재를 증명할 수 없다는 인식이 있었다.[26] 그럼에도 불구하고, 설계가설 논증은 기독교적 유신론을 선호하는 것으로 간주할 수 있는 모든 범위의 증거들 안에서 가치를 지닌다. 우주가 세밀히 조정되어 있는 것은 지적 설계의 산물이라는, 지적으로 정당화되는 추론은 인간경험이라는 매우 다양한 끈들을 하나로 묶으며 기독교의 신앙을 옹호하는 누적적인 사례를 뒷받침하는 보다 커다란 "신앙의 망"(web of belief)의 한 부분으로 볼 수 있다.[27]

결론적으로, 하나님의 설계가설이란 우주가 두드러지게 세밀히 조정되어 있음에 대한 가장 가능성 있는 설명으로 선호해야 할 것이다. 몇몇 사람들이 동의어 반복(tautology) 혹은 하찮은 진리로 치부하는 인간원리는, 그것이 해설을 요하는 물리적이며 우주론적인 데이터의 포괄적인 총체에 주의를 환기시키기 때문에 철학적이며 신학적으로 진지하게 분석할만한 가치가 있는 것이다. 인간 원리가 "20세기 후반에 일어난 위대하면서도 조용한 사고혁명"을 대표하며 "임의의 우주"라는 개념을 뒤엎는 것이기는 하나, 그것은 그럼에도 불구하고 목적론과 설계라는 쟁점을 현대 철학과 과학철학 안으로 강력하게 재도입해주는 것으로서 환영해야 할 것이다.

제9장

외계 지능의 탐색과 기독교의 구속론(救贖論)

1996년 8월 텍사스주 휴스턴의 미 항공우주국(NASA) 우주센터의 과학자들은 화성의 초기 단계에 존재했을 것으로 추정되는 태고의 생명체에 대한 증거를 발견했다는 깜짝 놀랄만한 발표를 하였다.[1] 남극에서 발견된 화성의 운석 ALH84001에는 지구에서 발견되는 박테리아와 닮은 미세한 탄산 입자들이 들어있었던 것이다. 과학계의 많은 인사들은 그러한 증거가 결정적인 것이 되지 못한다고 생각했지만,[2] 나사의 발표는 외계 생명체와 지능에 대한 탐구에 대해 대중적이며 과학적인 관심을 삽시간에 불러일으키기에 충분한 것이었다.

많은 학자들이 지능을 갖춘 외계 생명체[3]가 발견되면 우주에서 인간이 처해있는 위치와 인간관에 중대한 결과가 초래될 것임을 시사하였다. 미국 노트르담대의 저명한 철학자이자 과학사가인 어난 맥멀린(Ernan McMullin)은 신학자들이 이러한 쟁점에 대해 과학자들보다 더 많은 관심을 보이지 않은 것에 대해 놀라움을 표시하였다. 20세기 천문학에서 이루어진 발견들로 인해 펼쳐진 새로운 사상의 조망이라는 관점에서, 맥멀린은 "자신의 신관과 우주관에 외계 생명체가 존재할 여지를 남겨둘 수 없는 종교라면 다가올 미래에는 지구인들로부터 인정받기가 어려울 지도 모른다고 믿고 있다."

잠재적으로 이 문제와 연관된 신학적 쟁점은 엄청난 것이다: "가령 우주 여기저기에 무수히 많은 진보된 문명이 산재되어 있다면, 인간은 기독교의 성육신 및 구속의 교리를 여전히 진지하게 받아들일 수 있을까? 맥멀린의 질문은 정곡을 찌른다. 그는 외계 생명체의 존재 가능성이 그리스도의 인격과 사역 그리고 성경에 계시된 구속이라는 기독교의 체계가 과연 독특하며 최종적인 것인지에 대해 불가피하게 질문을 제기할 수밖에 없음을 명백히 이해하고 있다. 만일 우주 어딘가에 존재하는 외계 생명체들이 하나님을 알지 못한다면, 그들은 신약성경에 나타난 "영 단번에 이루어진"(once for all) 그리스도의 성육신 및 구속의 죽음과 어떤 관계가 있는가? 예수는 그들을 구속하기 위해 성육신과 십자가에서의 죽음을 되풀이해야 할 것인가? 맥멀린에 따르면, "신학자들은 그동안 이러한 문제에 대해 침묵을 지켜왔는데, 이는 의심의 여지없이 그들이 이 땅에서의 문제들에 골몰하느라 다른 것에는 신경 쓸 겨를이 없음을 나타내는 것이다."[4]

여기서 제기되는 문제는 사변적인 것이지 전적으로 가설적인 것은 아니다. 이제까지 여러 나라에서 정교한 과학적 장치들을 동원하여 오늘날 "외계지능 탐사"(SETI: Search for Extraterrestrial Intelligence)라고 불리는 것과 관련 있는 백 개 이상의 프로젝트들을 진행시켜 왔다.[5] 여태까지 이러한 프로젝트 가운데 그 어느 것도 우주 어딘가에 지적 생명체가 존재한다는 증거를 찾아내지 못하였다.

SETI가 지금까지 별 소득을 올리지 못하였음에도 불구하고, 여기서 제기되는 신학적 쟁점들은 여전히 탐구할만한 가치가 있다. 또 다른 저명한 역사가인 스탠리 재키(Stanley Jaki)는 기독교 유신론자들에게는 외계에 지적 생명체가 존재하느냐 그렇지 않느냐 하는 문제를 "진정한 미해결의 문제"로 간주할 수 있는 지적 자유가 있다고 주장했는데 이러한 그의 주장은 확실히 옳은 것이다. 인간은 그 어느 누구도 하나님으로 하여금 선험적으로(a priori) "우주 어딘가에 지적 생명체를 창조하거나 아니면 그렇게 할 수 있는 자신의 능력을 제한"하라고 지시할 수 있는 권한은 없다."[6] 두 가지 가능성 모두 하나님의 전능과 계시된 하나님의 성품과도 일치될 것이다.

기존의 그리고 미래의 SETI 프로젝트가 산출하는 실증적 (empirical) 결과와는 무관하게, 맥멀린과 여러 학자들이 제기하는 문제들은 누구나 알고 있는 성경 교리들을 새로운 시각에서 유익하게 조망해줄 수 있는 신학적인 "실험적 사고"(thought experiment)로서 추구할 만한 가치가 있는 것이다. 이 장의 주된 목적은 이전의 논의에 대한 몇몇 역사들을 검토한 후 골로새서 1:15-20의 우주적 기독론은 우주 어딘가에 존재할 가능성이 있는 어떤 지적 존재의 구속을 포괄할 수 있을 만큼 충분히 광범위한 것임을 논증하는데 있다.

외계 생명체: 근대 이전의 논의들

"외계 생명체"라는 용어가 20세기에 등장한 반면, "다른 세계" 혹은 "다수의 세계"라는 개념은 고대 그리스로 거슬러 올라간다.[7]

원자론자인 데모크리투스(Democritus, 기원 전 460-370)는 다수의 세계의 존재에 대해 고찰하였다. 기원 전 4세기에 에피큐로스(Epicurus)는 무수히 많은 세계가 존재한다고 주장하였다. 자신의 원자철학에 근거하여, 에피큐로스는 무한한 원자들의 운동이 무수히 많은 세계를 창출할 것이라고 가정한 바 있다. 로마의 스토아 철학자 루크레티우스(Lucretius) 또한 다수의 세계가 존재한다고 주장하였다. 자신의 논문 「만물의 본성에 관하여」(*De rerum naturae*)에서, 그는 자연의 일정불변함과 "충만(充滿)의 원리"(principle of plenitude)라는 사상에 근거하여 다른 세계들이 존재한다고 가정하였다: 발생 가능한 것은 어디에선가 실현될 것이다; 다른 세계들은 존재할 가능성이 있다; 따라서 우리는 그러한 세계들의 존재를 실증할 수 있을 것으로 기대하게 된다. 충만의 원리는 오늘에 이르기까지 다른 세계들과 외계 생명체에 대한 고찰에 있어서 매우 중요한 역할을 할 수밖에 없게 된 것이다.

이처럼 다수의 세계가 존재할지도 모른다는 추측과 정반대의 입장에 서있는 것이 아리스토텔레스의 만만치 않은 지론이었는데, 그는 자신의 논문 「하늘에 대하여」(*De caelo*)에서 오직 단 하나의 세계만이 존재한다는 주장을 지지하였다. 원이 단 하나의 중심과 원주(圓周)를 가지는 것처럼, 이 우주 역시 질서정연한 통합체(whole)라고 한다면 단 하나의 중심만을 가지고 있음에 틀림없다고 그는 주장하였다.[8]

다수의 세계라는 관념이 그리스 원자론자들의 물질론적(materialistic) 철학과 연관되어 있기 때문에, 초기 기독교 저자들이 그러한 추론에 대해 반대의사를 표명한 것은 놀라운 일이 아니다.

다원론(多元論)은 로마의 히폴리투스(3세기)와 가이사라의 유세비우스(기원 후 260-340)로부터 배격 당하였다.[9] 「하나님의 도성」(City of God) 제2권에서 아우구스티누스는 이 문제에 대한 에피큐로스의 추론을 배격하고 있다.[10] 데모크리투스와 에피큐로스의 원자철학은 창조와 하나님의 섭리라는 성경적 교리와는 어긋나며, 성격상 무신론적인 것으로 간주되었다.

중세 시대에는 아리스토텔레스의 저작들이 아랍 철학자들의 번역을 통해 유럽에서 보다 쉽게 이용할 수 있게 되었다. 알베르투스 마그누스(Albertus Magnus)와 그의 제자 가운데 크게 이름을 떨친 토마스 아퀴나스와 같은 스콜라주의 신학자들은, 아리스토텔레스에 대해 논증하면서, 다른 세계의 존재여부에 대한 문제를 탐구하였다. 알베르투스는 심지어 다수의 세계라는 쟁점이 "대자연에 있어서 가장 불가사의하며 고상한 질문"이라고까지 말하였지만, 아리스토텔레스의 주장에 동조하여 다른 우주들이 실제로 존재한다는 주장은 배격하였다.[11]

「신학대전」(Summa Theologica)에서 토마스 아퀴나스는 "단 하나의 세계만 존재하느냐 그렇지 않느냐"의 문제를 고찰하고 있다. 하나님의 전능에 의거하여, 아퀴나스는 가정하건대 하나님은 자신의 권능을 나타내기 위해 다수의 세계를 창조하실 수도 있었을 것이라고 주장한다: "그분은 다수의 세계를 창조하실 수 있었는데, 그 이유는 그분의 능력이 하나의 세계만 창조하는 것으로 제한 받지 않으시기 때문이다." 그럼에도 불구하고, 하나님께서는 실제로 단 하나의 세계만 창조하기로 작정하셨다. "아퀴나스에 따르면, 하나님께서 창조하신 사물들의 질서, 바로 그것은 세계의 조화(unity)를 보여준다." 하나님께로부터 나오는 사물들은 그 어떤 것이든 상호 간에 질서라는 관계를 맺는다....그러므로 모든 사물은 하나의 세계에 속해 있음이 분명하다.[12] 아퀴나스의 이러한 추론이 명쾌하지는 않지만, 그는 아리스토텔레스가 주장하는 "하나의 원/하나의 중심"이라는 사고와 비슷한 그 무엇을 말하려는 것 같다. 자연의 질서정연한 운동은 하나님이 유일하신 분임을 드러내며 창조세계가 서로 무관한 세계들의 집합이 아니라 하나로 통합된 우주임을 암시하는 것으로 토마스 아퀴나스는 믿고 있다.[13]

「신학대전」의 다른 곳에서 토마스 아퀴나스는 "하나님의 말씀이 이 땅에 육신으로 임하는 것이 인간성을 회복하는데 필요한 것이었는지의 여부를 묻고 있다." 토마스 아퀴나스에게는 이러한 질문이 다른 세계들의 존재를 둘러싼 쟁점에 의해 제기된 것이라기보다는 이전의 학문적 논의에서 제기된 것이었지만, 성육신의 필연성이라는 문제는, 아래에서 살펴보게 되겠지만, 외계의 지능이라는 쟁점과 밀접하게 관련되어 있다. 토마스 아퀴나스는 성육신은 절대적인 의미에서 필연적인 것은 아니었다고 결론을 내리는데, "왜냐하면 전능한 힘을 가지고 계신 하나님은 여러 가지 다른 방식으로 인간성을 회복할 수도 있었기 때문이다."(이러한 "다른 방식들"은 상술(詳述)되지는 않는다.) 그러나 성육신은 상대적인 의미에서, 즉 그것이 인간에게 적합하고 유용한 것이었다는 점에서 필연적인 것이었다. 하나님의 아들이 성육신하신 것은 이처럼 상대적인 의미에서 필연적인 것이었는데, 이는 우리의 믿음, 소망 그리고 사랑을 든든히 세워주며 우리가 신적인 생명에 보다 온전하게 참여하는 것을 도와주기 위한 것이었다.[14] 토마스 아퀴나스는 이러한 쟁점을 직접 다루지는 않지만, 그가, "만일 우리가 알지 못하는 다른 세계의 외계인들이 타락한다면 그리스도가 그들을 구속하기 위해 다시 한번 성육신해야 할 것인가?"라는 질문을 받았다면, 그는 분명히 '아니오'라고 대답했을 것이다. 하나님의 전능한 힘은 그들을 여러 가지 다른 방식으로 구속할 수 있으리라.

윌리암 보리롱(William Vorilong, 1464)이 저술했던 피터 아벨라드(Peter Abelard)의 「명제집」(Sentences)에 대한 주석은 중세시대 학자들이 종종 인용하고는 했었는데, 그는 다른 세계의 존재 여부에 대한 쟁점을 원죄 및 구속의 교리와 명쾌하게 연결시킨 최초의 기독교 신학자였음에 틀림없다. 전능하신 하나님이 실제로 무수히 많은 세계를 만드실 수 있었다고 보리롱이 시사할 때, 그의 시사는 동시대 학자들의 주장에서 벗어나는 것은 아니었다. 그러나 그가 다른 세계에 사는 생명체들-만일 그들이 존재한다면-은 설사 그들이 하나님에 의해서 창조되었다고 하더라도 아담의 타락한 본성을 물려받지는 않을 것이라고 언급할 때, 그의 언급은 한 걸음 더 나아간 것이다. 그리고 "그리스도가 이 땅에서 죽으심으로 다른 세계에 사는 사람들을 구속할 수 있느냐?"라는 질문에 대해, 보리롱은 "그분은 세계가 무수히 많더라도 이런 일을 하실 수 있지만, 그분이 다른 세계로 가서 재차 죽지 않으면 안 된다는 것은 적절한 일이 되지 못할 것이다."[15] 보리롱에게는 이 땅에서 이미 성취된 그리스도의 성육신과 죽음으로 말미암아 다른 세계에 존재할지도 모르는 생명체는 그 어떤 생명체라도 충분히 구속받을 수 있는 것이다.

16세기에 루터파의 개혁가인 필립 멜랑히톤(Philip Melanchton)은 새로운 코페르니쿠스 천문학이 제기하는 쟁점들을 올바로 인식하고 있었다. 자신이 쓴 「초기 물질론」(*Initia Doctrina Physica*, 1567)에서 멜랑히톤은 설령 다른 세계들이 존재하더라도, 그리스도가 그곳에 가서 다시 죽고 부활하게 되는 일은 일어나지 않을 것이라고 단언한다. 멜랑히톤은 다수의 세계가 실제로 존재한다는 사실을 수용하는 것은 기독교의 속죄교리와는 어울리지 않는다고 믿는 것 같다.[16]

근대기: 계몽주의 시대로부터 19세기까지

17세기에 있었던 갈릴레오의 획기적인 발견에 뒤이어, 기독교 교회는 확대된 우주관을 기독교 세계관과 성경해석에 도입하게 되었다. 이러한 도전을 재빨리 간파하고 새로운 과학을 자신의 논지를 펼치기 위한 목적으로 사용하고자 했던 기독교 비평가는 토마스 페인(Thomas Paine)이었는데, 그는 미국혁명과 프랑스혁명에 모두 가담했던 급진적 행동주의자이자 팸플릿 저자(pamphleteer)였다. 폭넓은 독자층을 가지고 있었던 그의 저서 「이성의 시대」(*The Age of Reason*, 1794)는 그 당시까지 출간되었던 저서 가운데 기독교와 성경을 가장 신랄하게 비판하였다. 페인이 생각하기로는, 천문학자들이 발견한 광대한 우주는 성경의 우주관이 얼마나 시대에 뒤떨어진 것인지를 보여주는 것이었다:

> 이 세계가 피조물이 거주할 수 있는 세계의 전부라는 것이 비록 기독교 체계의 직접적인 조항은 아니지만, 그럼에도 그것은 소위 창조, 하와와 선악과의 이야기에 대한 모자이크적(Mosaic) 묘사로부터 크게 발전하여 하나님이 다수의 세계를, 적어도 우리가 항성이라고 부르는 것만큼이나 무수히 많은 세계를 창조하셨다고 믿는 것이 기

독교의 신앙체계를 하찮고 우스꽝스러운 것으로 만들며, 그것을 사람들의 마음속에서 완전히 뒤흔들어 놓는다. 한 사람이 마음속에 두 가지 신념을 품을 수는 없으며, 둘 다 믿고 있다고 생각하는 자는 그 어느 것도 생각하지 않는 것이다.[17]

페인은 기독교 신자들에게 도전장을 보낸 것이다. 그가 생각하기에, 인간은 다수의 세계가 존재하는 확장된 우주 혹은 전통적인 성경적 우주론 가운데 하나를 신봉할 수 있을 뿐이며, 이 둘을 동시에 신봉할 수는 없는 것이다. 페인의 도전에 대해 19세기의 기독교 변증가들은 다양한 방식으로 대응하였다.

1800년대에는 다수의 저명한 성직자들과 과학자들이 다른 세계에서의 생명체의 존재를 둘러싼 쟁점과 그것이 신학적으로 함축하는 바에 대해 논쟁을 벌였다. 스코틀랜드 자유교회의 명망 있는 목사이자 설교가인 토마스 챌머스(Thomas Chalmers)는 일련의 설교를 하였고, 그 설교들을 나중에 「천문학적 담화」(*Astronomical Discourse*, 1817)라는 책으로 출간하였다. 챌머스는 우주 어딘가에 타락한 다른 존재들이 있는지에 대해서는 확신을 하지 못하였다. 그러나 그는 이 땅에서 그리스도가 지신 십자가의 효력이 시간에 의해 감소되지는 않는 것과 같이, 이러한 효력이 공간적으로 다른 행성으로 확산될 수도 있음을 시사하였다. 아마도, 챌머스는 이렇게 생각했던 것 같다, "구속의 예정은 하나님이 창조하신, 다른 세계에 사는 피조물에게까지 영향을 끼치며 관계를 맺는 지도 모른다."[18]

스코틀랜드의 탁월한 과학자인 데이빗 브루스터(David Brewster, 1781-1868)는 챌머스의 의견에 동조하였다. 브루스터는 「하나 이상의 세계」(*More Worlds Than One*, 1854)라는 저서에서 "구속의 힘"이 거리에 따라 감소하거나 과거에 있었던 행성의 운행과…앞으로 있게 될 행성의 운행에까지 확대되어서는 안 된다는 이유를 발견할 수 없었다(pp.149-150).

글래스고우대 출신의 스코틀랜드 장로교 신학자 윌리암 레이취(William Leitch, 1818-1864)는 1860년 캐나다로 이주하여 킹스턴 퀸즈 칼리지의 학장이 되었다. 1862년에 펴낸 「천상에서의 하나님의 영광」(God's Glory in the Heavens)에서, 레이취는 그 당시 알려져 있던 천문학상의 발견들을 살펴보며, "그러한 발견들로 인해 야기된 종교적 질문들"에 대해 깊이 숙고하였다(p.v.). 레이취는 그리스도가 다수에 걸쳐 성육신한다는 생각을 배제하였는데, 이것은 그가 그러한 생각이 "그분은 영원히 자신의 인성을 간직하실 것"이라고 선언하는 성경과 일치하지 않는다고 믿었기 때문이다. 레이취는 또한 성경은 구속이 외계의 타락한 다른 존재에까지 확대될지도 모른다는 생각을 지지하지 않는다고 믿었다. 그는 사실상 구속이란 지구인들에게만 필요한 것이라는 점을 시사하려는 듯 했다(p.329).

20세기에 있어서의 과학적 논의

19세기 이래 외계 생명체에 대한 논의는 그 이전 세기와 마찬가지로 철학자들과 신학자들보다는 과학자들이 주도해왔다. 현재 이루지고 있는 과학권(圈)의 주도는 계몽주의 이후 대다수의 서구사회에서 사상 교육이 종교로부터 일반적으로 분리되고 있음을 반영할 뿐 아니라 다수의 특정한 지적 발전과 과학의 발견들 또한 반영하고 있다. 생물학에서의 다윈의 패러다임을 폭넓게 수용하는 것, 기존의 우주를 극적으로 확장시킨 에드윈 허블과 기타 학자들에 의해 이루어진 천문학상의 발견들, 프랜시스 크릭과 제임스 왓슨에 의한 DNA 분자구조의 발견, 해럴드 유레이와 기타 학자들에 의한 생물발생 이전의(prebiotic) 분자통합, 전파천문학이라는 새로운 수단들, 이 모든 것이 상당수의 과학자들로 하여금 우주 어딘가에 생명체가 존재하며 그것에 대한 흔적은 탐구할 만한 가치가 있다는 신념을 갖게 하는데 기여하였다.[19]

외계 생명체가 실제로 존재하느냐의 문제를 둘러싸고 과학자들의 견해는 첨예하게 갈리었다. 몇몇 물리학자들과 천문학자들(예를 들면, 칼 세이건, 폴 데이비스)은 이 점에 있어 대단히 낙관적인 입장을 표명한 반면, 대다수의 진화생물학자들(예를 들면, 데오도시우스 도브찬스키, 언스트 메이르, 스티븐 굴드)은 지구상에서의 지적 생명체의 출현은 일어날 가능성이 극히 희박한 사건으로, 이는 우주의 다른 어느 곳에서는 되풀이되었을 가능성이 낮은 것으로 보면서 회의적인 입장을 보였다.

데이비스와 같이 "외계 생명체의 존재 가능성에 대해 낙관적으로 생각하는 사람"(ETI optimist)은 자신의 신념을 물리학과 화학의 법칙은 우주 어디서나 일관된 것이라는 명제에 근거를 둘 뿐만 아니라, 또한 물질은 우주 어디에선가 생명체의 출현을 있음직한 것으로 만드는 "자기 조직적"(self-organizing) 특성을 지니고 있을지도 모른다는 가설에도 근거를 두고 있다.[20] 지적 생명체가 존재할 가능성이 있다는 그러한 판단은 적지 않은 생물학자, 천문학자 그리고 물리학자들로부터 거부당하고 있다. "인간 원리"(anthropic principle)라는 용어를 만들어낸 천문학자 브랜든 카터(Brandon Carter)는 "인간의 문명과 견줄만한 문명이 존재할 가능성은 대단히 희박하며" 외계의 어떤 생명체와 의사소통할 수 있는 가능성은 극히 낮은 것으로 믿는다.[21] 스티븐 굴드와 같은 진화 고생물학자라면 물질이 무언가 "스스로 조직하는" 경향이 있다는 관념을 일축할 것이며 실제로 호모 *사피엔스*에 이르는 진화론적 통로를 완전히 우연한 것으로, 그리고 어떤 식으로 "진화론적 주사위를 굴리더라도" 그러한 것이 되풀이될 가능성은 없는 것으로 간주할 것이다.[22] 천문학자 프레드 호일은 지구상에 생명체가 출현한 것은 일어날 가능성이 너무 희박한 것이어서 생명체의 최초의 씨앗은 운석이나 혜성에 의해 은하계 그 어디에서 지구로 보내진 것임에 틀림없다고 주장하였다.[23] 천문학자 존 배로우와 프랭크 티플러는 증거자료를 검토하고 나서 "인간만이 현재 은하계에 존재하고 있는 유일한 지적인 종(種)일 가능성이 매우 높다"는 결론을 내린다.[24]

과학계 내에서 외계의 지적 생명체가 존재할 가능성에 대해 그처럼 의견이 분분하다는 사실은, 이 분야에서 고찰하고 가설을 세우는 일이 "데이터에 의해 하위결정(underdetermine)됨"을 시사하는 것이다.[25] 필자는 여기서 과학적 논쟁에 해결의 종지부를 찍을 의도는 없으며, 신학적 쟁점을 제기하는 "실험적 사고"와 더불어 논의를 지속할 것이다.

20세기에서의 신학적 논쟁

19세기 및 그 이전 세기와 비교하면, 우주 어딘가에 존재할 가능성이 있는 지적 생명체가 함축하는 바가 무엇인지에 대해서는 최근 신학계가 별로 주의를 기울이지 않았다. 이것이 그리 놀랄만한 일이 아닌 것은, 지난 100여 년 동안 교회가 찰스 다윈, 칼 마르크스 그리고 지그문트 프로이트의 사상이 가한 지적 도전, 성경의 역사 비평, 세계 종교와 종교 다원주의에 대한 사람들의 점증하는 인식, 그리고 산업화, 도시화, 인구증가, 성적 관습의 변화와 두 차례의 세계대전 등에 응수하는데 대부분의 에너지를 소진하였기 때문이다. 사실상 신학자들은 지구상의 산적한 문제들과 씨름하느라 외계의 생명체에 관심을 기울일 수가 없었던 것이다.

이렇듯 외계 생명체(ETI)에 대한 관심이 저조할 때 하나의 예외가 있었으니 그것은 바로 옥스퍼드대의 수학자 밀른(E.A. Milne)이 1952년에 펴낸 「현대 우주론과 기독교 신관」(*Modern Cosmology and the Christian Idea of God*)이라는 저서였다. 이 책에 나타난 사상은 1950년 버밍엄대에서 개최된 캐드배리 강좌(Cadbury Lectures)에서 처음 선을 보였다. 밀른은 현대 우주론에서 제기하는 신학적 쟁점들을 확대해서 분석하는 일에는 관심을 두지 않고, 어떤 그리스도인들이 특별히 성육신에 관한 성경의 가르침과 관련하여 광대한 우주에는 무수히 많은 행성들이 있을 수 있다는 관념에 대해 당혹해한다는 점을 주시한다. 신약성경이 말하는 성육신은 그 유례를 찾을 수 없을 만큼 독특한 사건이었을까, "아니면 무수히 많은 행성에서 각기 개별적으로 반복해서 일어난 사건이었을까?" 밀른의 답변은 그러한 결론이 내려지면 그리스도인은 경악해서 움찔할 것이라는 점이다. "하나님의 아들이 무수히 많은 행성 각각에서 대리적 고난을 받는다"고 상상이나 할 수 있겠는가![26]

밀른은 성육신과 구속은 역사적으로 일어난 독특한 사건임에는 틀림없다고 주장하지만, 자신이 내리는 결론에 대해 성경적으로 논증을 하지는 않는다. 그는 다수(多數)의 성육신과 구속을 둘러싼 시나리오를 피하려면 우리가 사는 행성이야말로 유일무이한 것으로 생각할 것을 제안한다. 그렇다면 (그리스도의) 구속을 필요로 할지도 모르는 다른 행성에 있는 지적 생명체가 존재할 가능성에 대해서는 어떻게 말할 수 있을까? 그는 우리 인간이 "여기 위대한 신비라는 바다의 깊은 곳에 잠겨 있다"는 점을 시인하지만, 전파천문학의 새로운 기술이 개발되면 이 문제에 대한 해답을 구할 수도 있음을 시사하고 있다. 미래의 어느 날 전파를 통해 외계 생명체와 의사소통을 하고 그들에게 기독교의 구속에 대한 지식을 전하는 것이 가능하게 될지도 모른다. 그렇게 되면 (그리스도가) "다른 행성에서 십자가에 못 박히는 비극이 재현되는 일은 불필요하게 될 것이다."[27]

1956년에 행한 뱀턴(Bampton) 강좌 - 나중에 「기독교 신학과 자연과학」(*Christian Theology and Natural Science*)이라는 제목의 책으로 출간되었는데 - 에서 매스칼(E. J. Mascall)은 밀른의 신학적인 강조점 몇 가지에 대해 직접 답변한다. 만일 밀른에게 그리스도의 십자가형이 소름끼칠 듯한 공포라면, 우리는 하나님께서 단 한번이라고 해도 그것을 명하신다는 생각을 어떻게 받아들일 수 있을까? 다른 한편, 그 공포가 누그러들지 않는 대신에 "승리와 영광으로 바뀐다면, 어째서 그러한 변화가 지구가 아닌 다른 곳에서는 일어날 수 없는 것일까?"[28]

매스칼은 외계에서 성육신과 구속이 일어나는 것을 배제해야할 결정적인 신학적인 이유는 없다는 다소 잠정적인 결론을 내린다. 만일 성육신이 일어난다고 하더라도 신성이 훼손당하지 않는다면, 어째서 하나님의 아들이, 원칙적으로, 피조된 다른 자연계가 있다고 가정할 수 없는 것인가? 매스칼에게, "다른 유한한 이성이 그러한 인간과도 결합되어서는 안 된다"는 이유는 설득력이 없는 것처럼 보인다.[29] 이것은 역사적인 신인(神人)이 아니라 호모 *사피엔스*의 본성 뿐 아니라 여타의 많은 지각력이 있으며 구현된 피조물들의 본성까지도 자신의 신성과 결합시키는 생물 공학적(bionic) 구속자의 다소 이상야릇한 이미지를 불러일으킨다.

매스칼은 주제 전체가 대단히 사변적이며 창조와 구속에 있어서 외계의 존재와 하나님과의 관계는 너무 다르기 때문에 성육신을 전혀 필요로 하지 않을 수도 있다는 점을 인정하고 있다. 그럼에도 불구하고, 그는 그러한 고찰이 매우 가치 있는 일로 여긴다. "신학적 원리들은 실천의 결여로 인해 무기력해지는 경향이 있으며, 이따금 신학적 원리에 대해 통로는 별로 없고 경계선은 설정되어 있지 않은 분야에서 질주하게 하는 것에 대해 할 말이 많다"고 그는 기술하고 있다.[30]

1958년 루이스(C. S. Lewis)는 "종교와 로켓"이라는 논문을 발표했는데, 그 논문에서 그는 다른 행성에 있는 지적 생명체의 존재가 지니는 신학적 중요성에 대해 고찰하였다.[31] 루이스는 그러한 생명체들이 실제로 존재하는지에 대해서는 회의적인 입장을 보였다; 설령 존재하더라도, 그들을 찾아낸다고 해서 기독교 신학이 그로 인해 지속적으로 엄청난 영향을 받게 되지는 않을 것으로 믿었다. 그렇다고 하더라도, 지성을 가진 영적 생명체들이 존재한다면, 그리고 그들이 타락한다면, 역사적으로 나타난, 그리스도의 성육신과 속죄를 통한 방식이 아닌 다른 방식으로 그들이 구속받을 수 있는 길을 하나님께서 마련하실 수도 있지 않겠느냐는 의견을 개진하였다. 그는 사도 바울이 모든 피조물의 구속을 바라는 내용의 로마서 8:19-23은 온 인류의 구속이 타락한 외계 생명체를 망라하는 우주적 의미를 지닐 수 있음을 암시하는 것으로 이해하였다.[32] 하지만 루이스는 자신의 그러한 성찰을 성육신과 속죄를 다루는 신약성경의 특정한 본문과 연계시키지는 않았다. 그는 우주 어딘가에 있는 지적 생명체를 발견함으로써 일어날 수 있는 이론상의 문제점들보다는 실제적 쟁점들에 대해 더 많은 관심을 갖는 것처럼 보였다. 루이스는 인간이 오랜 역사에 걸쳐 서로를 이용하고 착취해온 점으로 미루어 볼 때 우주 어딘가에 존재할 가능성이 있는 생명체들을 착취하고 혹사하고자 하는 유혹에 빠질 수도 있음을 염려하였다.[33]

건설적 제안: 골로새서 1:15-20과 우주의 구속

외계의 지적 생명체라는 주제에 대한 신학적이며 과학적 고찰이 이루어져 온 몇몇 역사를 살펴본 이상, 이제 우리는 이 주제의 "통로(paths)는 거의 없으며 경계는…설정되지 않았다."라는 마스칼의 판단에 동조하는 쪽으로 마음이 기울어질 것이다. 본 장의 마지막 부분에서, 필자는 이 논의에서 제대로 주목받지 못했던 신약성경의 텍스트인 골로새서 1:15-20에 주의를 환기시킴으로써 이러한 "통로들과 경계들" 가운데 몇몇에 대해 보다 폭넓게 정의를 내리고자 할 것이다. 필자는 골로새서의 기독론은 그 범위가 심히 광대하여 더 이상의 성육신이나 속죄를 필요로 하지 않고도 외계의 타락한 존재들을 구속할 수 있는 기반을 제공해준다고 믿는다.

논의를 위해 골로새서의 저자는 바울로 간주하며, 신약학자들이 골로새서에 나타난 특정한 이단사상들을 다양하게 재구성하는데 그 가운데 어느 것을 택하고자 하는 시도는 하지 않는다.[34] 필자의 제안은 골로새서의 저자와 배경에 대해 독자들이 채택하기를 소망하는 어떤 특정한 입장 한 가지에 의존하지 않는다.

골로새서 1:15-20의 그리스도 찬양시에서 구속의 범위가 우주적이라는 사실은 분명하다.[35] 15절에서 20절까지의 여섯 절에서 "모든"(all), "모든 사물"(all things), "만물"(everything)이라는 단어가 일곱 차례 나타난다는 사실은 속죄를 위한 그리스도의 죽음의 구속이 가져오는 효력이 인간으로 제한되는 것이 아니라 어떤 점에서 창조된 우주 전체로 확산되는 것임을 분명하게 드러내는 것이다. 사도 바울은 그리스도가 공간, 시간 그리고 인간경험의 모든 영역에서 절대적으로 지고(至高)의 위치에 있음을 매우 강력한 어조로 말하고 있다. 이렇듯 그리스도의 지고(至高)는 창조(15-16절), 섭리(17절), 성육신(19절), 화해(20절), 부활(18절), 그리고 교회(18절) 등에서 역설되고 있다.

그리스도는 창조된 질서 전체를 다스리는 지고(至高)의 존재인데, 그 이유는 그분이 보이지 않는 하나님의 형상(eikon; 히브리서 1:3과 비교)이요, 하나님의 영광과 본체의 외적 현시(顯示)요, 모든 피조물보다 "먼저 나신 자"(prototokos)이기 때문이다. 먼저 나신 자로서 성자는 가계(家系, family order)에서 가장 으뜸이 되신다. 그래서 그리스도는 창조질서에서 가장 으뜸이 되신다. 그분의 지고하심은 물질계의 보이는 사물들 뿐 아니라 지성을 지닌 영적 존재의 보이지 않는 질서까지도 다스리신다. 쿼크(quark)에서부터 대천사에 이르기까지 모든 사물은 어떤 것이든 그분에 의해 그분을 위해서 창조되었다; 그리스도는 창조질서 전체의 최종적 원인이시다

(요한복음 1:3, 고린도전서 8:6과 비교).[36]

그리스도는 하나님의 섭리를 나타내는 질서에 있어서 가장 으뜸이 되신다(골 1:17). 그리스도는 만물을 창조하신 것뿐만이 아니다; 그분 안에서 "만물이 함께 섰다." 사도 바울에게 구속자 그리스도는 또한 "우주가 제대로 작동하도록 유지하시며 통합시키시는 분"이다.[37] 물질창조에 질서와 통일성을 부여하는 물리법칙과 화학법칙들은 자율적 원리가 아니라 그리스도 안에서 명시되고 그리스도를 통해서 성취된 신적 의지의 표현이다. 이렇듯 하나님의 아들이 섭리적인 행위를 유지시키는 행위는 현재에도 순간순간 지속되고 있다; 그것이 없다면 우주는 소멸되고 무존재(nonbeing)의 상태로 전락할 것이다. 과거에 하나님에 의해서 창조되었으나, 하나님이 더 이상 간섭하시지 않으신다는, 이신론(deism)적 사상이 여기에서는 더 이상 설 자리가 없다. 이신론은 하나님을 하나의 "시계 제조자"로 보는 바, 한번 우주를 만드신 후에는, 그가 고안한 원리에 따라 우주를 움직이게 하셨다고 말한다. 신의 속성을 지닌 하나님의 아들은 권세에 있어서 모든 창조질서 위에 초월적으로 계실 뿐 아니라, 또한 시간과 모든 물리적 과정과 실체 안에 내재적으로 계신다.

골로새서의 찬양시에서 그리스도의 탁월성이 그분의 선재(先在)와 현존(現存) 속에 뚜렷하게 나타나고 있다.[38] 그분이 성육신하심으로써 신적 본질의 "모든 충만"(pan to pleroma, 19절)이 그리스도의 인격 안에서 체현되었다.[39] 사도들의 이와같은 예수 그리스도의 신성에 대한 절대적인 주장은, 추후 니케아(호모우시오스, homoousios, "동일 본질")와 칼케돈 성명("완전한 하나님, 완전한 인간")에서 고전적인 신경으로 공식화되었다. 그분이 지상에서 사역하는 동안 구속자로서의 완전한 탁월성은, 또한 그분이 부활하시고("죽은 자들 가운데서 먼저 나신 이", 골로새서 1:18) 이어서 교회의 머리가 되시는 위치로 승귀되신 것에서도 드러나고 있다(18절).

창조, 섭리 그리고 성육신에 나타난 그리스도의 탁월성은 십자가에서의 대속의 죽음에서 그 목표가 드러나며 절정을 이루게 되는데, 하나님께서는 그 사건을 통해 자신과 "만물을 화목케 하려는" (apokatallaksai to panta, 20절) 목적을 이루신 것이다. 이렇듯 화해를 이루는 그리스도의 죽음이 미치는 영향이 인간이 사는 지구로 제한되지 않는다는 사실은 29절의 "만물 곧 땅에 있는 것들이나 하늘에 있는 것들"이라는 표현에서 확연히 드러난다.[40] 우주적 구속은 이처럼 객관적인 의미에서 원칙적으로는 그리스도가 십자가에서 보혈을 흘리신 하나의 역사적 사건-비록 이 사건이 미치는 완전한 효력은 역사가 종말을 맞이할 때에야 비로소 구현되지만- 을 통해 성취되었다. 여기서 말하는 만물과의 화해는 통상적인 의미에서 하나님과 그분이 구속하신 백성들과의 친밀했던 관계가 회복된다기보다는 반역세력의 평정이나 정복을 포함하는 보다 폭넓은 의미를 지닌다고 볼 수 있을 것이다. 오브리엔(P. T. O'Brien)이 주지하는 바와 같이, "평정"(Pacification)이라는 개념은 기원 후 1세기 로마제국의 지배 하에 있었던 지중해 지역의 사람들에게는 낯선 것은 아니었다.[41]

이제 남은 과제는 바울이 말하는 우주적 기독론을 하나님을 알지 못하는 외계 생명체의 존재 가능성이라는 문제에 적용하는 것이다. 골로새서 1:15-20에 비추어 볼 때 그들이 구속받을 가능성에 대해 우리가 말할 수 있는 것은 무엇인가?

골로새서 1:15-20에서 "만물"에 대한 언급은 그 범위가 너무 포괄적이어서 우주 어딘가에 존재할 가능성이 있는 외계의 지적 생명체를 포함한다는 것은 분명해 보인다.[42] 바울의 기독론이라는 틀 안에서 보면, 그러한 존재들은 궁극적으로 그리스도의 신적인 영광과 권위를 드러내며(16절), 그들이 그리스도로 말미암아 매 순간 존재하게 되며(17절), 그리고 그리스도의 십자가 보혈을 통해 하나님과 화해(혹은 평정되거나 정복되며)하기 위해 선재하는 그리스도에 의해 창조된 존재들로 이해될 수 있을 것이다. 이 땅에서 일어난 일회적 사건(십자가)이 가져온 구속의 효력은 인간이 사는 이 땅에 국한되는 것이 아니며, 사실상 우주 전체로 확대되어 하늘이나 땅에 있는 만물이 하나님과의 관계를 회복하게 되는 것이다.

만일 그리스도의 구속사역이 그리스도를 알지 못하는 외계존재와의 "화해"와 어떻게 관계되는지를 보다 구체적으로 이해할 수 있을 것인가라는 문제는, 전통적인 개혁교회의 언약신학에서 말하는 "연합적 머리됨"(federal headship)이라는 개념을 확대한다면 적절한 설명의 틀이 제공될 수 있을 것이다. 예를 들어, 웨스트민스터 신앙고백(1647)에서 제8장은 "중보자 그리스도"에 대해 언급하는데, 그리스도는 자신을 희생 제물로 드림으로써 "성부 하나님의 의를 완전히 충족시켰으며, 성부께서 그에게 주신 모든 자들에게 화해를 이루셨다고 진술한다." 더 나아가 그 신앙고백은 그리스도의 죽음으로 말미암아 주어진 구속의 은총은 시간의 제약을 받지 않으며 "세상이 창조된 이후 모든 세대에 걸쳐 계속적으로 선택받은 자들에게 주어진 것임을 진술한다."[43] 만일 속죄(atonement)에 대한 이해를 시간의 제약을 받지 않는 것으로 본다면, 그것을 공간 혹은 거리의 제한을 받지 않는 것으로 이해하는 것도 그다지 어려운 일이 아니다. 그리스도는 성육신을 통해 참된 그리고 완전한 인간임을 보여주셨으며, 이는 그분이 구속받은 언약 대표로서의 인간을 나타내시고자 함이다(로마서 5:12-21; 고린도전서 15:45-49). 이를 확대하면, 하나님께서는 호모 사피엔스의 인간성을 지각이 있으며 구체적인 모습을 띤 모든 존재들을 대표하도록 만드셨다고 가정할 수 있다. 하나님께서는 자유로이 자신의 권세로 그리스도의 죽음으로 인한 공로를 인간을 구원하는 일에 부여하실 뿐 아니라 "선택받은" 존재는 어떤 존재이든지 간에 그에게도 부여하신다.[44]

그렇다면 지금까지의 논의를 통해 우리는 골로새서 1:15-20의 기독론은 우주 어딘가에 존재하며 하나님을 알지 못하는 어떤 외계 생명체와의 화해 가능성을 개념화하기 위해 성육신 혹은 속죄를 추가로 필요로 한다는 생각을 무색하게 만든다고 결론지을 수 있다. 영 단번에 이루어진 그리스도의 성육신과 십자가 죽음으로 말미암아 그러한 화해가 이루어질 수 있는 기반은 이미 마련된 셈이었다(19-20절). 이러한 결론은 이전의 토마스 아퀴나스, 보리롱(Vorilong), 챌머스(Chalmers) 그리고 밀른(Milne)의 견해와 일관되기는 하지만, 성서신학으로부터 보다 진척된 주석적 논의에 기반을 두고 있다.

마침내 우리는 이러한 방향의 논의가 2세기 전 토마스 페인(Thomas Paine)에 의해 제기된 기독교 신학에 도전을 가하고 있음을 보게 된다. 「이성의 시대」(*The Age of Reason*)의 저자는 근자에 우주의 차원이 방대함을 발견하게 되면서, 성경의 구속계획이 케케

묵은 것이며 이치에 닿지 않는 것이 되었다고 잘못된 결론을 내렸다. 만일 페인이 골로새서 1:15-20에 나타난 기독론과 우주론의 광대함에 좀더 세심한 주의를 기울였더라면, 그는 그 말씀 속에서 우주적 구속, 즉 그분 안에서 하나님께서 "그리스도가 십자가에서 흘리신 보혈로 말미암아 화평케 하시고, 땅에 있는 것이나 하늘에 있는 것이나 만물을 자신과 화해하기로 작정하신" 그리스도에 의한 구속을 발견했을 것이다. 확실히, 현대적 우주론에서 지구는 더 이상 공간적으로 중심적인 위치를 차지하지 못한다. 그러나 영적으로는, 바울의 우주적 구속론이라는 관점에서 확대된 우주를 보게 되는 후기 허블(post-Hubble) 시대에서, 호모 사피엔스(*Homo sapiens*)의 위치는 하나님의 구속하시고자 하는 의도에 대한 그림이 손에 땀을 쥐게 할 만큼 보다 거대한 캔버스(canvas)위에 그려지는 것으로 나타나기 때문에 보다 중심적인 것이 된다.

제10장

우주의 막판게임

우주의 궁극적 운명에 관한 과학적 사색에 대한 신학적 반성

　"본인은 이 강좌와 더불어 우주의 종말을 연구하는 종말론이 단지 신학의 한 지류(branch)로만 머무는 것이 아니라 과학의 한 분야로써 대접받게 될 그 날이 속히 도래"하기를 기대한다고, 뉴저지 주 프린스턴 소재 고등과학원의 물리학자인 프리맨 다이슨(Freeman Dyson)이 자신의 생각을 피력하였다.[1] 1978년 뉴욕대에서 처음으로 행한 세미나와 포괄적인 주제를 다루는 일련의 이론 강좌에서 다이슨은 물질계의 궁극적 운명을 둘러싸고 과학계에 만연되어 있는 비관적 견해에 대항하였다. 기존의 물리법칙들을 시간의 가장 원초적 상태로 과감하게 외삽(外揷, extrapolate)함으로써 그는 "우리에게는 폐쇄된 우주 안에서 기름에 튀겨지던지(fried) 아니면 개방된 우주 안에서 냉동되던지(frozen) 둘 중의 하나를 선택할 수밖에 없다"라는 지배적 견해에 도전하였다.[2] 지적 "생명체"의 어떤 형태-필시 컴퓨터 칩과 같은 구조의 형태로 되어 있을- 는 호모 사피엔스와 기타 탄소에 기반을 둔(carbon-based) 생명체가 우주에서 멸종된 후에도 오랜 동안 끊임없이 팽창하는 우주의 흑암(outer darkness)과 극심한 냉기 속에서도 소멸되지 않고 계속 살아남게 될지도 모른다. 다이슨은 철학적 사색을 수학의 방정식과 뒤섞은 것에 대해 사과도 하지 않은 채, 전통적으로 과학이 과학적 분석을 삶의 궁극적 목적과 의미라는 문제와 혼합하기를 꺼려했던 것을 과감하게 무시하였다.

다이슨은 사실상 우주의 종말에 대한 종교적 이해를 새롭게 등장한 과학적 "종말론"에 연계시키려는 대화에 참여하라는 초대장을 신앙 공동체에 보내고 있었던 것이다. 본 논문은 근대 열역학과 열역학에서의 우주의 "열사망"(熱死亡, heat death)에 관한 개념이 발전된 이후로 과학계를 지배해왔던 우주의 운명에 대한 비관적 결론에서 벗어나고자 하는 다이슨의 시도와 같은 최근의 과학적 시도에 대해 신학적으로 고찰하고자 한다. 이 장에서는 이러한 과학적 종말론에 직면하고 있는 교회의 증언에 대한 지적 도전과 변증법적 기회들을 평가하고자 한다.

근대 과학적 종말론의 대두

19세기에 들어 열역학이라는 분야가 발전하면서 우주 전체의 궁극적 운명에 관한 과학적 성찰이 이루어졌으며 이는 오늘날까지 지속되어 왔다. 1854년 "자연의 힘들의 상호작용에 관하여"라는 제목의 공개강연에서 베를린대의 물리학 교수인 헤르만 헬름홀쯔(Herman Helmholtz)는 열역학의 제2법칙이 인류의 궁극적 운명에 대해 함축하는 바가 무엇인지를 숙고하였다. 물리학의 기본적인 원리들 가운데 하나로 인식되는 제2법칙은 어떤 폐쇄된 물질계에서 유용한 작업을 하는데 활용할 수 있는 에너지의 양은 시간이 경과

하면서 감소한다고 말한다. 달리 표현하면, 엔트로피 혹은 계(係)에서의 무질서의 양은 시간이 경과하면서 증가하는 경향을 보인다.[3] 물질계에서의 유용한 에너지의 양은 일단 시계의 태엽을 감으면 시간이 지나 언젠가는 풀리는 것처럼 방산(放散)하거나 소진(消盡)되는 경향을 나타낸다. 헬름홀쯔와 여러 물리학자들은 하나의 통합체(whole)로서의 우주는 "소진"되고 있는 것으로 인식하였다: 궁극적으로, 우주에서의 시간이 광대하게 흐른 후에 태양과 모든 행성들은 가지고 있던 연료들을 모두 소진할 것이며, 그렇게 되면 우주는 암흑과 "열사망"(熱死亡)으로 인한 냉기가 영구히 지속되는 상황에 직면하게 될 것이다.

헬름홀쯔에 따르면, "부동(不動)의 역학법칙들"은 우주에 축적되어 있는 이용 가능한 에너지는 언젠가는 소진될 수밖에 없음을 지적한다. 열역학 제2법칙은 인간이 오랜 시간동안 존재하는 것은 허용하나 영구히 존재하는 것은 허용하지 않는다: 그것은 심판의 날로서 우리를 위협하는데, 다행스럽게도 그 심판의 날의 여명(黎明)은 여전히 감추어져 있다. 궁극적으로 물리학 법칙들이 작용할 수밖에 없는데 이로 인해 도마뱀과 매머드(신생대의 큰 코끼리)가 인간에게 자리를 내주었듯이, 인간은 소멸하며 "새로우면서도 보다 복잡한 형태"에게 자리를 양보할 수밖에 없을 것이다.[4]

19세기가 진보함에 따라, 물리학자들이 내리는 비관적인 결론은 과학의 다른 분야에서 선구적으로 활동하는 연구자들에게 영향을 미치기 시작했다. 예를 들면, 다윈은 자신의 진화론적 입장에 근거해서 인간은 시간이 경과함에 따라 보다 더 완벽해지고 보다 나은 진보를 이룩하리라 기대했었다. 그런데 (열역학의) 제2법칙이 함축하는 바는 이러한 낙관주의에 근본적인 도전을 가하였다. 다윈에게 있어서 인간과 지각이 있는 모든 존재들이 오랜 기간동안 점진적인 진보가 이루어지고 나서 "완전한 무(無)의 상태로 전락할 수밖에 없는 운명에 처하게 된다"는 생각은 받아들일 수 없는 것이었다. 1876년에 저술되어 1887년에야 비로소 출간된 자서전에서 다윈은 "태양이 모든 행성들과 더불어 때가 되면 기온이 급격하게 떨어져 생명체가 살 수 없게 될" 것이라는 사실은 과학적으로 불가피한 것 같다고 시인하였다. 인간영혼의 불멸을 철저하게 신봉하는 자들에게 그러한 전망이 매우 두려운 일이 아닐지 모른다. 그러나, 다윈은 자신이 그러한 무리 가운데 하나가 된다고는 생각할 수 없었다.[5]

20세기 초반이 되자 열역학이 함축하는 바는 영국의 천문학자인 아더 에딩턴(Arthur Eddington)과 제임스 진스(James Jeans)에 의해 일반 대중들에게 알려지게 되었다. 1927년에 행한 기포드 강연(Gifford Lectures)에서, 캠브리지대의 천문학 교수 에딩턴은 "우주의 소진(running down)"에 대해 언급하였다. "우주가 무한정 활동할 수 있게 되기를 염원하는 자는 누구나 열역학의 제2법칙에 맞서는 운동을 전개하지 않으면 안 된다"라고 그는 말하였다. 에딩턴에 따르면, 우주의 최종적인 상태는 "혼돈스러운 무변화"(chaotic changelessness)의 상태이다. 에딩턴이 보기에는 (우주의) 그러한 운명이 회색빛 전망임에는 틀림없지만 우주가 팽창과 소멸이라는 과정을 끊임없이 되풀이할지도 모른다는 주장보다는 선호할만한 것이었다. "나로서는 우주가 그 존재목적이 같은 일이 지속적으로 반복됨으로써 진부해지기 보다는, 오히려 성취 가능한 일을 이루면서 혼돈스러운 무변화의 상태로 전락하는 편이 더 나을 것 같다." 에 딩턴에게는 "같은 일을 여러 차례 되풀이해서 하는 것은 꽤 멍청한 짓"으로 생각되었다.[6] 에딩턴이 제2법칙에 대해 논구함으로써 그는 19세기의 실증주의 과학철학에 의해 과학담론에서 전반적으로 배제되었던 의미와 목적이라는 문제를 제기할 수 있게 되었다는 사실은 주목할만한 가치가 있다.

후에 「우리를 둘러싼 우주」(*The Universe Around Us*)라는 제목의 책으로 출간된 일련의 대중강연에서, 제임스 진스 경(卿)(Sir James Jeans)은 제2법칙의 "시작과 종말" 그리고 그것이 장기적으로 함축하는 바에 대해 논구하였다. "에너지는 영구히 소진될 수 없다. 그래서 우주는 영구히 지속될 수 없다. 그는 우주의 역동적 삶이 틀림없이 중단될 것이다"라는 점에 주목하였다. 아주 먼 미래가 되면 우주의 운명은 "비록 온기가 남아 있을 수는 있으나 활기가 없는 우주" – '열사망'의 상태에 빠진 우주가 될 것이다. 바로 그것이 근대 열역학의 가르침이다. 이처럼 비관적인 결론에도 불구하고 진스는 최종 종말이 도래하기 전의 인간의 상황에 대해 깜짝 놀랄 만큼 낙관적인 전망을 보였다: "꽤 장구한 시간이 우리 눈앞에 상상을 불허하는 성취의 호기(好機)와 함께 펼쳐져 있다."[7] 영국 출신의 이 천문학자에게는, 열역학이 궁극적으로 함축하는 비관주의가 현대 과학과 기술의 위력에 대한 믿음에서 나오는, 보다 가까운 장래의 낙관주의로 인해 누그러뜨려지게 된 것이 분명하였다.

열역학이 전하는 비관적 메시지에 대한 20세기의 반응 가운데 가장 널리 알려진 것 중의 하나는 버트란드 러셀이 쓴 「나는 왜 그리스도인이 아닌가?」(*Why I am Not a Christian?*)에서 종종 인용되는 구절이다. 러셀은 근대 과학이 인류의 미래에 대해 함축하는 바에 대한 자신의 이해를 다음과 같이 요약하였다:

인간은 자신이 추구하는 목표에 대해 선견지명이 없는 원인들의 산물이라는 것; 인간의 기원, 인간의 성장, 인간의 소망과 두려움, 인간의 사랑과 인간의 신념은 한낱 원자가 우연히 배열된 것에 지나지 않는다는 것; 어떠한 정열, 영웅주의, 사고(思考)와 감정의 열정도 무덤 저편의 개인의 삶을 지켜주지 못한다는 것; 세대를 초월한 모든 수고, 모든 헌신, 모든 영감, 찬란히 빛나는 인간의 천재성은 거대한 태양계가 소멸할 때 사라질 운명에 처하게 되며, 인간이 이룩한 모든 금자탑은 필연적으로 파멸로 끝난 우주의 잔해 밑에 매장될 수밖에 없다는 것 – 이러한 모든 것들은 설사 논쟁의 여지가 없다고 하더라도 거의 틀림없는 것이어서 그러한 사실들을 거부하는 철학은 어떠한 것이든 존속하기를 포기해야 할 것이다...타협을 불허하는 (unyielding) 절망에 굳건히 토대를 둘 때라야 영혼의 거주지는 비로소 탄탄하게 지어질 수 있을 것이다.

과학적이며 철학적인 성격의 절망을 이처럼 미려하게 표현했음에도 불구하고, 러셀은 이처럼 암담한 시나리오가 사실상 범부(凡夫)의 일상적인 삶에는 별반 영향을 미치지 못할 것이라고 계속해서 말하였다. 수 백 만년 후에 우주가 어떻게 될 것인지에 대해 진지하게 걱정하는 사람은 아무도 없다; 그런 문제에 생각이 미치면 사람들은 "다른 문제로 관심을 돌리게 된다."[8] 러셀에게는 인간의 생명이 소멸되어 그 자취를 감출 수밖에 없다는 암담한 사실을 현대인이 다룰 수 있는 유일한 길은 심리학자들이 말하는 소위 회피와 부정(avoidance and denial)의 상태로 영원히 삶을 살아가는 것처럼 생각된다.

20세기 후반이 되자 소위 "열역학적 비관주의"(thermodynamic pessimism)의 전통이 미국의 노벨 물리학상 수상자인 스티븐 와인버그(Steven Weinberg)의 저술에 표현되었다. 1977년에 출간되어 널리 읽힌 「최초의 3분: 우주의 기원에 관한 현대적 견해」(*The First Three Minutes: a Modern View of the Origin of the Universe*)에서 와인버그는 근대과학이 기초입자물리학의 방법론들을 응용하여 빅뱅 이후 최초 3분 동안 우주가 어떻게 발전했는지를 이해하려고 했는지에 대해 일반 대중들의 주의를 환기시켰다. 책의 말미에서 와인버그는 우주의 기원과 궁극적 운명에 대해 과학이 현재 묘사하고 있는 바가 인간적으로 어떤 의미를 함축하는 지에 대한 자신의 성찰을 담고 있다. 인간으로서는 인간이 우주에서 특별한 위치를 점하고 있으며 인간의 삶이 단순히 "(빅뱅 이후의) 최초 3분으로 거슬러 올라가는 일련의 우연한 사건들이 빚어낸 익살극과 같은 산물"이 아니라고 믿는 것은 "거의 뿌리칠 수 없는" 일임을 그는 주시하였다. 인간으로서는 과학이 지구를 단지 "더할 나위 없이 적대적인 우주의 미세한 부분"에 지나지 않는 것으로 묘사하는 것과 지금의 우주가 미래에는 무한한 냉기 혹은 도저히 견딜 수 없는 열기의 상태로 소멸 된다는 전망을 붙잡고 씨름하기란 용이한 일이 아니다. 와인버그가 종종 인용하는 진술에 의하면, 이러한 분석이 불가피하게 내릴 수밖에 없는 비관적 결론은 "우주가 보다 이해 가능한 것으로 보이면 보일수록 우주는 또한 더욱 무의미한(pointless)것으로 보인다"는 것이다.[9]

그러한 시나리오에 대한 와인버그의 반응은 버트란드 러셀의 회피와 부정이라는 전략과는 다르다. 현대 과학이 산출하는 결과가 우리에게 위로를 제공하지 않을지도 모르지만, 사람들은 탐구 과정 그 자체에서 약간의 위안을 찾을 수 있을 것이다. 와인버그에게, 우주를 이해하려는 바로 그러한 노력이 인간의 삶을 익살극과 무의미의 수준에서 벗어나 고상한 차원으로 끌어올리며 "인간의 삶에 비극의 우아함 같은 것을 부여한다."[10] 인간의 삶이 영구적인 목적과 의미를 지니지 못할지도 모르지만, 진솔하며 과학적인 근거가 있는 자의식이라는 냉정한(stoical) 위엄을 가질 수는 있을 것이다.

우주적 낙관주의에 대한 최근의 언표(言表)

20세기의 마지막 이십년간 물리학자들이 19세기에 시작되어 시대를 풍미한 "열역학적 비관주의"에 맞서려는 몇 가지 주목할만한 시도가 있었다.[11] 이 점에서 선구적인 역할을 한 것은 위에서 언급한 바와 같이 프리맨 다이슨이 1978년 뉴욕대에서 행한 일련의 강연이었다. 다이슨은 지적 생명체가 팽창과 냉각의 과정을 영구히 지속하는 "열린" 우주 안에서 무한히 지속적으로 존재할 수 있는지의 문제에 답변을 제시해야 하는 과제를 스스로 떠맡았다. 다이슨은 수식계산을 통해 작업을 진행시키기 위해 여러 가설을 세우지 않으면 안 되었다. 그는 우주가 "열려있음"을 단언하였는데, 열린 우주란 대폭발이 일어나면서 시작된 팽창을 중력을 통해 중지시키기에는 우주의 전체 질량이 불충분한 그런 우주이다. 다이슨은 만일 우주가 "폐쇄되어" 있다면, 다시 말해 우주의 팽창이 종국에는 중단되어 우주가 "대격돌"(big crunch)로 인해 스스로 붕괴된다면, 그 때에는 생명체가 영구히 존재할 수 없게 된다는 결론을 진작부터 내린 바 있다. 그러한 일이 일어날 경우, 그는 마지못해 "우리에게는 기름에 튀겨지는 상황으로부터 탈출할 수가 없다"라고 시인하였다. 인간이 배경 복사로 인한 "언제나 이글거리는 맹위(猛威)"로부터 자신을 지키기 위해 땅을 아무리 깊게 파더라도, 인간은 인간이 맞이하게 될 "비참한 종말을 기껏해야 몇 백만 년 정도만 연장"시킬 수 있을 뿐이다.[12]

다이슨은 또한 (1) 물리학의 법칙들은 시간이 경과해도 변하지 않으며, (2) 물리학의 관련법칙들은 이미 적절하게 알려져 있다고 가정하였다. 후자의 가정과 관련하여, 다이슨은 물론 양자역학의 원리들과 19세기의 열역학 학자들에게 알려져 있지 않았던 대폭발에 대한 증거와 같은 우주론에서의 여러 발견사실들을 통합하고 있었다. 그처럼 가정하는 일은 충분히 일리가 있는 것처럼 보였으며, 그것들이 없었다면 계산 작업은 거의 진행될 수 없었을 것이다. 다이슨은 자신의 연구가 고도로 이론적인 것임을 거리낌 없이 시인하였지만, 그럼에도 불구하고 기존의 물리법칙들의 결과들은 "우리가 과거로 회귀하거나 미래에 도달할 수 있는 한" 지적으로 탐구할 만한 가치가 있다고 주장하였는데, 그 이유는 기존의 법칙들을 새로운 영역으로 그처럼 외삽(外揷, extrapolation)하는 일은 중요하면서도 참신한 질문을 제기할 수 있게 해주기 때문이다.[13]

다이슨은 우주가 꽤 오랜 기간에 걸쳐 팽창하면서 발생하게 될 물리적 과정들을 연구함으로써 자신의 탐구를 시작하였다. 그는 대략 10^{14}년이 지나면 모든 행성들이 수소연료를 소모하여 다 타서 없어지며, 마침내 백색의 왜성(矮星), 중성자 혹은 블랙홀처럼 차갑고 암흑의 상태에 도달하게 된다. 10^{64}년이 지나면 블랙홀은 호킹 과정 (Hawking process)에 의한 방열(放熱)의 발산으로 인해 "소산"(燒散, evaporate)된 상태가 될 것이다. 10^{65}년이 지나면 "장벽 침투"(barrier penetration) 혹은 "양자 터널링"(quantum tunneling)으로 알려진 양자역학적 효과로 인해 모든 잔존 고체물질의 분자들은 다분히 임의적으로 이동하고 자신을 재배치한 상태가 될 것이며, 액체의 분자처럼 행동하고, 중력의 영향으로 인해 흩어진 그리고 구체(球體)의 형상으로 흘러 들어간다. 10^{1500}년이라는 믿을 수 없을 만큼 오랜 시간이 지나면, 핵(분열) 과정으로 인해 모든 원소들은 부식되거나 용해되어 철(鐵)이 될 것이다. 마지막으로, 상상할 수 있는 범위 내에서의 가장 긴 시간이 지나면, 블랙홀을 형성하는데 요구되는 최소한의 질량에 따라, 모든 물체들은 복사 에너지의 형태로 사라지거나 아니면 철가루라는 극히 미세한 결정(結晶)의 형태로 영구히 지속될 것이다.[14]

물리적 과정의 본질을 가능한 한 먼 미래까지 탐색하고 나서, 다이슨은 끊임없이 팽창하는 열린 우주에서의 극도의 냉기와 암흑상태라는 조건하에서 지적 생명체가 지속적으로 존재할 수 있는지의 문제로 시선을 돌렸다. 호모 사피엔스와 기타 탄소에 기반을 둔 생명체가 소멸된 후에도 오랫동안 존속할 수 있는, 지각이 있는 생명체란 과연 어떤 형태일까? 말할 필요도 없이, 그러한 질문에 답하는 것은 "생명체"의 본질과 정의에 대해 어떤 가설을 설정하는 일이 수반된다. 자신의 계산상의 목적을 이루기 위해, 다이슨은 의식의 기반은 어떤 특정한 유형의 물질(matter)이 아니라 다분히 어떤 특정한 유형의 복잡한 구조(*structure*)이며, 컴퓨터 혹은 컴퓨터와 같은 구조(예컨대 조직화된 먼지구름 같은)는 지각력을 가질 수 있으며 따라서 "살아있는" 것으로 간주할 수 있다고 가정하였다. 다이슨은 인간의 현재 지식수준을 감안할 때 이러한 가정들 가운데 그 어느 것도 참된 것으로 알 수 없음을 시인하였다. 그러나 그는 이러한 가정 하에서 작업을 계속하면서, 생명체가 살과 피를 지닌 존재에서 퇴화되어 구름 – 양전하(電荷)와 음전하(電荷)를 전달하는 먼지입자들의 거대한 집합체로서 전자기적(electromagnetic) 힘에 의해 자신을 체계화하며 자신과 의사소통하는 – 같은 것으로 구체화되어 있을 장구한 미래를 상상하였다.[15]

　이러한 가정을 하면서 다이슨은 그러한 형태의 생명체에 필요한 에너지 요구량에 관한 계산을 진척시켰다. 이러한 형태의 생명체는 우주의 팽창이 지속됨에 따라 배경 복사의 내부온도보다 큰 내부온도를 유지할 필요가 있을 것이다. 그리고 그것은 폐열(waste heat)을 우주로 발산할 필요가 있을 것이다. 그는 더 나아가 생명체는 에너지를 보존하기 위해 "동면"(冬眠)이라는 전략을 채택하는데, 우주가 지속적으로 냉각되고 외부의 암흑으로 팽창하면서 점점 기간이 길어지는 수면이 단기간의 순환을 계속하는 "깨어있는 상태"(wakefulness)와 교차해서 일어나는 것으로 가정하였다. 그런 후에 다이슨은 지금의 인간의 인지구조에 상응하는 복잡한 인지구조를 지닌 생명의 형태가 영구히 자신을 지탱해 갈 수 있으며, 태양이 8시간에 걸쳐 방사하는 만큼의 에너지만을 필요로 한다는 사실을 밝혀내었다.[16] 디지털 컴퓨터가 아닌 아날로그 컴퓨터의 기술을 활용하면, 이 생명체 구름은 기억과 "무한히 용량을 늘려 나가는" 주관적 경험을 즐길 수 있게 될 것이다. 다이슨은 "풍성함과 복잡성에 있어서 제한을 받지 않고 성장하는, 영구히 존속하는 우주"가 가능함을 자신이 입증했다고 자신만만하게 결론지었다.[17]

　다이슨이 우주의 먼 미래를 낙관적으로 전망하는 것은 스티븐 와인버그와 19세기의 열역학 학자들의 비관주의와는 날카로운 대조를 이룬다. 그러한 시나리오는 얼마나 그럴 듯한가? 에너지 요구에 대해서 엄격하게 수량적으로 고찰하는 것은 별개로 하더라도, "삶의 질"이라는 측면에서 고찰할 때, 다이슨의 시나리오는 아쉬움이 많이 남는다. 그는 컴퓨터 혹은 먼지 구름과 같은 컴퓨터 칩 모양의 구조가 지각을 가질 수 있다고 가정한다; 그는 우리가 진정한 인간경험에 필수적이라고 생각하는 감성적이며 정서적인 상태를 그러한 존재가 또한 경험하게 될 것인지의 여부에 대해서는 논구하지 않는다. 인간의 두뇌-우리에게 알려진 우주 안에서 가장 복잡한 실체-가 그러한 정서적인 상태를 지지해 주지만, 과연 컴퓨터 칩이나 먼지 구름이 다이슨이 상상하고 있는 극도의 저온상태에서 무한한 영겁의 시간동안 필요한 내적 복잡성의 수준을 유지할 수 있을까? 혹자는 컴퓨터 칩이 절대 영(零)도라는 저온의 상태에 접근하는 세계의 외부 암흑 속에서 영구히 존속할 것이라는 이러한 상상에 대해 "범부(凡夫)"의 반응을 쉽게 떠올릴 것이다: "만일 그것이 다이슨이 제공할 수 있는 최선의 것이라면, 나는 그것을 탐탁치 않게 여길 것이다. 나라면 물리학자들이 말하는 '영구히 지속되는 삶'보다는 인간의 평범한 삶-그리고 죽음-을 선호할 것이다. 사실상, 먼 미래에 대한 다이슨의 전망은 기독교의 종말론적 소망인 "풍성한 삶"과 "영원한 삶"을 닮았다기보다는 오히려 인간의 육체를 영원히 식물인간의 상태로 무한정 냉동저장하거나 아니면 복음서 전통에서 말하는 "바깥 어둠"을 닮은 것으로 보인다.

그런데, 그러한 질적인 문제는 차치하더라도, 다이슨이 지적으로 대담하게 분석한 것은 그 자체의 수량적인 면에서 보았을 때 매우 진지하게 고려할만한 가치가 있다. 이러한 차원에서조차도 그 제안은 치명적이지는 않더라도 심각한 결함을 지니고 있는 것으로 나타난다. 다이슨은 자신의 분석이 (1) 양자는 소멸되지 않으며, (2) 임의로 질량이 적어진 블랙홀은 존재할 수 없다는 가정과 더불어 진행된 것임을 시인하였었다.[18] 만일 이 두 가지 가정 가운데 어느 하나가 허위로 판명된다면, 물질은 불안정하게 되며, 모든 물체는 자취를 감추면서 복사 에너지(radiation)만을 남기고 생명체가 존속하는데 필요한 안정된 구조는 이룰 수가 없게 될 것이다.[19]

더구나-그리고 이것은 다이슨이 내세우는 주장의 치명적인 결함으로 생각되는데-아득히 먼 미래를 전망함에 있어서 프린스턴대의 물리학자는 자기 자신이 인정한 퇴화과정을 적절하게 고려하지 못한 것으로 보인다. 앞에서 주목한 바와 같이, $T=10^{65}$라는 시간의 척도에서는 장벽침투(barrier penetration)라는 양자역학적 효과로 인해, 모든 고체는 유동체와 같이 행동하며 유동체와 같이 원 모양으로 흘러들어가는 데, 그 분자는 물방울의 분자처럼 용해된다.[20] 이것은 어떤 물질이든지-다이슨이 말하는 컴퓨터와 같은 "생명의 형태"를 포함하여-충분한 시간이 주어진다면 그 내부구조가 무질서하게 됨을 의미한다. 지각 있는 생명체가 존속하는데 필요한 내부의 질서와 구조를 회복하기 위해서는 다이슨의 계산에 포함되지 않았던 에너지양을 추가로 소비해야 할 것이다. 추가로 필요한 이 에너지를 온도가 절대 영도에 근접하는 환경에서 어떻게 확보하고, 저장하며 처리할 수 있을까?[21]

게다가, 생명 형태는 자신이 "수면"상태에서 "동면"하고 있을 때에도 지속적으로 폐열을 우주로 방산한다. 생명 형태에 의해 축적된 에너지는 유한하다. 설령 다이슨이 제시한 모델이 신진대사 (metabolism)의 속도가 늦추어지기 때문에 영구히 지속되는 것처럼 보이는 생명 형태가 경험하는 "주관적 시간"에 기반을 두고 있다 하더라도, 실제 시간에서는 열역학 제2법칙의 물리적 과정과 양자 역학적 장벽침투로 인한 퇴행효과는 지속적으로 작용하게 된다. 유한한 양이 축적된 내부 에너지는 우주로 계속 방산되지만 실제 시간에서는 신진대사를 영구히 뒷받침해 줄 수 없다; 늘 팽창하고 있는 우주에서 점점 희석되는 축적된 에너지를 효과적으로 확보하여 생명 형태의 내부구조를 파괴할 수밖에 없는 퇴화력을 회복시킬 수도 없다. 이러한 분석결과, 다이슨의 주장은 궁극적으로 설득력을 잃을 수밖에 없다: "동면" 전략은 결국에 가서 열역학과 양자역학 법칙의 부동의 퇴행효과에 의해 패배의 잔을 마시게 된다. 이제 가장 최소 수준의 신진대사 활동조차도 그것을 뒷받침하는데 이용할 수 있는 에너지는 더 이상 충분히 확보되지 않는다. 다이슨의 생명 형태는 가장 오랜 영겁의 세월동안 "가상현실"(virtual reality) 속에서 존재한 후 종국에는 변함없이 팽창하는 우주의 열사망(熱死亡)와 바깥 어둠 속에서 그 생을 마감한다.

또 하나의 과학적 종말론은 존 배로우(John D. Barrow)와 프랭크 티플러(Frank J. Tipler)가 공저한 「인간의 우주론적 원리」(*The Anthropic Cosmological Principle*)[22]에서 제시되었는데, 이 책은 우주의 설계와 외계의 생명체라는 쟁점에 대한 논의에 크게 기여하였다. 이 책의 제10장에서 저자들은 "우주의 미래"라는 문제를 제기하고 있다. 그들은 근대 과학적 세계관의 함축에 대한 일반 대중들의 이해가 인간이란 "광대한 우주에서 길을 잃은 하찮은 존재", 즉 가시적 우주의 다른 어느 곳에서는 발생했을 가능성이 희박한 "극도로 우연한 존재"라는 것이며, 상상할 수 없을 정도로 오랜 시간이 흐른 뒤에는 "호모 사피엔스"는 결국에는 소멸될 수밖에 없다는 점을 인식하고 있다.[23]

배로우와 티플러는 폐쇄된 우주 안에서의 생명체의 궁극적 운명, 즉 종국에 가서 "대격돌"(big crunch)로 인해 스스로 붕괴된다는 시나리오를 전개한다.[24] 호모 사피엔스의 운명은 불가피한 것일지도 모르지만, 저자들은 행동주의적 관점에서 보면 지성을 갖춘 기계들은 인간으로 간주할 수 있으며, 어떤 특정한 상황에서 그것들은 "최종 상태"(Final State)에 가까운 극단적인 조건 하에서는 "영구히" 존속할 수 있게 될 지도 모른다. 지성을 갖춘 이 기계들은 (플라즈마같은 컴퓨터?) 인간의 후손이 되어 인간이 지니고 있는 가치들을 임의로 설정된 먼 미래로 전수할 것이다.[25]

과학적 사실과 과학적 허구 사이의 경계가 희미해지는 시나리오에서, 배로우와 티플러는 생명체가 지구에서 팽창하기 시작하여, 나아가 외부 공간을 식민지로 삼으며, 궁극적으로는 우주 전체를 망라하여 우주 그 자체의 역동적 진화에까지 영향을 미치게 되는 것으로 묘사하고 있다. 우주가 붕괴되어 최종적인 대격돌 특이점에 근접하면서 더욱 많은 정보가 그 어느 때보다도 더 빠른 속도로 처리된다. 지성을 갖춘 기계가 경험하는 주관적 시간에 의하면, 시간은 영구히 지속되는 것처럼 보인다. 최종적인 괴테르다메룽류(Götterdamerung-like)의 붕괴에 이르기 전, 이러한 기계들은 배로우와 티플러가 "오메가 포인트"(Omega Point)라고 명명하는 것에 도달하게 되는데, 이 지점에서 생명체는 모든 물체를 통제하게 되고, 논리적으로 가능하며 무한한 양의 정보 – 논리적으로 알 수 있는 정보란 정보는 모두 포함하여 – 를 축적하는 일이 완료되는 우주 전역으로 확장된다. 생명체가 이처럼 신과 같은 속성을 획득하게 되었을 때, 배로우와 티플러는 "이것이 종말이다"라고 조심스럽게 결론을 내린다.[26]

생명체가 강력하게 팽창한다는 이처럼 단호한 프로메테우스적(Promethean) 환상은 동면하는 생명체가 늘 팽창하며 저온이며 암흑의 우주에서 대단히 위태로운 상태에 있다는 다이슨의 미니멀리스트(minimalist)적 환상과는 뚜렷한 대조를 이룬다. 배로우-티플러의 시나리오는 과학적으로 얼마나 많은 설득력을 지니고 있는가?

배로우와 티플러의 연구에 대한 논평자인 하버드대 천체물리학센터의 천문학자이자 물리학자인 윌리엄 프레스(William Press)는 그 책이 과학적이며 역사적인 해설에 있어서 상당 부분 가치가 있음을 인정하지만, 그와 동시에 심각한 약점을 지적하기도 한다. 프레스에 따르면, 정확한 결과에 대해서는 수학적인 자질이 부족한(less-mathematical) 독자들을 자칫 오도할 정도로 수학적으로 허점투성이며, 이는 독자들로 하여금 저자가 내리는 비(非)수학적 결론으로 성급히 비약하도록 만든다.[27] 역(逆) 피라미드처럼, 배로우와 티플러가 내리는 모든 결론은 다분히 옹색한 기반을 가진 실증적 데이터에 의해 뒷받침되는, 대단히 광범위하며 대체적인 총괄을 나타낸다.

또 다른 논평자인 프레드 홀버그(Fred W. Hallberg)는 배로우-티플러 시나리오가 일련의 아홉 가지 가정들에 기반을 두고 있는데, 각각의 가정은 실증적 근거에서 꽤 논란이 된다는 점을 지적하였다. 이러한 가정들 가운데 몇몇은 생명체와 의식은 본래적으로 팽창하려는 속성을 지니고 있고 우주를 지배하고 싶어 한다는 것이며; 사전에 자신을 복제하도록 프로그램 되어 있는 컴퓨터를 실제로 만들 수 있다는 것이며; 디지털 컴퓨터는 실제로 사물을 의식하는 존재가 될 수 있으며; 미래의 지적 존재가 은하계 우주 간의 식민지화라는 프로젝트를 수행할 수 있도록 자유로이 쓸 수 있을 만큼의 소득에 있어서 상향 추세가 지속될 것이며; 미래의 생명체는 지금과 같이 분자구조의 형태보다는 오히려 플라즈마나 에너지 장의 형태로 구체화될 것이며; 이러한 존재들은 우주가 작열하듯 붕괴하는 최종적 상태에 근접하게 되는 것처럼 중력 에너지라는 색다른 원천을 사용하여 자신의 신진대사를 실제로 유지할 수 있게 될 것이다.[28] 이러한 가정들 가운데 단 하나도 사실로 알려지지 않은 것은 없으며, 만일 그들 가운데 단 하나라도 거짓이라면, 가장 먼 미래의 삶이 어떻게 될 것인지에 대한 배로우-티플러의 시나리오 전체는 붕괴될 것이다.

배로우와 티플러가 전제로 삼는 중요한 가정들 가운데 하나는 인간이 최종국면에 진입하게 될 때 나타나는 특징인 극도의 열기라는 상황에서 생명체가 실제로 자신을 지켜나갈 수 있다는 점이다. 혹자는 자말 이슬람(Jamal Islam)이 내리는 단순한 결론, 즉 "어떤 종류의 생명체든 폐쇄된 우주에서 대격돌(big crunch)이 일어날 때 소멸되지 않고 살아남을 수 있는 희망은 거의 없다"는 것에 의견을 같이 하게 된다.[29] 이처럼 중요한 가정은 엘리스(G. F. R. Ellis)와 쿨(D. H. Coule)에 의해 통렬한 비판을 받아왔다. 생명체 (혹은 컴퓨터)가 존속하는데 필요한 복잡하면서도 위계질서가 잡힌 구조가 최종국면에 근접해서 힘을 발휘하는 강렬한 상태 하에서 유지될 수 있다는 생각을 뒷받침해 줄 수 있는 물리이론은 지금까지 알려진 바 없다. 어떤 형태이든 혹 그러한 구조가 있다면 강력한 배경복사에 의해 순식간에 산산조각이 날 것이며; 컴퓨터 같은 구조는 어떤 것이든 불에 타고, 산산조각이 나고, 용해되어 원래의 구성요소로 남게 될 것이다. 생명체에 필요한 복잡한 구조는 "광자(photon), 전자, 양전자, 쿼크, 그리고 수백 만 전자볼트(MeV, millions of electron volts)의 에너지 혹은 그 이상에서의 보다 무거운 입자들"에 의해 타격받는 것을 피할 수 없다.[30] 배로우-티플러 시나리오는 우주가 최종국면에 진입해서 발산하는 끔찍한 열기로 "생명체"가 증발하게 되면서 불가피하게 그 뜻을 이루지 못하게 된다.

신학적 성찰의 몇 가지 결론

그렇다면 지금까지의 분석을 통해 종말이 도래했을 때 19세기의 "열역학적 비관주의"를 극복하려는 다이슨, 배로우와 티플러의 시도는 그 뜻을 이룰 수 없음이 드러난 셈이다. 물리학 법칙들은 예외

없이 작용하는데 이것이 까마득하게 먼 미래로 외삽(外揷, extrapolate)될 때 지각 있는 생명체가 영구히 존속할 수 있다는 온당한 소망을 제공해 주지 못한다. 스티븐 와인버그가 1977년에 내린 결론은 근본적으로 올바른 것 같다: 지적 생명체가 맞이하게 될 최종 운명[31]은 폐쇄된 우주에서 "기름에 튀겨"(fried)지거나 개방된 우주에서 냉동되던지 둘 중의 하나가 될 것이다. 19세기 이후 과학에서 혁명적인 발견들–특수 및 일반 상대성 이론, 양자역학, 대폭발 우주론에서의 우주의 팽창–이 이루어졌음에도 불구하고, 과학의 기본적인 시각은 여전히 그대로이다: 열역학에서 말하는 비관주의가 마침내 득세하게 되었다.[32]

신학적 관점에서 볼 때, 최근에 대두되고 있는 과학적 종말론들은 순수하게 과학적인 토대에 비추어 보면 설득력이 없기는 하지만, 결코 무시될 수도 없는 것이다. 다이슨, 배로우와 티플러의 연구는, 초월을 추구하는 인간의 끊임없는 탐구에 대한 과학적 상상력의, 지배를 받는 특정한 역사적 시기에서의 표현으로 볼 수 있을 것이다. 기독교 신학의 관점에서 보면, 하나님의 형상으로 만들어진 인간은 문화와 역사를 초월하여 환경 결정론(determinism)과 물리법칙에서의 기계적 필연성을 초월하고자 함이 당연하다. 수 세기 전 성 아우구스티누스는 자신의 「고백록」(Confessions)의 널리 알려진 구절을 통해 초월을 향한 인간의 억제할 수 없는 욕구(desire), 곧 하나님의 형상(imago dei)으로서의 인간이 창조되었음이 의미하는 바를 표현하였다: "주님은 주님 자신을 위해 우리를 만드셨습니다, 우리의 마음은 주님 안에서 안식하기 전까지는 평안을 누릴 수 없습니다."[33] 과학에 근거를 두고 있는 불멸에 대한 추구는, 초월을 향한 인간의 탐구가 역사의 현 단계에서 취할 수 있는 하나의 형태인 것이다.

나아가, 다이슨, 배로우와 티플러가 영생에 대해 비종교적인 해설을 구축하려는 시도는 무위로 끝나기는 했지만, 그것은 과학과 기독교 신앙의 관계를 대결이나 지배가 아닌 상호보완(complementarity)이 내포된 것으로 간주하는 슬기를 보여준 또 다른 사례라고 할 수 있다. 말하자면, 과학과 기독교 신앙은 공통의 우주에 존재하며 자아를 초월하는 실재를 안다고 주장하지만, 각기 상이한 방법과 언어를 통해 그리고 매우 상이한 목적을 달성하기 위해 자신의 실재를 인식하는 것이다.[34] 과학사에 있어서 주목할만한 전환점들, 예를 들어 17세기의 갈릴레오 사건[35] 그리고 18세기 후반과 19세기 초반에 걸쳐 이루어진 근대 지질학의 발전[36]이 이루어졌을 때, 기독교 신학자들은 자신의 본연의 능력의 한계를 뛰어넘어 실증적 연구를 성경적 주석으로 대체하거나 자연계에 관한 성경 텍스트의 전통적 해석을 과학자들에게 강요하려고 했다. 만일 교회 지도자들이 기독교가 사회적으로 주류를 이루는 시대에서 "인식론적 제국주의"(cognitive imperialism)에 관여하라는 유혹을 받게 된다면, 아마도 그것과는 반대되는 위험이 오늘날 보다 현실성을 지니게 될 것이다. 이제 자연과학은 현대 산업사회의 대부분의 영역에서 인식론적으로 우위를 점하고 있으며, 종교는 공적인 삶을 형성함에 있어서 이전 세기와는 달리 더욱 하찮은 역할만을 수행할 뿐이다.[37] 다이슨, 배로우와 티플러는 본연의 경계를 뛰어넘어 물리학의 방법들을 차용하여 성격상 형이상학적이며 종교적인 결론을 옹호하려는 시도를 감행하는 듯하다. 과학과 종교 간의 관계에 대한 역사를 살펴보면 두 영역 모두 신학자들이 경험적 결과를 종교적 텍스트로부터 도출하려는 시도를 하지 않을 때, 그리고 물리학자들이 가치, 의미 그리고 목적이라는 쟁점을 과학적 방법에 의해 해결하려고 하지 않을 때, 그 역할을 가장 충실하게 감당하게 되는 것을 알게 된다.

  마지막으로, 이러한 비종교적(세속적) 종말론들은 과학의 시대에 기독교 메시지가 통할 수 있는 유용한 접촉점을 교회에 제공해 준다고 말할 수 있을 것이다.[38] 물리학이 내리는 냉혹한 결론은 "오직 하나님에게만 죽지 아니함이 있고"(디모데전서 6:16)[39]라고 증언하는 성경의 증언에 의해서만 보완 된다- 모든 피조물과 모든 형태의 생명체들은 하나님께서 그분의 은총으로 이 피조물들에게 영원한 삶을 부여하겠다고 작심하지 않는 한, 소멸하여 사라질 운명에 처할 수밖에 없다. 그러나 인간이라는 종(種)이 지구 행성에서 종들이 멸종되어 온 역사가 있었음에도 불구하고 영생이라는 궁극적인 소망[40]을 찾고자 한다면, 그러한 소망은 현실적으로 물리학의 법칙에 의해서는 실현될 수 없다. 부동의 열역학 법칙이 비관주의와 궁극적 절망을 함축함에도 불구하고, 기독교 신앙은 현대인의 시선을 예수 그리스도의 부활로 향하게 하였는 바, 그 안에서 하나님은 분열과 죽음의 세력을 초월하셔서 구속하셨으며 "복음으로써 생명과 썩지 아니할 것을 드러내"셨다(디모데후서 1:10). 기독교 신앙에 있어, 우주의 열사망(heat death)으로 인한 잿빛 전망은 부활로 입증된 하나님의 전능하신 힘과 마침내 변화되어 썩어짐의 종노릇 한데서 해방될 우주에 대한 소망으로 인해 극복되게 될 것이다(로마서 8:21-22; 요한계시록 21:1).

에필로그

1871년 케임브리지대 취임강연에서 위대한 물리학자 제임스 맥스웰(James Clerk Maxwell)은 그 당시 만연된 분위기를 언급하면서 과학자들이 해야 할 진짜 일이란 자연의 기본상수를 소수점 몇 자리까지 측정하는 일이 될 것이라고 시사한 바 있다. 맥스웰은 다가올 세기에 과학적 발견들-원자방출, 양자론, 특별 및 일반 상대성이론, 빅뱅-이 폭발적으로 일어나 우리가 우주를 이해하는 방식을 근본적으로 바꾸어 놓을 것이라고는 예측할 수 없었을 것이다. 과학의 최첨단(frontiers)은 19세기 과학자들의 매우 자유분방한(wildest) 상상을 초월하여 폭발적으로 확장되었다. 철학자들과 신학자들은 이러한 발견들이 함축하는 바가 무엇인지를 파악하기 위해 지금도 고심하고 있다. 21세기 또한 그 이전 세기 못지않게 패러다임을 뒤흔드는(paradigm-shattering) 발견들로 점철될 것이라고 전망하고 있다. 본 논문집은 20세기에 일어난 보다 중요한 몇몇 과학적 발견들을 기독교 신앙의 관점에서 고찰하고자 하는 하나의 조심스러운 시도였다.

오늘날 과학과 종교 간의 대화에 참여하는 자들이 19세기 존 드레이퍼(John Draper)의 「과학과 종교 간의 갈등사」(*A History of the Conflict Between Science and Religion*, 1874)와 앤드류 화이트(Andrew Dickson White)의 「과학과 신학 및 기독교와의 투쟁사」(*A History of the Warfare of Science with Theology and Christendom*, 1896)에 의해 세간의 관심을 끈 "투쟁" 혹은 "갈등" 모델을 넘어서서 새로운 지적 개방 분위기 속에서 연구할 수 있게 된 것은 다행스러운 일이다. 작금의 이러한 역사에 있어서, 특히 갈릴레오와 다윈을 둘러싼 논쟁에서 대립이 있었음을 부인하는 것은 아니나, 오늘날 과학사가들은 과학-종교 간의 관계가 복잡하면서도 풍부한 뉘앙스를 지니고 있음을 강조하며, 기독교 세계관이 근대과학의 발흥에 크게 기여하였고, 기독교 공동체가 새롭게 이루어진 과학적 발견들에 대해 매우 폭넓게 반응하였음을 강조하고 있다. 존 폴킹혼과 아더 피콕과 같은 과학자이자 신학자들은 과학과 종교에 의해 표현되는 세계를 상호보완적인 방법으로 알 수 있음을 강조하며, 하나님의 존재를 "입증"하고자 애쓰기보다는 복합적인 차원을 지닌 인간의 경험 안에서 믿음과 과학적 지식의 일관성(coherence)을 나타내고자 하는 "새로운 스타일의 자연신학"을 옹호한다.

여타의 문화적 추세들이 그 이전보다 폭이 넓어지면서 보다 적극적인 형태의 과학과 종교 간의 대화에 대한 관심이 커졌다. 히로시마와 나가사키에 투하된 원자폭탄의 버섯구름은 많은 사람들의 마음속에 현대 물리학이 원자폭탄을 제조할 수 있는 지식은 제공해 줄 수 있지만 원자폭탄의 사용을 통제할 수 있는 윤리적 지침은 제공해 줄 수 없다는 인식을 강하게 심어 주었다. 인간 게놈 프로젝트와 유전학 연구는, 예컨대 우리는 할 수만 있다면 인간을 복제해야 하는가? 라는 질문을 제기한다. 그러한 질문에 대한 답변은 과학적 방식으로는 불가능하다. 사려 깊은 과학자들은 과학이 인간에게 자연을 다스릴 수 있는 엄청난 힘을 부여하지만, 그러한 힘을 통제할 수 있는 도덕적 지침은 부여하지 못한다는 것을 알기에 그러한 문제에 대해 윤리학자들과 신학자들과 보다 허심탄회하게 대화할 수 있었다.

보다 최근에는 과학과 종교 간의 대화가 포스트모더니즘과 페미니즘이 과학의 객관성 여부에 대해 공격을 퍼부으면서 그 양상이 복잡해졌다. 이러한 관점에서 보면, 주로 유럽과 미국의 백인 남성들의 영역인 현대과학은 객관적이며 가치중립적인 기획(value-free enterprise)이 아니라, 여성들, 비서구적 문화권들 그리고 지구를 억압하는데 사용되어 온 사회적으로 구축된 기획인 것이다. 본 논문집은 과학이 사회에서 차지하고 있는 위상의 본질을 부인하지 않으면서, 과학이 실제로 세계에 대해 포괄적이진 않지만 타당한 진리를 제공해 주며 그에 따라 기독교인들과 여타의 신앙 공동체들이 변호하고 그 가치를 인정해야 한다는 관점에서 저술되었다.

만일 본 논문들로부터 더없이 소중한 메시지를 도출할 수 있다면, 그것은 필시 겸손(humility)이라는 메시지일 것이다. 20세기에 이루어진 과학적 발견들 가운데 보다 중요한 몇몇은 인류가 세계를 인지하고 통제하려는 노력을 하는 가운데 부딪히게 되는 근본적인 한계를 지적하였다. 특수 상대성이론이 시사하는 바는 인간이 상대방에게 메시지를 전송할 때 광속보다 더 빠른 속도로는 할 수 없다는 것이다; 물리학 법칙들은 인간의 의사소통 능력에 근본적으로 "속도제한"(speed limit)을 가한다. 양자역학에서 하이젠베르크의 불확정성의 원리는 인간이 아원자(亞元子, subatom)의 실체에 대해 갖고 있는 지식이 본래부터 제한되어 있음을 가르쳐주고 있다: 우리는 일정한 아원자 입자의 운동량과 위치 두 가지를 동시에 한 치의 오차도 없이 정확하게 알 수는 없다.

논리학자 쿠르트 괴델의 연구는 모든 복잡한 수학체계는 그 자체가 본질적으로 불완전한 것임을 나타내었다. 카오스 이론 분야에서 이루어진 발견들은 복잡한 물리계(예컨대, 기후)가 미래에 어떤 상태가 될 것인지를 예측할 수 있는 우리의 능력이 본래부터 한계가 있음을 보여 주었다. 완벽하게 예측할 수 있는, 시계처럼 정확히 움직이는 우주에 대한 계몽주의자들의 환상은 세계가 실제로 어떻게 작동되는지에 대한 과학적 이해가 보다 깊어짐에 따라 산산조각이 났다. 오늘날 자체의 팽창속도로 가속화되고 있는 것으로 생각되는 빅뱅 우주는 우리가 그 광대함과 복잡다단함에 대해 숙고하게 될 때 우리를 숙연하게 만든다.

이러한 과학적 발견들이 시사하는 겸손의 메시지는 신앙의 메시지와 크게 일치한다. 인간은 무한히 크신 하나님과 광대무변한 우주에 직면해서 근본적으로 겸손해야 할 필요를 느끼게 된다. 신자에게 있어서 과학의 최첨단은 신앙의 최첨단이 될 수 있다. 하나님이 지으신 우주를 성경적이며 기독교적인 신앙의 관점에서 곰곰이 되새겨보는 것은 실로 흥미진진한 일이 될 것이다.

주(註)

제1장 창세기 1:1과 빅뱅 우주론

1) Heinz, R. Pagels, *Perfect Symmetry: The Search for Beginning of Time* (London: Michael Joseph, 1985), p.349.

2) 자연의 네 가지 근본적인 힘을 하나의 포괄적인 이론으로 통합하고자 하는 "만물론"(theories of everything) 을 포함하여 우주론과 기본입자물리학의 최근 동향에 대한 논의는 John Hogan의 "Patricle Metaphysics", *Scientific American* 270, no.2 (Feburary 1994): 70-78을 참고하시오

3) Nahum Sarna, *Understanding Genesis* (New York: Schocken, 1970), p.3. 이와 유사하게, Willem Drees의 Beyond the Big Bang: Quantum Cosmologies and God (La Salle, Ill.: Open Court, 1990), pp.36, 40은 과학과 성경이 각기 상이한 목적을 지니고 있기 때문에 창세기 1장과 빅뱅 사이에 유사점이 있다는 것에 대해 탐탁치 않게 여긴다.

4) 예를 들면, *Jesus Christ and Mythology* (New York: Charles Scribner's Sons, 1958), p.69에서 루돌프 불트만은 하나님이 창조주시라는 확증은 "내가 내 자신을 하나님 덕택에 존재하게 된 어떤 피조물로 이해한다는 개인적인 신앙고백일 뿐"이라고 진술한다.

5) Paul Tillich, *Systematic Theology* (London: Nisbet, 1953), I: 280-281. 칼 바르트와 에밀 브룬너의 신정통주의 신학이 불트만과 틸리히의 "실존주의" 신학과 의미심장한 유사점을 보이기는 하나, 바르트와 브룬너는 과학과 신앙이라는 문제에 있어서 사실상 "두 영역"이라는 이분법적 접근법(혹은 · 독립 · 모델)을 예증하지 않고 있음에 주목해야 할 것이다: 과학과 종교를 연계시키는 다양한 방식에 대해 도움이 될만한 표상은 Ian G. Barbour의 *Religion in an Age of Science* (London: SCM Press, 1990)를 참고하시오. 바르트가 창세

기 1장에 대한 논의를 현대과학의 쟁점들(issues)과 연관시키는 것에 대해 별반 관심이 없는 반면, 그가 창 1:1은 창조가 "태초에" 일어났음을 의미하며, 모든 사물은 그 시작이 있다고 언급한 것은 의미심장한 일이다. 바르트에게 있어, 기독교 신앙은 세계의 기원-하나님의 의지와 행위에 의한 것으로 가정되는-을 초역사적일 뿐만 아니라 또한 역사적인 것으로 간주한다.": Church Dogmatics 3/1, The Doctrine of Creation. trans. J. W . Edwards, O. Bussey and H. Knight (Edinburgh: T & T Clark, 1958), pp.14-15. 마찬가지로, 브룬너는 과학적 우주론이 "기독교의 창조교리와 동떨어진 그리고 간접적인 관련성"만을 지니는 것으로 이해하지만, 그럼에도 불구하고 그는 우주의 창조가 지니는 "사건"으로서의 특성이 중요성을 가지고 있음을 인정하고 있다. "우리가 이 세계는 하나님이 만드신 세계라고 말할 때, 우리는 그것이 시작이 있다는 것을 말하는 것이다. 창조신앙의 관점에서 보면, 우리는 실제 시간과 실제 우주 둘 다 유한한 특성을 지니고 있음을 단언하는 것이다." (Emil Brunner, The Christian Doctrine of Creation and Redemption, vol.2 of Dogmatics, trans. Olive Wyon〔London: Lutterworth, 1952, pp.14-15.

6) 그러한 접근법과 관련 쟁점들에 대해서는, Barbour, Religion in an Age of Science, pp.16-30을 참고하시오.

7) Langdon Gilkey, "Cosmology, Ontology and the Travail of Biblical Language," Journal of Religion 41(1961): 203. 길키의 관심사는 예컨대 Bernard Anderson, Understanding the Old Testament (Englewood Cliffs, N. J.: Prentice Hall, 1957)와 George E. Wright and Reginald Fuller, The Books of the Acts of God (Garden City, N. Y.: Doubleday, 1959)으로 대표되는 "성서신학"을 지향하는데, 여기서 자연주의적(naturalistic) 가정들로 인해 "출애굽 사건"과 같은 용어들은 구체적이며 실증적 관련성이 배제되었다.

8) Barbour, Religion in an Age of Science, p.129.

9) Ernan McMullin, "How Should Cosmology Relate to Theology?" in The Science and Theology in the Twentieth Century, ed. A. R. Peacocke (Notre Dame, Ind.: University of Notre Dame Press, 1981), p.49. 맥멀린이 성경의 일차적 목적을 "과학적"(이 용어의 현대적인 의미에서)이라기보다는 오히려 신학적인 것으로 강조하는 것은 확실히 기독교의 장구한 전통과

그 맥을 같이 한다. 성경의 의도에 대한 어거스틴의 언급은 주목할만한 가
치가 있다: "혹자는 성경의 권위에 근거해서 어떤 형상과 형태를 지닌 궁창
(heaven)을 수용해야 하는 지를 질문할 수 있을 것이다. 많은 이들이 영감
을 받은 저자가 침묵 속에 간과했던 이러한 문제들에 대해 논쟁을 벌이고
있는데, 그 이유는 그러한 문제들이 구원을 성취하는데 별로 중요하지 않기
때문이다. 간단히 말해, 성경 저자들을 통해 말씀하시는 하나님의 성령은
구원을 얻는데 기여하는 바가 없는 것은 그 어느 것도 가르치고자 하지 않
았다." (Genesis as litteram 2.9.20). 그럼에도 불구하고, 현안(懸案)을 논할
때 우주의 진정한 기원이 시간 속에서 시작되었느냐의 여부는 신학적으로
중요성을 갖는데, 그 이유는 그러한 쟁점이 피조계를 다스리는 하나님의 절
대주권과 초월 그리고 그분의 무한한 구원의 능력-본 논의에서 좀더 진전시
켜야할 사항-과 관계가 있기 때문이다. 혹자는 맥멀린이 신학과 과학적 우
주론들을 매우 에둘러 연결시키고자 애쓰는 것이 로마가톨릭 전통에 서있
는 학자로서 갈릴레오 사건-교회가 이 사건에서 성경에 대한 이해를 당시의
아리스토텔레스와 프톨레마이오스의 과학적 우주론에 접목시켰던-잘못된
가정들을 어떤 식으로든 되풀이 하지 않으려는 것과 관련이 있는 것은 아닌
가 하는 의구심을 가질 수 있을 것이다. 신학과 자연과학 사이에 보다 강력
한 연결고리를 구축하려는 최근의 시도에 관해서는 Wolfhart Pannenberg,
Theology and the Philosophy of Science, trans. Francis McDonah
(London: Darton, Longman & Todd, 1976)과 Nancey Murphy, *Theology in
the Age of Scientific Reasoning* (Ithaca, N. Y.: Cornell University Press,
190)을 참고하시오.

10) Davis A. Young, "Scripture in the Hands of Geologists," *Westminster Theological Journal* 49 (1987): 1-34, 257-304.

11) 빅뱅 모델을 뒷받침하는 주요 계통의 입증자료에 대해서는 아래에서 논의
될 것이다.

12) Joseph Silk, *The Big Bang*, rev. ed. (New York: W. H. Freeman, 1989),
p.411.

13) John Polkinghorne, "Contemporary Interactions Between Science and
Theology," *Modern Believing* 36, no.4 (1995): 33-38. 폴킹혼은 Ian

Barbour, Arthur Peacocke, Paul Davies와 이 분야의 기타 여러 학자들의 그 동안의 연구에 대해 유익한 개관을 해주고 있다.

14) "수정주의자들"의 창 1:1에 대한 이러한 번역과 그 이면에 숨겨진 가정들에 대해서는 Gerhard F. Hasel의 중요한 논문인 "Recent Translations of Genesis 1:1: A Critical Look," *The Bible Translator* 22, no.4 (1971): 154-167에서 폭넓게 논의되고 있다. Everett Fox가 1996년에 히브리어로 번역한 volume 1 of Shocken Bible은 "At the beginning of God's creating of the heavens and the earth, when the earth was wild and waste ..." 라고 번역하고 있다 (Edward Hirsch, "In the Beginning: A New Translation of Hebrew Bible," *Religious Studies News* 11, no.1(1996):1에서 인용).

15) 수정주의자들의 해석은 또한 E. A. Speiser, *The Anchor Bible: Genesis* (Garden City, N. Y.: Doubleday, 1964); Sarna, *Understanding Genesis*; Bruce Vawter, *On Genesis: A New Reading* (London: Geoffrey Chapman, 1977)에서 채택되고 있다. John Skinner의 이전 연구인 *A Critical and Exegetical Commentary on Genesis*, 2nd ed. (Edinburgh: T & T Clark, 1930)와 비교하시오. 존 스키너는 "In the beginning of God's creating the heavens and the earth" 라는 번역을 선호하지만, "결정을 내리는 것은 어려운 일이며, 1절을 다루는데 있어서[전통적인]대안을 미결정의 상태로 놓아둘 필요가 있음을 시인한다"(pp.12-13).

16) P. Humbert, "Trois notes sur Genese I," in *Interpretationes ad Vetus Testamentum perinenres Sigmundo Mowinckel missae* (Oslo: Fabritius & Sonner, 1955), pp.85-96; Walther Eichrodt, "In the Beginning: A Contribution to the Interpretation of the First Word of the Bible," in *Creation in the Old Testament*, ed. Bernard Anderson (Philadelphia: Fortress, 1984), p.66에서 인용.

17) Eichrodt, "In the Beginning," p.66. 전통적인 번역을 옹호하는 다른 학자들로서는, Umberto Cassuto, *A Commentary on the Book of Genesis*, pt.1 (Jerusalem: Magnes, 1961); Walther Eichrodt, *Theology of the Old Testament*, vol.2 (London: SCM Press, 1967; 구약의 창조신학에 대한 심오한 통찰력을 얻고자 하면 pp.10-106을 보시오); Gerhard von Rad, *Genesis:*

A Commentary, trans. John H. Marks (London: SCM Press, 1961); Bruce K. Waltke, "The Creation Account in Genesis 1:1-3," Bibliotheca Sarca 132 (1975): 216-218; Gordon Wenham, Genesis 1-15 (Waco, Tex.: Word, 1987); Claus Westermann, Genesis 1-11: A Commentary, trans. John J. Scullion (London: SPCK, 1984) 등이 있다.

18) 창세기의 고대 근동 컨텍스트에 대한 유익한 논의는, Westermann, "Creation in the History of Religions and in the Bible," in Genesis 1-11, pp.19-47; Wenham, "Genesis 1-11 and the Ancient Near East," in Genesis 1-15, pp. x1vi-1, with extensive bibliography를 참고하시오. 또한 Gerhard Hasel, "The Polemic Nature of the Genesis Cosmology,"를 참고하시오. Hasel은 이 논문에서 창세기 1장은 바빌로니아와 기타 고대 근동지역의 신화들에 의존하기는커녕 사실상 그러한 다신론적 관념에 대해 반론을 제기한다고 주장한다. Enuma Elish에 관한 번역이나 주석은 Alexander Heidel, The Babylonian Genesis: The Story of Creation (Chicago: Unversity of Chicago Press, 1951)과 Stephanie Dalley, Myths from Mesopotamia: Creation, the Flood, Gilgamesh and Others (New York: Oxford University Press, 1989)를 참고하시오. Dalley의 번역은 보다 최근에 이루어졌으나, Heidel이 이전에 했던 논의가 지금도 꽤 유익하다.

19) David T. Tsumura, The Earth and the Waters in Genesis 1 and 2: A Liguistic Investigation (Shefield, U.K.: Shefield Academic Press, 1989), pp.156-157.

20) W. G. Lambert, "A New Look at the Babylonian Background of Genesis," Journal of Theological studies 16 (1965): 294.

21) Eichrodt, "In the Beginning," p.72.

22) Von Rad, Genesis, pp.46-47.

23) Gerhard May는 Creatio ex Nihilo: The Doctrine of "Creation out of Nothing" in early Christian thought (Edinburgh: T & T Clark, 1994)에서 무(無)로부터의 창조는 성경 텍스트가 요구하는 것이 아니라 기본적으로 초기 기독교신학의 산물이라는 논지를 펼치고 있는데, 이러한 논지의 문제점을 주의 깊게 다룬 논문으로서는 Paul Copan, "Is Creatio ex nihilo a Post-

biblical Invention? An Examination of Gerhard May's Proposal," *Trinity Journal* 17, n.s. (1996): 77–93을 참고하시오.

24) Watke, "Creation Account," p.223.

25) Philo, *On the Creation* (De Opificio Mundi) 9.10; in *Philo*, trans. F.H. Colson and G.H. Whitaker, Loeb Classical Library (Cambridge, Mass.: Harvard University Press, 1929), 1:11–12.

26) *Ibid.*, 12.26. Seymour Feldman은 "필로가 플라톤의〔Timaeus에서〕세상을 조성하신 영원한 하나님이라는 개념은 받아들였지만, 하나님이 영원 전부터 존재하고 있었던 물질로 세상을 창조하셨다는 플라톤의 이론을 수용할 수 없었다. 그는 이 난제를 하나님이 무로부터 선재하는 물질을 만드셨고, 선재하는 물질로 세상을 만드셨다고 진술함으로써 해결하였다.는 점에 주목한다. Feldman, "Creation in Philosophy," in *Encyclopedia Judaica* (Jerusalem: Keter, 1972), 5: 1066.

27) Augustine, Confessions 11.14: "그러므로 주님은 어떤 사물이든 눈 깜짝할 사이에 만들지 않았습니다; 왜냐하면 시간 바로 그것은 주님께서 만드신 것이기 때문입니다〔quia ipsum tempus tu feceras〕," in *St. Augustine's Confessions*, trans. William Watts (Cambridge, Mass.: Harvard University Press, 1946), 2:237. 필로의 창조관에 대한 그 이상의 논의는 Harry A Wolfson, *Philo: Foundations of Religious Philosophy*, vol.1 (Cambridge, Mass.: Harvard University Press, 1947), 특히 제5장, "Creation and Structure of the Word" pp.295–324. p.323에서 월프슨은 필로가 스토아 학파의 순환 우주론을 거부하고 있으며, 어거스틴과 같은 필로 이후의 기독교 작가들이 필로의 사상을 차용하고 있음에 주목한다.

28) Josephus, *Jewish Antiquities* 1.26–27, in *Josephus*, trans. Henry Thackery. Loeb Classical Library (Cambridge, Mass.: Harvard University Press, 1930), 4:13–15.

29) In *Midrash Rabbah: Genesis* 1, trans. H. Freeman and Maurice Simon (London: Soncino, 1939), p.8. Louis Rabinowitz는 이러한 답변이 "근본 물질의 존재와 하나님이 유일한 창조자가 아니라는 견해를 논박"하는 것임을 주시한다. ("Rabbinic View of Creation," in *Encyclopedia Judaica*

(Jerusalem: Keter, 1972), 5:1063. 랍비들의 창조이해에 대한 그 이상의 논의는 Ephraim Urbach, *The Sages: Their Concepts and Beliefs*, trans. Israel Abrahams (Jerusalem: Magnes, 1979), 특히 제9장, "He who spoke and the World Came into Being."을 참고하시오.

30) 초기 유대교 전승에서 창세기의 무로부터의 창조(ex nihilo) 이해에 대한 단 하나의 예외가 있다면 그것은 Wisdom of Solomon 11:17: "당신의 전능하신 손으로 이 세상을 무형의 물질로부터 만드셨습니다...." 이 텍스트는 기원전 1세기 알렉산드리아의 유대인이 저술한 것으로 생각되며, 창조를 선재하는 물질의 형성으로 간주하는 플라톤의 창조관을 반영한다. 다른 한편, 저자는 창 1:2에 대해 생각하고 있는지도 모른다: "지구는 형태가 없었다...." 이 텍스트에 대해서는 두 가지 해석이 가능한데 어느 것을 선택하느냐는 쉽지가 않다.

31) 요 1:3, "만물이 그〔로고스〕로 말미암아 지은바 되었으니 지은 것이 하나도 그가 없이는 된 것이 없느니라" (요 1:1, "태초에 말씀이 계시니라,"는 창 1:1을 명백히 암시하는 표현이다). 롬 4:17, "하나님은 죽은 자를 살리시며 없는 것을 있는 것 같이 부르시는 이시니라," 골 1:16, "만물이 그〔그리스도〕에게 창조되되 하늘과 땅에서 보이는 것들과 보이지 않는 것들과 혹은 보좌들이나 주관들이나 정사들이나 권세들이나 만물이 다 그로 말미암고 그를 위하여 창조되었고," 히 11:3, "믿음으로 모든 세계가 하나님의 말씀으로 지어진 줄을 우리가 아나 보이는 것은 나타난 것으로 말미암아 된 것이 아니니라." 계 4:11, "우리 주 하나님이여 영광과 존귀와 능력을 받으시는 것이 합당하오니 주께서 만물을 지으신지라 만물이 주의 뜻대로 있었고 또 지으심을 받았나이다."

32) Justin Martyr, *First Apology* 59, in the *Ante-Nicene* Fathers, ed. Alexander Roberts and James Donaldson(reprint Grand Rapids, Mich.: Eerdmans, 1989), 1:182. Justin은 창 1:1-3을 인용하여 "플라톤과 그와 의견을 같이 하는 자들이 ... 하나님의 말씀으로 모든 세계가 전에 모세가 말한 실체로부터 만들어진 것임을 알게 되었다고 진술한다." 알렉산드리아의 클레멘트(Clement of Alexandria)는 Stromata 14에서 창세기를 플라톤에 껴 맞추려는 생각이 있었음을 반영할지도 모르나, 이것이 사실인지는 아주 분명치가

않다. 그리스의 철학자들은, "모세의 말씀을 듣고, 세계가 창조된 것이라고 가르쳤다." 그는 플라톤과 티마에우스(Timaeus)를 인용하지만, 저스틴과는 달리 창 1:2와 선재하는 물질에 대해서는 직접적으로 언급하는 것 같지는 않다.

33) *Mandate* 1:1; cf. *Vision* 1:6, in *The Apostolic Fathers*, trans. Kirsopp Lake. Loeb Classical Library (Cambridge, Mass.: Harvard University Press, 1913), 2:71;9.

34) Theophilus, *Apology to Autolycus* 2.4, in *The Ante-Nicene Fathers*, ed. Alexander Roberts and James Donaldson (reprint Grand Rapids, Mich.: Eerdmans, 1989), 2:95.

35) Tatian, *Address to the Greeks* 5, "The Doctrine of Christians as to the Creation of the World," in *The Ante-Nicene Fathers*, ed. Alexander Roberts and James Donaldson (reprint Grand Rapids, Mich.: Eerdmans, 1989), 2:67.

36) Tertullian, *Against Hermogenes* 34 ("Containing an Argument Against His Opinion That matter Is Eternal"); cf. 4, "물질은 영원한 것으로 간주될 때 하나님과 동등하게 될 것이다." 제19-22장에서 Tertullian은 Hermogenes가 창 1:1-2를 오독(誤讀)하고 있음에 대해 반박한다. In *The Ante-Nicene Fathers*, ed. Alexander Roberts and James Donaldson (reprint Grand Rapids, Mich.: Eerdmans, 1989), 3:477-502.

37) Irenaeus, *Against Heresies* 2.10.4, in *The Ante-Nicene Fathers*, ed. Alexander Roberts and James Donaldson (reprint Grand Rapids, Mich.: Eerdmans, 1989), 1:370.

38) Augustine, *Confessions* 21.6 (*St. Augustine's Confessions*, 2:221).

39) Augustine, *City of God* 12.15, trans. Marcus Dods, in *Nicene and Post-Nicene Fathers* (reprint Edinburgh: T & T Clark, 1988), p.236.

40) *Summa Theologica* 1. q 45, "Whether to Create Is to Make Something from Nothing," 에서 Aquinas는 긍정적으로 답변하며 "어떤 사물이 무로부터 만들어진다고 말할 때,[ex]로부터 오는 이러한 명제는 물질의 원인을 표명하는 것이 아니라 순서만을 나타낸다; 우리가 "아침으로부터 낮이 온다"라고

말할 때처럼-다시 말해, 아침이 지나면 낮이 된다." In *The Summa Theologica of St. Thomas Aquinas: Part I*, trans. Fathers of the English Dominican Province (London: R. & G. Washbourne, 1912), pp.220-222. Summan contra Gentiles에서 Aquinas는 세상의 비영원성(시간 안에서 그리고 시간과 더불어 이루어진 창조)을 합리적으로 옹호하고자 하는 것은 약간의 개연성을 지닐 수 있을지 모르지만 "절대적이며 필연적인 최종상태"는 결여하고 있다는 결론을 내린다. 여기에 함축된 바는 아퀴나스에게 있어서 무로부터(*ex nihilo*)의 창조는 오로지 합리적 논증에 근거해서가 아니라 성경적 계시에 근거해서 받아들일 수 있다는 것이다 (*Summan contra Gentiles*, book 2, *Creation*, trans. James F. Anderson (Notre Dame, Ind.: University of Notre Dame Press, 1975), pp.112-115. 세계의 영원성이나 시간 안에서의 세계의 시작 모두 합리적으로 증명할 수 있는 것이 아닌데, 그 이유는 둘 다 이해를 실증적으로 활용하는 차원을 초월하기 때문이라는 결론을 내리는 Immanuel Kant와 비교하시오 (*Critique of Pure Reason*, trans. Norman Kemp Smith [London: Macmillian, 1963], p.455, on the antinomies of reason).

41) Constitutions 1, "On the Catholic Faith": 유일하신 삼위일체 하나님은 "태초에[*ab initio temporis*] 자신의 전능하신 능력으로 무로부터[*de nihilo*] 만물-비가시적인 것과 가시적인 것, 영적인 것과 육신적인 것-을 창조하셨다." In *Decrees of the Ecumenical Councils*, vol.1, *Nicaea 1 to Lateran V*, ed. Norman P. Tanner (London: Sheed & Ward, 1990). p.230.

42) Canon 1, "On God the Creator of All Things," 5: "만일 어떤 사람이 세계와 그 안에 있는 모든 사물-영적이거나 물질적인 것 둘 다-이 무로부터[*ex nihilo*] 나온 모든 재료에 따라 하나님에 의해 만들어졌다고 고백하지 않는다면, 그는 저주받는 사람이 될지어다." In *Decrees of the Ecumenical Councils*, vol.1, *Nicaea 1 to Lateran V*, ed. Norman P. Tanner (London: Sheed & Ward, 1990). 2:810.

43) Plato, *Timaeus* 30A, in *Plato*, trans. R. G. Bury (Cambridge, Mass.: Harvard University Press, 1929), 9:55.

44) *Ibid*.

45) Aristotle, *On the Heavens* (*De caelo*) 2.1, trans. W. K. C. Guthrie (Cambridge, Mass.: Harvard University Press, 1939), 6:131, 133.

46) 아리스토텔레스의 우주론의 체계에 대한 간략하면서도 명쾌한 해설은 Guthrie의 위의 책 pp.xii-xv를 참고하시오. 이와 관련된 논의는 Arnold Ehthardt, *The Beginning: A Study in the Greek Philosophical Approach to the Concept of Creation from Anaximander to St. John* (Manchester, U. K.: Manchester Unversity Press, 1968), 특히 chap.8, "Aristotle"과 G. E. R. Lloyd, "Greek Cosmologies," chap.8 in *Ancient Cosmologies*, ed. Carmen Blacker and Michael Loewe (London: George Allen & Unwin, 1975).

47) Herman Bondi, Thomas Gold 및 Fred Hoyle이 1948년에 제안한 현대의 "정상 상태" 우주론은 아래에서 논의될 것이다.

48) 초기 스토아철학에 대한 일차 자료는 단편적이다. 3세기 스토아철학의 논문은 단 하나도 손상되지 않고 보존되어 온 것이 없다. (스토아철학을) 학문적으로 복원시키려면 불행하게도 2차 혹은 3차 자료나 그 이후의 스토아 학자들에게 의존하지 않으면 안 된다.

49) 스토아학파의 견해에 대한 이러한 개관은 David E. Hahm, *The Origin of Stoic Cosmology* (Columbus: Ohio State University Press, 1977), p.185에서 탁월하게 다루어지고 있다. 이것과 관련된 추가적인 논의는 David C. Lindberg, "Epicureans and Stoics," in *The Beginnings of Western Science* (Chicago: University of Chicago Press, 1992), pp.76-83과 Samuel Sambursky, *Physics pf the Stoics* (New York: Macmillian, 1959)에서 찾을 수 있을 것이다.

50) Hahm, *The Origin of Stoic Cosmology* , pp.185, 194.

51) 우주가 순환한다는 관념은 힌두교 신화에서도 찾을 수 있다는 점에 주목하기로 하자. 어떤 힌두교 신화에서는 우주가 매번 순환(kalpa)할 때마다 브라마(Brahma)가 수면을 취하는 동안 우주는 불에 의해 파멸되어 우주의 수면 아래로 가라앉게 된다. 그 후 브라마는 잠에서 깨어나며, 우주가 팽창하고 그 후에 붕괴가 일어나는 순환이 새롭게 시작된다.

52) Stephen W. Hawking, "The Quantum Theory of the Universe," in *Intersections Between Elementary Particle Physics and Cosmology*, ed. Tsvi

Piram and Steven Weinberg (Philadelphia: World Scientific, 1986), p.73.

53) 자신들이 발견한 것을 최초로 보고한 것은 A. A. Penzias and R. W. Wilson, "A Measurement of Excess Antenna Temperature at 4080 Mc/s," *Astrophysical Journal* 142 (1965): 419-412이다. Penzias와 Wilson은 그 후 그들이 발견한 공로로 노벨상을 수상하였다.

54) 표준 빅뱅 모델과 그것에 대한 증거를 논의한 것 가운데 우리가 접근할 수 있는 것으로는 James S. Trefil, *The Moment of Creation* (New York: Macmillian, 1984); Stephen W. Hawking, *A Brief History of Time: From Big Bang to Black Holes* (London: Bantam, 1988); Joseph silk, *The Big Bang*, rev. ed. (New York: W. H. Freeman, 1989); Alan Lightman, *Ancient Light: Our Changing View of the Universe* (Cambridge, Mass.: Harvard University Press, 1991); Malcolm S. Longair, *Our Evolving Universe* (Cambridge: Cambridge University Press, 1996). 다분히 전문적인 색채가 짙은 논의는 Jayant V. Narlikar, *Introduction to Cosmology*, 2nd ed. (Cambridge: Cambridge University Press, 1993)과 Matt Ross, *Introduction to Cosmology* (New York: John Wiley & Sons, 1994)에서 볼 수 있다. 이 학자들은 또한 표준 모델의 변용인 "팽창하는(inflationary) 우주"를 제기하는데, 여기서는 다루지 않는다.

55) Silk, *Big Bang*, p.54.

56) Lightman, *Ancient Light*, p.130, and Silk, *Big Bang*, p.83.

57) Herman Bondi and Thomas Gold, "The Steady-State Theory of the Expanding Universe," *Monthly Notices of the Royal Astronomical Society* 108 (1948): 252-270; Fred Hoyle, "A New Model for the Expanding Universe," *Monthly Notices of the Royal Astronomical Society* 108 (1948): 372-382.

58) 이러한 기술은 John D. Barrow and Joseph SIlk, *The Left Hand of Creation: The Origin and Evolution of the Expanding Universe* (London: Heinemann, 1983), p.13.에 연관된다.

59) Hoyle, "New Model," p.372. 주도적인 역할을 하고 있는 우주론학자들과의 광범위한 인터뷰에 근거한 형이상학적인 질문들과 전제들이 이 분야에서의

과학적 연구에 어떤 영향을 끼쳤는지에 대한 아주 흥미 있는 논의는 Alan Lightrman and Roberta Brewer, *Origins: The Lives and Worlds of Modern Cosmologists* (Cambridge, Mass.: Harvard University Press, 1990)를 참고하시오,

60) Bondi and Gold, "Steady-State Theory," p.252.

61) Silk, *Big Bang*, p.6.

62) Lightman, *Ancient Light*, p.51.

63) R. H. Dicke et al., "Cosmic Black-Body Radiation," *Astrophysical Journal* 142 (1965): 415.

64) Paul Davies, *The Last Three Minutes: Conjectures About the Ultimate Fate of the Universe* (London: Weidenfeld & Nicolson, 1994), p.141. 위의 각주 50번을 참고하시오; 또한 스토아학파의 순환우주론에 대한 논의와도 비교하시오.

65) Stephen W. Hawking and Robert Penrose, "The Singularities of Gravitational Collapse and Cosmology," *Proceedings of the Royal Society of London* A314 (1970): 530.

66) Davies, *Last Three Minutes,* p.142.

67) Silk, *Big Bang*, p.390.

68) Ya B. Zel' dovich and I. D. Novikov, in *The Structure and Evolution of the Univers*, trans. Leslie Fishbone (Chicago: University of Chicago Press, 1983). pp.659-660은 "열역학 제2법칙은 진동모델을 허락하지 않는다. 그 이유는 우주의 엔트로피가 팽창과 수축의 두 과정 속에서 증가하기 때문이다 [예를 들면, 별빛과 블랙홀의 형성 때문에]라고 결론짓는다." 물리학자 Davies도 의견을 같이 한다: "그러한 결론은 필연적인 것처럼 보인다...순환하는 우주는 어느 것이든 열역학 제2법칙의 퇴화적(degenerative) 영향력에서 벗어날 수 없을 것이다"(Last Three Minutes, p.46)

69) Silk, *Big Bang*, p.391.

70) 과학사에서 진동하는 우주 모델이라는 아이디어를 훌륭하게 논평한 것은 Stanley L. Jaki, "The History of Science and the Idea of an Oscillating Universe." in *Cosmology, History and Theology*, ed. Wolfgang and Allen

D. Beck (New York: Plenum, 1977), pp.233-251을 참고하시오.

71) 이러한 제안들은 이론적이며 실험적인 이유 두 가지 측면에서 사변적 (Speculative)이다. 양자우주론은 일반 상대성이론과 양자역학 모두를 우주의 가장 초기 단계(예컨대, 빅뱅 이후 10^{-35}초 이전)에 응용하고자 하는데, 여기서 양자역학적 효과가 매우 커다란 중요성을 지니게 된다. 그러나 이 시점에서 이처럼 매우 상이한 두 가지 수학적 형식주의(fomalism)를 하나로 통합할 수 있는 만족할만한 방식은 가능한 미래에 세워질 입자가속기는 어떤 것이든 거기에서 이용할 수 있는 에너지를 훨씬 초과한다. Hogan, "Particle Metaphysics," 각주 2를 참고하시오.

72) Edward P. Tryon, "Is the Universe a Vacuum Fluctuation?" *Nature* 264 (December 14, 1973): 396-397.

73) 엄밀히 말하면, Tryon의 제안은 무로부터의(*ex nihillo*) 창조가 아니다. 그 이유는 그것으로부터 우주가 출현한 것으로 추정되는 에너지 장은 "무"(nothing)가 아니라 오히려 "유"(something)이기 때문이다. A. D. Linde, Inflation and Quantum Cosmology (New York: Academic Press, 1990), p.16에서 주목할 수 있는 바와 같이, 양자 장 이론(field theory)에 따르면, 우주가 빈 공간이라고 해서 그것이 완전히 비어있는 것은 아니다. 그것은 모든 유형의 물리 장들의 양자 파동들로 채워져 있다. 이러한 파동들은 가능한 모든 파장을 지니는 물리 장들의 파동으로 간주할 수 있는데, 이러한 파동들은 가능한 모든 방향으로 이동한다.

74) Tryon, "Is the Universe a Vacuum Fluctuation?" p.397.

75) R. Brout et al., "The Creation of the Universe as a Quantum Phenomenon," *Annals of Physics*, 115(1978): 78.

76) David Atkatz and Heinz Pagels, "Origin of the Universe as a Quantum Tunneling Event," *Physical Review, D25*, no.8 (1982): 2065-73.

77) Brout et al., "The Creation of the Universe," p.98.

78) Atkatz and Pagels, "Origin of the Universe," p.2072.

79) Alexander Vilenkin, "Creation of Universes from Nothing," *Physics Letters* B117 (1982): 26.

80) *Ibid.*, p.27.

81) J. B. Hartle and Stephen W. Hawking, "Wave Function of the Universe," *Physical Review* D (1983): 2960-75. 이 모델은 Hawking, *A Brief History of Time*, p.136에서 대중적 언어로 기술되어 있다.

82) Roos, *Introduction to Cosmology*, p.191.

83) Hawking, *A Brief History of Time*, p.136.

84) John Gribbin, In *Search of the Big Bang: Quantum Physics and Cosmology* (London: Heinemann, 1986), p.392. Gribbin이라면 틀림없이 신학자들을 잠재적 실업자 명단에 추가할 것이다.

85) Hawking, *A Brief History of Time*, p.174.

86) Lightman and Brewer, *Origins*, p.39.

87) Narliker, *Introduction to Cosmology*, pp.378-79. Hawking-Hartle 안(案)에 대한 그 외의 비평과 분석은 물리학자 C. J. Isham의 논문, "Creation of the Universe as a Quantum Process," in *Physics, Philosophy and Theology: A Common Quest for Understanding*, ed. Robert J. Russell, William R. Stoeger and George V. Coyne, (Vatican city: Vatican Observatory, 1988), pp.375-405, 특히 "Assumptions" and "Problems"를 참고하시오.

88) *Ibid.*, p.379.

89) Heinz Pagel, *Perfect Symmetry: The Search for the Beginning of Time* (London: Michael Joseph, 1985), p.348.

90) Horgan, "Particle Metaphysics," p.72. Hawking-Hartle 안(案)의 철학적이며 신학적인 함축에 대한 그 외의 논의는 William Lane Craig와 Quentin Smith가 공저한 *Theism, Atheism and Big Bang Cosmology* (Oxford: Claredon, 1993), 특히 제11장과 12장, "Theism, Atheism and Hawking's Quantum Cosmology."를 참고하시오. Craig는 유신론적 입장을, Smith는 무신론적 입장을 옹호한다. 이 책에 대해 John Leslie는 Zygon 30, no.4 (December 1995): 652-56에서 Craig의 고전적 신론에 동조하는 입장에서 통찰력 있는 논평을 해주고 있다. Leslie는 Smith의 주장이 설득력이 없으며, 종말에 가서는, "우주가 문자 그대로 무로부터 단번에 자존(自存)하게 되었다는 주장은 말할 것도 없거니와, 우주 그 자체가 자존하게 되었다는 주장에 대해 평범한(ordinary) 양자론에서는 물리적 근거가 없다."고 믿는다

(p.656).

91) 초끈이론에 대한 예비적 논의는 Horgan, "Particle Metaphysics," pp.74-75 를 참고하시오; 전문적인 논의는 H. J. de Vega와 N. Sanchez의 논문, *String Theory, Quantum Cosmology and Quantum Gravity* (Singapore: World Scientific, 1987)를 참고하시오. 만물론을 발전시키려는 현재의 시도에 대한 개괄적 논의는 Madhusree Mukerjee, "Explaining Everything," *Scientific American* 274, no.1 (January 1996): 72-78과 John D. Barrow, *Theories of Everything: The Quest for Ultimate Explanation* (Oxford: Claredon, 1991) 을 참고하시오.

92) Paul Davies, *God and the New Physics* (London: J. M. dent & sons, 1983), p.217. 그러나 David Lindley는 그처럼 사변적인 이론들은 측정가능하거나 실험을 통해 검증할 수 있는 것으로부터 점차 이동하며, 이는 과학이라는 전통적인 기준에 의해서보다는 심미적 선호나 선입견에 의해 지배당할 수 있는 위험을 초래하게 됨을 지적하였다. (David Lindley, *The End of Physics: The Myth of a Unified Theory* [New York: Basic Books, 1993], p.131).

93) Stanley L. Jaki, *God and the Cosmologists* (Edinburgh: Scottish Academic Press, 1989)는 Peter Hodgson이 Zygon 27, no.4 (1992): 476에서 논평한 것을 인용함.

94) Steven Weinberg, *Dreams of a Final Theory* (London: Hutchinson Radius, 1993), p.188.

95) *Ibid.* 이와 유사하게, Heinz Pagels는 "(우주의) 공간에게 그것이 있음직한 (possible) 우주를 잉태하고 있다고 누가 " 말해 " 줄 것인가? 라는 질문을 제기한다. (우주의) 공간조차도 하나의 법칙, 즉 공간과 시간 이전에 존재하는 하나의 논리에 종속 되어 있는 것처럼 생각된다." (Perfect Symmetry, p.347). 성경적 유신론이라는 관점에서 보면, 논리의 법칙과 양자역학의 궁극적 원천이자 우주의 존재를 설명할 수 있는 궁극적 준거점(reference point)은 두 말할 나위 없이 하나님이다.

96) James S. Trefil, *The Moment of Creation: Big Bang Physics from Before the First Millisecond to the Present Universe* (New York: Charles Scribner's Sons, 1983). pp.222-23.

97) Andrew Dickson White(1832-1918)와 John W. Draper(1811-1882)의 "투쟁"(warfare) 명제에 관한 수정주의자의 최근 역사기술을 포함하여, 학문의 역사에 관한 뛰어난 서지학적 논문은 David C. Lindberg와 Ronald L. Numbers가 쓴 *God and Nature: Historical Essays on the Encounter Between Christianity and Science* (Berkeley: University of California Press, 1986), pp.1-18에 대한 서문을 참고하시오. 과학과 종교 간의 관계에 대한 최근의 역사기술(historiography)은 Draper와 White가 이러한 관계에 대한 독서를 대단히 선별적으로 하였으며, 보다 긍정적인 측면에 손상을 입히면서까지 대립을 지나치게 강조하였음을 보여주었다.

제2장 양자 불확정성과 하나님의 전지(全知)

1) Arthur Peacocke, "God's Interaction with the World," in *Chaos and Complexity*, ed. Robert John Russell, Nancey Murphy and Arthur Peacocke (Vatican City: Vatican Observatory, 1995), p.280 (이후로는 GIW로 언급).

2) Peacocke은 또한 Arthur Peacocke, *Theology for a Scientific Age*, 2nd ed. (London: SCM Press, 1993), pp.121-24 (이후로는 TSA로 언급)에서 "자기 제한적 전지"라는 이러한 개념을 옹호한다.

3) 양자역학에 대한 비전문적인 개론서는 J. C. Polkinghorne, *The Quantum World* (London: Longman, 1984); Nick Herbert, *Quantum Reality: Beyond the New Physics* (London: Rider, 1985); P. C. W. Davies, *The Ghost in the Atom* (Cambridge: Cambridge University Press, 1986), esp, chap.1, "The Strange World of the Quantum,"; 그리고 Nancy R. Pearcey and Charles B. Thaxton, *The Soul of Science: Christian Faith and Natural Philosophy* (Wheaton, Ill.: crossway, 1994), chap.9, "Quantum Mysteries: Making Sense of the New Physics."를 참고할 수 있다. Polkinghorne은 *Reason and Reality: The Relationship Between Science and Theology* (Philadelphia: Trinity Press International, 1991)와 *Science and Providence: God's Interaction with the World* (Boston: Shambala, 1989)에서 양자역학이 제기

하는 쟁점들을 다루지만, 두 저서 어디에서도 신의 섭리라는 쟁점에 대해서는 폭넓게 분석하지 않는다.

4) 위의 각주 3번에서 인용된 Davies와 Herbert의 저서에는 다양한 해석학파들이 소개되고 있다. 양자역학의 역사적 발전과 그것에 의해 제기되는 철학적 쟁점들에 대한 전문적인 논의는 다음을 참고하시오: Max Jammer, *The Philosophy of Quantum Mechanics* (New York: John Wiley & Sons, 1974); Bernard D' Espagant, *Conceptual Foundations of Quantum Mechanics* (Menro Park, Calif.: W. A. Benjamin, 1971), and *Reality and the Physicist: Knowledge, Duration and Quantum World* (Cambridge: Cambridge University Press, 1989); John Archbald Wheeler and Qojciech H. Zurek, eds., *Quantum Theory and Measurement* (Princeton, N. J.: Princeton University Press, 1983); Roland Omnes, *The Interpretation of Quantum Mechanics* (Princeton, N. J.: Princeton University Press, 1994); Asher Peres, *Quantum Theory: Concepts and Methods* (Dordrecht, Netherlands: Kluwer Academic, 1993). Jammer는 "과학사에서 매우 다양한 현상들을 예측함에 있어 그처럼 눈부신 성공을 거둔 적은 결코 없었다....〔그러나〕이러한 형식주의(formalism)에 대한 해석은 ... 여전히... 전례가 없을 만큼 뜨거운 쟁점이 되고 있다"라고 기술하고 있다 (Philosophy of Quantum Mechanics, p.v.).

5) 이러한 문제들에 대한 유익한 논의는 Owen C. Thomas, ed., *God' s Activity in the World: The Contemporary Problems* (Chico, Calif.: Scholars Press, 1983)와 고전적 유신론, 신토마스주의, 과정신학 그리고 다른 대안들을 개관하는 Ian G. Barbour, *Religion in an Age of Science* (London: SCM Press, 1990), chap.9, "God and Nature," 를 참고하시오.

6) 이 점에서 William Pollard의 이전 연구인 *Chance and Providence: God' s Action in a World Governed by Scientific Law* (New York: Charles Scribner' s Sons, 1958)는 Barbour, *Religion in an Age of Science*의 Quantum Theory" 단락과 더불어 그 진가가 인정되어야 할 것이다. 이 시점에서 신학적이라는 용어는 하나님과 자연과의 관계의 본질이라는 보다 폭넓은 쟁점과는 구별되는, 하나님과 하나님의 속성 그 자체라는 제한된 의미로 사용된다.

7) Peacocke, *GIW*, p.279. 필자는 이 점에 있어서 Peacocke과 의견을 같이 한다: 진정한 우연과 불확정성은 양자세계 그 자체의 특성들이다. 1965년 이후 물리학자 John Bell에 의해 확립된 중요한 정리(定理)와 그것에 토대를 둔 실험은 대다수의 물리학자들로 하여금 양자역학의 "숨겨진 변수들"이라는 설(說)-아원자의 실체에 대한 "고전적" 견해를 유지하고자 했던-이 더 이상 존속 가능하지 않다는 결론을 내리게 했다. Fritz Rohrlich, "Facing Quantum Mechanical Reality," *Science* 221 (1983): 1251-55; Bernard D' Espagnat, "The Quantum Theory and Reality," *Scientific American* 241 (1979): 128-40을 참고하시오; 그리고 최근의 실험을 통한 검사에 대해서는, James Glanz, "Measurement Are the Only Reality, Say Quantum Tests," *Science* 270 (1995): 1439-40을 참고하시오. (후자 논문의 제목은 다분히 오해의 소지를 불러일으킨다. Glanz가 말하는 주안점은 최근의 실험을 통해 "상식적인"(commonsense) 관념으로는 양자의 실체를 기술하는데 부적합하다는 사실이 더욱 입증되었다는 것이다.) Bell의 정리와 그것이 함축하는 바에 대해서는, James T. Cushing and Ernan McMullin, eds., *Philosophical Consequences of Quantum Theory: Reflections on Bell' s Theorem* (Notre Dame, Ind.: University or Notre Dame Press, 1989)를 참고하시오.

8) Peacocke, *TSA*, p.121.

9) *Ibid.*, p.122.

10) Peacocke, *GIW*, p.280.

11) *Ibid.*

12) *Ibid.*, p.281.

13) Peacocke, *TSA*, p.122: 하이젠베르크의 불확정성 원리란 "하나님의 전지에 대해 가하는 제한이다....그것은 자아 제한이 다. 왜냐하면 창조주로서의 하나님은 이러한 아원자 요소들이....그처럼 예측 불가능한 특성을 지니는 세상을 창조하기로 '선택' 하셨기 때문이다. "

14) Peacocke, *GIW*, p.281.

15) *Ibid.*

16) Thomas Aquinas, *Summa Theologiae*, vol.4, *Knowledge in God* (1a.14-18), Blackfriars edition, trans. Aquinas의 논구는 특히 하나님의 "시간초월"

(timelessness)이라는 문제에 있어서 신플라톤주의 철학자 Boethius (A. D. 480-524)의 이전 연구로부터 심오한 영향을 받았다. 18세기 이전에 이러한 쟁점에 대한 논의가 역사적으로 어떻게 진행되어 왔는지를 통찰력 있게 해설하고 분석한 것은, 아리스토텔리스, 어거스틴, 보에티우스, 아퀴나스, 몰리나 및 기타 여러 학자들의 견해를 다루는 Lane Craig, *The Problem of Divine Foreknowledge of Future Contingents: From Aristotle to Suarez* (Leiden, Netherlands: E. J. Brill, 1988)를 참고하시오.

17) 신학의 전통에서 이러한 유형의 신적 지식은 "시각의 지식"(knowledge of vision)으로 알려져 있다. "영원한 현재"(eternal present)에서 동시적(simultaneous) 지식이라는 이러한 관념에 대한 전통적인 사례는 탑의 꼭대기에서 길을 내려다보는 어떤 관찰자를 들 수 있다. 길에 서있는 사람은 길을 지나는 사람들이 길의 모서리를 돌아 나올 때 그들이 돌아 나오는 순서대로만 볼 수 있을 뿐이지만, 탑의 꼭대기에 있는 사람은 그들을 동시에 내려다 볼 수 있다.

18) Thomas Aquinas, *Summa Theologiae*, vol.2, *Existence and Nature of God* (1a.2-11), Blackfriars edition, ed. Timothy McDermott (New York: McGraw-Hill, 1964), pp.137-55.

19) "시간초월"(timelessness)로서의 영원이라는 관념을 실례로 든다면, 플라톤이 말하는 초월적 형식영역에 존재하는 순수(pure) 숫자를 생각해 볼 수 있을 것이다. 숫자들은 공간, 시간 그리고 연속(succession)과는 별도로 이상적인 영역에 존재한다. 이와는 달리, 성경에서 신자들에게 주어지는 "영생"은 공간과 시간을 완전히 초월하는 것이 아니라, 분명히 질적으로 새로운 존재의 차원이기는 하지만 "무한히 지속되는 삶/존속"을 암시하는 것이다.

20) 하나님의 "시간초월"이라는 개념의 예를 현대에서 찾는다면 신토마스주의자(neo-Thomist)인 Reginald Garrigou-Lagrange를 참고하시오: 하나님의 영원성이란 신적인 본질이 시간과 공간을 초월하는 것을 의미한다; 하나님 안에는 시작이나 끝이 없으며 "어떠한 종류의 변화"도 없다." 그는 하나님의 영원성이라는 개념에 있어서 연속(succession)에 대한 생각은 그 어떤 것이든 배제하는 것이," 아직까지는 가톨릭 신앙의 교리가 아닌 것이 분명하지만, 그럼에도 불구하고 신앙과 유사한 어떤 진리라고 믿는다. (Reginald

Garrigou-Lagrange, *God: His Existence and Nature*, trans. Dom Bede Rose 〔St. Louis: B. Herder, 1934〕, 1:3-4.〕.

21) Nelson Pike, *God and Timelessness* (London: Routledge & Kegan Paul, 1970), p.xi.

22) *Ibid.*, p.189.

23) *Ibid.*, pp.165, 190.

24) William Lane Craig, *Divine Foreknowledge and Human Freedom: The Coherence of Theism-Omniscience* (Leiden, Netherlands: E. J. Brill, 1991), 이후로는 DFHF로 언급함.

25) 최근 이러한 논의에 중요하게 기여한 다른 연구로는 William Hasker, *God, Time and Knowledge* (Ithaca, N. Y.: Cornell University Press, 1989; 숙명론을 피하기 위해 예지를 제한한다); Richard M. Gale, *On the Nature and Existence of God* (Cambridge: Cambridge University Press, 1991), chap.3, "The Omniscience-Immutability Argument" ("종교적으로 유용한" 하나님을 위해 "시간초월"을 말하는 것에 대해 강력하게 이의를 제기한다); in Thomas V. Morris, ed., *The Concept of God* (Oxford: Oxford University Press, 1987), the essays by Alvin Plantinga, "On Ockham's Way out," pp.171-200 (무한한 신적 지식과 인간의 자유와의 화해를 시도한다), and Eleonore Stump and Norman Krezmann, "Eternity,", pp.219-52 (보에티우스의 시간을 초월하는, 영원한 하나님이라는 개념을 옹호한다); H. P. Owen, *Christian Theism: A Study in Its Basic Principles* (Edinburgh: T & T Clark, 1984; 신적 예지에 대한 제한을 수용한다); and Jonathan L. Kvanvig, *The Possibility of an All-Knowing God* (London: Macmillian, 1986; 완전한 신의 전지에 대한 몰리나의 설명이 적절함을 옹호한다).

26) Craig, DFHF, p.12.

27) *Ibid.*

28) 현재의 논의와 매우 직접적으로 관련 있는 Molina의 연구 가운데 일부는 번역되어 있다: Luis Molina, *On Foreknowledge*, part 4 of the *Concordia*, trans. Alfred J. Freddoso (Ithaca, N. Y.: Cornell University Press, 1988); Molina에 대한 해설은 Craig, *Problem of Divine Foreknowledge*, chap.7을

참고하시오. Alvin은 *The Nature of Necessity* (Oxford: Claredon, 1974), pp.174-80에서 분명 Molina를 의식하지 못한 채, 16세기 예수회(Jesuit)의 입장과 꽤 비슷한 입장을 전개하였다.

29) 전통적인 토마스주의자들은 중간지식에는 진정한 대상이 없으며 (진정한 우연의 경우, 하나님이 알 수 있는 것은 거기에 없다) 중간지식은 하나님의 지식이 수동적이거나 피조물에 의존한다는 것을 상정하기 때문에-이는 신의 독립성 혹은 자존성(自存性)과는 일치하지 않는다-중간지식을 거부한다.

30) Craig, *DFHF*, p.278.

31) 필자는 두 가지 점에서 크레이그(Craig)와 의견을 달리 한다. 첫째로, 필자는 중간지식에 대한 "본유주의자"(本有主義者, innatist)의 설명-하나님은 개체 본질들이 신의 마음속에 개념적으로 존재한다는 것에 기반을 두고 있는 모든 개체 본질에 대한 "초이해"(super-comprehension)를 가지고 있다는 것-보다는, 하나님은 모든 실체가 신적인 관점에서 시공의 제한을 받지 않고 피조질서 안에 존재하는 것을 즉각적으로 "안다"는 "지각"(知覺, perceptual) 모델을 선호한다. 본유주의자의 관점은 공간과 시간 속에서 일어나는 사건들을 신의 마음 및 본질과 지나치게 밀접하게 연관시킴으로써 그러한 사건들이 지니는 역동적인 측면을 폄하하는 위험을 초래하는 것으로 생각된다. 둘째로, Craig는 Molina(*DFHF*, p.24)를 추종하여 "자유의지를 가진 피조물이 어떤 특정한 상황에 처하게 될 때 그가 행하는 일을 통제하는 것은 하나님의 능력 밖의 일이라고 생각하는 것 같다." 필자는 성경적 유신론에서 하나님은 어떤 상황에서든지 우연적 실재들의 잠재력과 경향이 어떠한지를 예지할 뿐 아니라, 또한 신적 주권을 통해 그리고 피조질서 안에 내재함으로써 자신이 원하는 대로 그러한 경향을 변경하거나 방향을 재설정할 수 있다고 생각한다.

32) 공간과 시간을 철학적으로 다룸으로써 현대 물리이론을 통합하려는 시도는 다음을 참고하시오: Hans Reichenbach, *The Philosophy of Space and Time*, trans. Maria Reichebach and John Freund (New York: Dover, 1958; 이 책은 실재론자의 견지에서 시공에 대한 이상주의자이며 주관주의자의 견해를 반박하고 있다); G. J. Whitrow, *The Natural Philosophy of Time*

(London: Thomas Nelson & Sons, 1961; 이 책은 시간과 생성(becoming)은 관찰자에게만 분명하게 드러나는, 시간에 대한 "블록(block) 우주"라는 관념을 반박하고 있다); Adolf Grunbaum, *Philosophical Problems of Space and Time* (Dordrecht, Netherlands: D. Reidel, 1973; 이 책은 아인슈타인의 특수 및 일반상대성이론이 제기하는 쟁점들을 매우 전문적으로 논의하고 있다); Lawrence Sklar, *Space, Time and Spacetime* (Berkeley: University of California Press, 1974; 이 책은 시공(spatio-temporal)의 범주를 그 밖의 다른 어떤 것으로 환원시키려는 시도에 대해 회의적이다). 20세기에 있어서의 시공의 개념을 신학적 분석을 통해 통합하려는 최근의 시도에 대해서는 Thomas F. Torrance의 중요한 연구인 *Space, Time and Incarnation* (Oxford: Oxford University Press, 1969)과 *Space, Time and Resurrection* (Edinburgh: Handsell, 1976)을 참고하시오.

33) Augustine, *Confessions* 11.14와 비교하시오: "그러므로 주님께서는 시간이 존재하지 않았을 때는 아무 것도 만들지 않으셨습니다. 왜냐하면 시간 그 자체도 주님께서 만드셨기 때문입니다〔quia ipsum tempus tu feceras〕" (*St. Augustine's Confessions*, trans. William Watts〔Cambridge, Mass.: harvard University Press, 1946〕, 2:237); 또한 City of God 12.15도 참고하시오.

34) 성서문헌에서 신의 영원성이라는 개념과 하나님의 시간과의 관계에 대하여는 Herman Sasse, "*aion, aionios,*" in *Theological Dictionary of the New Testament*, ed. Gerhard Kittel, trans. Geoffrey W. Bromiley (Grand Rapids, Mich.: Eerdmans, 1964-1976), 1:197-209를 참고하시오.

35) Niels Bohr의 상보성 원리와 양자론의 다른 측면들에 대한 논의는 John Honner, *The Description of Nature: Niels Bohr and the Philosophy of Quantum Physics* (Oxford: Claredon, 1987). Honner는 Bohr의 관점에 전적으로 공감하며 Bohr는 일반적으로 생각하는 것과는 달리 "도구주의자" (instrumentalist)로서 보다는 철학적 실재론자로서의 성향이 농후하다고 주장한다.

36) Torrance는 *Space, Time and Incarnation*, p.67에서 자신이 이와 유사하게 이해하고 있음을 말한다: "성육신의 의미가 하나님은 공간과 시간의 제한을 받는 것은 아니지만, 그것은 그분이 우리와 실제적으로 관계를 맺는데 있어

서 그분을 위한 공간과 시간이 실재임을 역설한다." 또한 Alan G. Padgett, "God and Time: Toward a New Doctrine of Divine Timeless Eternity," *Religious Studies* 25 (1989): 213을 참고하시오: "그렇다면 하나님은 마음대로 시공으로 들어올 수 있지만, 반드시 그 안에 갇히시는 것은 아니다. 그리고 이것은, 사람들이 그렇게 생각하듯이, 하나님은 공간과 시간을 만드신 창조주이시기 때문이다. 우주에게 존재를 명하시는 분은 바로 그분이시다. 그리고 그분은 그분에게 전적으로 의존하고 있는 그 어떤 것에 의해서도 제한을 받지 않으신다." Padgett의 견해로는, 하나님은 "상대적으로 시간을 초월"하신다; 다시 말해, 하나님의 생명은 플라톤, 보에티우스 그리고 아퀴나스가 의도하는 "절대적으로 시간을 초월"하신다기 보다는, 오히려 공간과 시간으로 구성되어 있는 우리의 우주의 시간에 의해 제한을 받지 않으신다.

37) Freddoso's Introduction to Molina, *On Foreknowledge*, p.66에서 인용. Freddoso는 이 책의 pp.1-81에서 Molina의 관점에 대해 폭넓게 소개하며 또한 철학적으로 변호하고 있다.

38) 물론, 엄밀히 말하자면, 방사성 원자들이 보이는 경향은 "예견할" 수 있는 것은 아니지만, 시공간 연속체 밖에 계셔서 그것을 초월하시는 하나님은 "알" 수가 있다.

39) 은총과 회심을 개인적인 차원에서 보면, Molina에게 은총이란 (아우구스티누스와 칼빈이 말하는 "뿌리칠 수 없는" 은총에서처럼) *본래적으로* (intrinsically) 효험이 있는 것이라기보다는, 오히려 (아르미니우스적 입장에서처럼) 그것(은총)과 협력하기로 결단하는 자들에게만 *외부적으로* (extrinsically) 효험이 있는 것이다; Craig, *DFHF*, p.241을 참고하시오.

40) 신학적으로 이러한 제안은 1647년의 웨스트민스터 신앙고백 5.2에 표현된 바와 같이 칼빈주의 전통에 서있다. 그 신앙고백의 "섭리에 관하여"라는 진술을 보면 "제1원인(first cause)인 하나님의 예지와 섭리와 관련하여, 만물이 나타나게 되는 것은 만고불변이며 틀림없는 일이기는 하지만, 동일한 섭리에 의해 그분은 제2원인(second cause)의 속성에 따라, 필연적으로, 자유롭게 혹은 우연에 의해 만물이 생겨나게 하신다." 이러한 진술은 우연히 일어나는 사건에 대해 절대 오류가 없는 신의 예지와 제2의 인과관계(causation)의 차원에서의 진정한 우연성 둘 다를 확증한다. 현재의 제안은

이러한 두 실재가 어떻게 양립할 수 있는지에 대해 설명하고자 한다. 그것은 하나님이 피조물의 선재적 경향이나 기질을 마음대로 바꾸거나 재정위할 수 있다는 칼빈주의의 전제와 궤를 같이한다. 하지만, 그것은 하나님이 (어떤) 사건들을 쌍무적(bilateral)이며 귀납적인 방식으로 결정한다는 관념을 통해, 피조물이 주도적으로 인과관계를 만들어낸다는 생각에 더 많은 여지를 주고자 하는 전통적인 칼빈주의 모델에서 본다면 다르게 나타날 것이다. 위에서 인용한 (웨스트민스터) 신앙고백의 진술은 통상적으로 전통적인 토마스주의(Thomism)의 견해와 유사한 것으로 이해되어 온 것 같다.

41) Keith Ward, *Rational Theology and the Creativity of God* (Oxford: Basil Blackwell, 1982), p.130.

42) *Ibid.*, p.152.

43) 순수한 실재(actuality)와 단순한 논리적 가능성과는 구별되는 존재론적 실체로서의 잠재가능성이라는 관념에 대한 하나의 실례는 파동 작용에 대한 양자역학적 형식주의-수소 원자핵으로부터 일정한 거리에 있는 전자를 발견할 확률을 기술할 수 있는-에서 찾을 수 있다.

44) 필자는 앞의 관찰 또한 중간지식에 대한 전통적인 토마스주의자들(Thomists)의 반대-확실하게 알 수 있는 것은 신의 의지를 실제로 결단하거나 이 세계에 존재하는 실제상황 뿐이기 때문에, 그것(중간지식)은 실제 대상을 갖지 못한다는-를 공고히 하는데 도움을 준다고 생각한다.

45) 우주론과 연관된 인과율의 쟁점에 대한 논의는 William Lane Craig and Quentin Smith, *Theism, Atheism and Big Bang Cosmology* (Oxford: Claredon, 1993)와 John Leslie가 Zygon 30, no.4 (December 1995): 653-56 에서 한 이 책에 대한 논평을 참고하시오.

제3장 양자역학과 "지연된 선택" 실험에 대한 "코펜하겐" 학파의 해석

1) Thomas F. Torrance, *Space, Time and Incarnation* (Oxford: Oxford University Press, 1969), and *Space, Time and Resurrection* (Edinburgh: Handsell, 1976). Torrance는 또한 *Theological Science* (London: Oxford

University Press, 1969)에서 과학적이며 신학적인 방식에 의해 제기되는 쟁점들에 대해서도 광범위하게 주의를 기울였다.

2) 전자와 같은 양자 실체와 관련하여, "역동적"(dynamic) 속성들이란 시간이 경과하면서 변화하는 운동량 및 위치와 같은 것들을 일컫는다.

3) 이러한 신조들을 다룬 텍스트, 번역물 그리고 그에 대한 논의는 Philip Schaff, *The Creeds of Christendom*, 4th ed. (New York: Harper & Brothers, 1884)를 참고하시오.

4) 예정과 제한된 구속(그리스도는 온 세상 사람을 위해서가 아니라, 오로지 선택받은 자들이 지은 죄를 대속하기 위해 죽으시기로 작정하셨다는 견해)이라는 개혁교리와 관련하여 구원의 확신이라는 문제는 R. T. Kendall, *Calvin and English Calvinism to 1649* (Oxford: Oxford University Press, 1979)에서 통찰력 있게 논의되고 있다. 예정론에 대한 신학적인 논의가 역사적으로 어떻게 진행되어 왔는지에 대한 그 이상의 배경은 Paul K. Jewett, *Election and Predestination* (Grand Rapids, Mich.: Eerdmans, 1985); Karl Barth, *Church Dogmatics* 2/2, *The Doctrine of God*, ed. G. W. Bromiley and T. F. Torrance (Edinburgh: T & T Clark, 1957), pp.3-506; and Otto Weber, *Foundations of Dogmatics*, trans. Darrell L. Gruber, vol. 2 (Grand Rapids, Mich.: Eerdmans, 1983), esp. pp.414-37, "The Problem Areas of the Doctrine of Election in Its Historical Development,"를 참고하시오. 칼빈주의 전통에서 예정론이 어떻게 발전해 왔는지에 대해서는, John Calvin, *Concerning the Eternal Predestination of God* (1552), trans. J. K. S. Reid (London: James Clarke, 1961); John Calvin, *Institutes of the Christian Religion*, trans. John Allen (Philadelphia: Presbyterian Board of Christian Education, 1936), 3.21-24; and Richard A. Muller, *Christ and the Decree: Christology and Predestination in Reformed Theology from Calvin to Perkins* (Durham, N. C.: Labyrinth, 1986)를 참고하시오.

5) 양자역학의 해석을 둘러싼 코펜하겐 및 기타 학파에 대한 비전문적이이기는 하나 적확한 논의는 P. C. W. Davies and J. R. Brown, *The Ghost in the Atom: A Discussion of the Mysteries of Quantum Physics*

(Cambridge: Cambridge University Press, 1986)와 Nick Herbert, *Quantum Physics: Beyond the New Physics* (London: Rider, 1985)를 참고 하시오. Niels Bohr의 견해는 Albert Einstein과의 일련의 유명한 논쟁에서 전개되었다; 이러한 과학논문 가운데 가장 중요한 것은 John A. Wheeler and Wojciech H. Zurek, eds., *Quantum Theory and Measurement* (Princeton, N. J.: Princeton University Press, 1983), pp.3-151로 재판(再版)되었다. Bohr의 견해에 대한 그 이상의 해설은 John Honner, *The Description of Nature: Niels Bohr and the Philosophy of Quantum Physics* (Oxford: Claredon, 1987), chap. 2, "Quantum Theory and Its Interpretation," pp.25-70을 참고하시오; 이 장에서는 양자론의 역사적 발전과 보어가 이러한 발전에서 어떠한 역할을 했는지를 유용하게 개관해 주고 있다.

6) John Archbald Wheeler, "The 'Past' and the 'Delayed-Choice' Double-Silt Experiment," in *Mathematical Foundations of Quantum Theory*, ed. A. R. Marlow (New York: Academic Press, 1978), pp.9-48. 코펜하겐 학파의 해석과 "과거"에 대한 Wheeler의 이해를 뒷받침 해주는 실험상의 증거는 Thomas Hellmuth et al., "Delayed-Choice Experiments in Quantum Interference," *Physical Review* A35, no. 6 (March 1987): 2532-40을 참고하시오.

7) 양자물리학과 조직신학과의 관계에 대한 유익한 관찰은 R. J. Russell, "Quantum Physics in Philosophical and Theological Perspective," in *Physics, Philosophy and Theology: A Common Quest for Understanding*, ed. Robert J. Russell, William Stoeger and George V. Coyne (Vatican City: Vatican Observatory, 1988), pp.343-74에서 볼 수 있다.

8) 자연을 통한 하나님의 계시와 성경 및 종교적 경험에서의 하나님의 계시가 상호보완적인 관계에 있음은 시 19; 롬 1:18-20; 행 13:14-17; 17:22-26과 같은 성경 텍스트에 전제되어 있다.

9) Niels Bohr, Herbert, *Quantum Reality*, p.161에서 인용.

10) Herbert, *Quantum Reality*, p.159. 이와 유사하게, Paul Davies는 코펜하겐 학파 해석의 본질을 이렇게 진술한다: "Bohr의 입장은 ... 몇몇 양자 물체에

대한 측정 작업을 시행하기 전에 그것에 완전한 세트의 속성들을 부여하는 것은 무의미한 일이라는 것이다"(Davies and Brown, Ghost in the Atom, p.21).

11) 이러한 실례는 Herbert, *Quantum Reality*, p.164에서 차용되고 있다.

12) 특수상대성이론에 내포된 철학적 의미는 Hans Reichenbach, *The Philosophy of Space and Time*, trans. Maria Reichenbach and John Freund (New York: Dover, 1958); G. J. Whitrow, *The Natural Philosophy of Time* (London: Thomas Nelson & Sons, 1961)과 Adolf Grunbaum이 매우 전문적으로 쓴 *Philosophical Problems of Space and Time* (Dordrecht, Netherlands: D. Reidel, 1973)에서 논의되고 있다.

13) 위의 각주 5번외에도, Max Jammer, *The Philosophy of Quantum Mechanics* (New York: Wiley, 1974), and Bernard d'Espagnat, *Foundations of Quantum Mechanics*, 2nd ed. (Reading, Mass.: W. A. Benjamin, 1976)를 참고하시오.

14) 위의 각주 6번을 참고하시오. 지연된 선택 실험에 대한 비전문적인 해설은 Herbert, *Quantum Reality*, pp.164-67에서도 볼 수 있다. 이러한 견해와 일치하는 최근의 실험을 읽기 쉽게 요약해 놓은 것은 Andrew Watson, "'Eraser' Rubs Out Information to Reveal Light's Dual Nature," *Science* 270 (November 10, 1995): 913-14를 참고하시오 (오스트리아 인스부르크대 팀에 의한 실험은 "양전자의 파동과 같은 속성은 입자와 같은 방식으로 작용하도록 촉진한 후에도 측정이 가능함을 보여주었다"); James Glanz, "Measurements Are the Only Reality, Say Quantum Test," *Science* 270 (December 1, 1995): 1439-40 (이 논의는 최근의 실험에서 물리적 속성-예컨대 "전자의 위치 혹은 광전자의 분극화(polarization)-은 실험자가 그 값을 측정할 때까지는 실체 혹은 '존재'가 없음을 지적하고 있다). 원래의 실험 보고에 대해서는, P. G. Kwiat et al, "Observations of a 'Quantum Eraser': A Revival of Coherence in a Two-Photon Interference Experiment," *Physical Review* A45 (1992): 7729-39' and T. J. Herzog et al., "Complementarity and the Quantum Eraser," *Physical Review Letters* 75 (1995): 3034-37를 참고하시오.

15) 도형 2와 그에 대한 묘사는 Hellmuth et al., "Delayed-Choice Experiments," p.2532에서 차용하였다.

16) Wheeler, "The 'Past' and 'Delayed-Choice' Double-Silt Experiment," p.14.

17) Hellmuth et al., "Delayed-Choice Experiments," p.2540.

18) 행 13:48; 롬 9:6-24; 고전 1:27-28; 살전 1:4-5; 엡 1:4; 딤후 1:9; 벧전 1:1-2와 같은 성경본문들이 그 실례가 된다. 이 성경본문들은 각기 신앙공동체의 구성원들을 대상으로 하며, 신학적으로 인간이 응답하기 전에 제시되는 하나님의 뜻을 신뢰하고 그에 따라 회심하는 것의 토대를 신학적으로 성찰한다.

19) Weber, *Foundations of Dogmatics*, p.425. Weber는 Peter Martyr (1500-1562), Wolfgang Musculus (1497-1563), 그리고 벨기에인들과 갈리아주의자들(프랑스의 가톨릭교도들)의 고백에서 예정론이 이와 같이 혹은 이와 비슷한 순서로 배치되고 있음에 주목한다.

20) James B. Torrance, "Strengths and Weaknesses of the Westminster Theology," in *The Westminster Confession in the Church Today*, ed. Alasdair I. Herron (Edinburgh: St. Andrews Press, 1982), pp.45-46. Torrance는 또한 웨스트민스터 신앙고백의 구조가 더 이상 신경들(creeds)이나 칼빈의 1559년의 기독교 강요에서 볼 수 있는 삼위일체적 구조가 아니라, 성약설(成約說) 신학(Federal Theology)의 영원한 계율과 요강의 지배를 받고 있음에 주목한다"(p.45).

21) Charles Hodge, *Romans* (1835; reprint Wheaton, Ill.: Crossway, 1993), p.332.

22) Barth, *Church Dogmatics*, 2/2, p.294.

23) Franz J. Leenhardt, *The Epistle to the Romans*, trans. Harold Knight (London: Lutterworth, 1961), p.291.

24) David L. Edwards, *Christian England*, rev. ed., 3 vols. (London: Collins, 1989), 3: 259에서 인용.

25) 역사신학의 범주에서 이러한 주장은, 회심에 있어서 결정적이며 특징적인 요소는 인간의 의지보다는 오히려 신의 의지로 이해된다는 점에서, 구원론

에 있어서 아르미안주의 전통보다는 개혁신앙의 전통에 서있다는 점에 주목해야 할 것이다.

26) 이것은 양자 실체의 과거 상태는 현재라는 상황, 즉 실험을 통한 측정이 완료되었을 때에만 완전히 결정되고 실현되는 지연된 선택 실험에 대한 유비이다.

27) 몇 가지 점에서 이러한 역동적 예정설과 역동적으로 특수한 구속은 프랑스의 개혁신학자 Moyse Amyraut(1596-1664)이 말하는 "가설적 보편주의"(hypothetical universalism)와 유사하다. Amyraut의 (사상적) 체계에 대해서는 Amyraut의 생애, 연구 및 논쟁의 주요 핵심을 유용하게 개관하고 있는 Roger Nicole, *Moyse Amyraut: A Bibliography with Special Reference to the Controversy on Universal Grace* (New York: Garland, 1981), esp. pp.1-21과 Brian G. Armstrong, *Calvinism and Amyraut Heresy: Protestant Scholasticism and Humanism in Seventeenth-Century France* (Madison: University of Wisconsin Press, 1969)를 참고하시오. Armstrong에 따르면 (p.266), Amyraut는 예정을 구원에 있어서의 하나님의 역사(役事)에 대한 ex post facto한 설명으로 본다는 점에서, 예정의 교리를 신론(the doctrine of God) 바로 뒤에 위치시키지 않는다는 점에서, 요 3:16, 벧후 3:9 그리고 겔 18:33과 같은 본문에서 하나님이 실제 구원에 있어서는 특수주의를 부인하는 것은 아니지만, 하나님의 구원의지에는 보편적인 측면이 있음을 발견한다는 점에서 칼빈의 사상에 충실하고 있는 것이다. 현재의 제안은 이러한 관심사들을 공유하지만 (하나님의) 선택을 역동적 범주로 본다는 점에서 Amyraut의 안(案)과는 다르다. 차이점이 있음에도 불구하고, 구속의 범위가 어디까지인가에 대한 전통적인 논쟁에 참여한 당사자들-정통 칼빈주의자들, 아르미니안주의자들, 아미로주의자들(Amyrauldians)-모두가 구속을, 동적이기 보다는 정적인 용어로, 역사 속에서 복음이 전파되기 이전, 시간 이전에(pretemporally) 결정된 하나의 범주로 간주한다는 점에 대해서는 암묵적으로 의견의 일치를 보였다.

28) Kendall, *Calvin and English Calvinism*에서의 논의를 참고하시오.

29) Calvin, *Concerning the Eternal Predestination of God*은 Weber, *Foundations of Dogmatics*, p.425에서 인용.

제4장 카오스 이론에 대한 신학적 성찰

1) James Lighthill, "The Recently Recognized Failure of Predictability in Newtonian Dynamics," *Proceedings of the Royal Society of London* A407 (1986): 35, 38.

2) Edward N. Lorenz, "Deterministic Nonperiodic Flow," *Journal of the Atmospheric Sciences* 20 (1963): 130-41. Lorenz의 연구는 James Glieck, Chaos: Making a New Science (London: Abacus, 1993), pp.11-31에서 논의되고 있다. Glieck의 연구는 현재 일반대중들이 접근할 수 있는 카오스 이론에 대한 연구 가운데 가장 읽기 쉽다.

3) Lorenz, "Deterministic Nonperiodic Flow," p.141.

4) Lighthill, "Recently Recognized Failure," pp.42-47.

5) David Ruelle, *Chance and Chaos* (London: Penguin, 1993), p.45.

6) James Crutchfield et al., "Chaos," Scientific American 255, no.6 (December 1986): 38. 이 논문은 일반 독자를 위한 훌륭한 카오스 이론 입문서이다. 수학을 별로 활용하지 않는 다른 입문서로는 William Ditto and Louis Pecora, "Mastering Chaos," *Scientific American* 269, no.2 (August 1993): 62-83; Ian Stewart, *Does God Play Dice? The Mathematics of Chaos* (Oxford: Basil Blackwell, 1989), esp. chaps.5-11; J. T. Houghton, "New Ideas of Chaos in Physics," *Science and Christian Belief* 1 (1989), chap.4, "Chaos," pp.41-51; Paul Davies, *The Cosmic Blueprint* (London: Unwin Hyman, 1989), chap.4, "Chaos," pp.35-56 등을 들 수 있다. 과학자들과 기술자들을 위한 전문적인 논의는 A. J. Lichtenberg and M. A. Lieberman, *Regular and Stochastic Motion* (New York: Springer Verlag, 1983), esp. chap.7, "Dissipative Systems"; M. V. Berry et al, "Dynamical Chaos," *Proceedings of the Royal Society* A413 (1987): 1-199; Jong Hyun Kim and John Stringer, eds., *Applied Chaos* (New York: John Wiley & Sons, 1992) 등을 들 수 있다.

7) Robert M. May, "Simple Mathematical Models with Very Complicated Dynamics," *Nature* 261 (1976): 459-67.

8) *Ibid.*, p.467.

9) Gleick, *Chaos*, p.69.

10) Ilya Prigogine, *Order out of Chaos: Man's New Dialogue with Nature* (New York: Bantam, 1984). 프리고진은 시간의 중요성과 자연에서의 되돌릴 수 없는 사건들을 강조하는 비평형 열역학에서 이루어진 발견들이 뉴턴 시대 이후 근본적으로 양분된 것으로 종종 간주된, 물리학, 생물학 그리고 인간과학을 재결합할 수 있는 새로운 패러다임을 제공할 수 있다고 믿고 있다.

11) 이 분야에서의 독창적인 연구는 Bernard Mandelbrot, *The Fractal Geometry of Nature* (New York: Freeman, 1977)이다.

12) 1903년 Henri Poincare는 다음과 같이 기술하였다: "초기 상태에서의 작은 차이가 최종 국면에서는 커다란 차이를 만들어낼 수도 있다. 전자에서의 사소한 실수가 후자에서는 엄청난 실수를 초래할 것이다. 예측하는 일은 불가능해지며, 우리는 예기치 않은 현상에 직면하게 된다" (Crutchfield et al., "Chaos," p.40에서 인용).

13) William G. Pollard, *Chance and Providence: God's Action in a World Governed by Scientific Law* (London: Faber and Faber, 1958), p.97.

14) Donald M. Mackay, Science, *Chance and Providence* (Oxford: Oxford University Press, 1978), p.39. Peter Geach, *Providence and Evil* (Cambridge: Cambridge University Press, 197), p.116에 나타난 다음과 같은 유사한 견해를 잠 16:33을 인용하여 비교하시오: "'우연'의 사건들은 인간이 납득할 수 있는 원인들에 의해 결정되지 않을 수도 있지만, 그 사건들은 하나님의 섭리의 지식과 통제로부터 벗어나지는 않는다. Geach는 또한 p.120에서 "가령 인간이 마음대로 행동할 수 있다면 이 세상에는 어떤 결정론〔법칙, 규칙성, 예측 가능함〕과 어떤 비결정론〔예측 불가능함〕둘 다 존재하고 있음이 틀림없다." 라고 진술하고 있다. 핑크 홍학(紅鶴)색의 크로케 (croquet) 라켓이 신뢰할 수 있을 만큼 견고하지 않은 "이상한 나라의 앨리스"같은 세상이라면 그런 세상은 혼란에 빠질 것이다; 단 하나의 예외도 허용하지 않을 만큼 엄격한 결정론이 작용하는, 시계(태엽)장치 같은 세상이라면 그런 세상은 무미건조한 세상으로, 인간의 참된 자유와 도덕적 책임을

억압하고 파괴하게 될 것이다.

15) T. F. Torrance, "God and the Contingent World," *Zygon* 14:4 (1979): 329–48.

16) D. J. Bartholemew, *God of Chance* (London: SCM Press, 1984), pp.118, 138, 143.

17) Philip Hefner, "God and Chaos: The Demiurge Versus the Urgrund," *Zygon* 19, no.4 (1984): 469–85는 플라톤의 티마에우스(Timaeus)와 바빌로니아의 에뉴마 엘리쉬(Enuma Elish)에 나타난 혼돈(카오스)의 부정적 역할을 Nicolas Berdyaev 철학에 나타난 혼돈의 창조적 역할과 대비시키고 있다; Stuart Chandler, "When the World Falls Apart: Methodology for Employing Chaos and Emptiness as Theological Constructs," *Harvard Theological Review* 85 (1992):467–91은 종교적 신화에 나타난 혼돈과 불교 전통에 나타난 "공(空)"에 대해 논하고 있다. J. W. Stines은 "Time, Chaos Theory and the Thought of Michael Polanyi," *Perspectives on Science and Christian Faith* 44 (1992): 220–27에서 카오스 이론을 Michael Polanyi 철학의 "암묵적 지식"(tacit knowledge)이라는 개념과 결부시키고자 하지만, 분명한 것은 혼돈의 불확실성을 양자 불확정성과 뉴턴 물리학의 "고전적" 불확실성(예, 동전을 위로 던지기)과는 구별되는 새로운 중간물(tertium quid)로 간주하지 않는다는 사실이다.

18) J. T. Houghton, "New Ideas of Chaos in Physics," *Science and Christian Belief* 1 (1989): 41–51.

19) Robert John Russell, Nancey Murphy and Arthur R. Peacocke, eds., *Chaos and Complexity: Scientific Perspectives on Divine Action* (Vatican city: Vatican Observatory, 1995).

20) Crutchfield et al., "Chaos," p.49.

21) Gleick, Chaos, p.251에서 인용.

22) Russell, Murphy and Peacocke, *Chaos and Complexity*, p.14.

23) Arthur Peacocke, *Theology for a Scientific Age* (London: SCM Press, 1993), p.51.

24) Lighthill, "Recently Recognized Failure," p.47.

25) Pierre-Simon Laplace, *Philosophical Essay on Probabilities*, 5th French ed. (1825), trans. Andrew I. Dole (New York: Springer Verlag, 1995), p.2.

26) 이 단락에서의 천문학 데이터의 출처는 Jacques Laskar, "Large-Scale Chaos in the Solar System and Planetological Consequences," paper summary in *Science de la terre et des planetes* (Paris) 322, series 2a, no.3. item 163이다.

27) Davies, *Cosmic Blueprint*, p.56.

28) Cleick, *Chaos*, p.304.

29) Crutchfield et al., "Chaos," p.48; 또한 Houghton, "New Idea," p.50도 참고 하시오.

30) Davies, *Cosmic Blueprint*, p.140. Davies는 과학의 "환원주의적" 기법은 결코 정당화될 수 없다고 주장하는 것이 아니라, 다만 환원주의가 포괄적인 과학 패러다임이나 형이상학적 얼개(framework)로서는 적합하지 않다고 주장하는 것이다.

31) Charles Hodge, *What Is Darwinism?* (New York: Scribner, Armstrong, 1874), pp.173-77.

32) Bartholemew, God of Chance, pp.78, 82.

33) Peacocke, Theology for a Scientific Age, p.65. 이와 유사하게, 프리고진은 자신의 연구를 통해 내리는 주요 결론 가운데 하나로서 "비평형이야말로 질서의 원천이다"라고 주장한다 (Order out of Chaos, p.287).

34) 말할 필요도 없이 Hodge가 자율적인 "맹목적 우연"(blind chance)을 기독교 유신론과는 양립할 수 없는 독립적인 형이상학적 원리로 이해할 수 있다고 본 것은 올바른 판단이었다. 틀림없이 그는 Jacques Monod, Chance and Necessity (London: Collins, 1972); Richard Dawkins, The Blind Watchmaker (Harlow, U. K.: Longman, 1986)와 Stephen Jay Gould, Wonderful Life: The Burgess Shale and the Nature of History (New York: W. W. Norton, 1989)와 같은 진화론에 대해 오늘날에 와서 반목적론적으로 소개하는 것과 관련, 이와 유사한 결론에 도달했을 것이다. 여기서의 주안점은 우연과 혼돈을 하나님이 창조하신 보다 커다란 법칙구조들 안에 위치시키면 창조-진화 논쟁에서의 쟁점들을 전적으로 참신하게 이해할

수 있는 전망을 제공한다는 것이다. 그렇다면 진화 생물학의 "임의 변이
"(random variations)는 창조과정에서 하나님이 제정하신 섭리의 수단으
로 이해할 수 있을지도 모른다. 19세기 다윈의 진화론에 대한 기독교계의
다양한 반응에 대하여는 James R. Moore, The Post-Darwinian
Controversies (Cambridge, Cambridge University Press, 1979)를 참고하
시오.

35) Thomas Aquinas, Summa Contra Gentiles, trans. Vernon J. Bourke (Notre
Dame, Ind.: University of Notre Dame Press, 1975), 3.1.72, 74, pp.242-44,
250-53.

36) 에뉴마 엘리쉬에 대한 번역과 주해는 Alexander Heidel, *The Babylonian
Genesis: The Story of Creation* (Chicago: University of Chicago Press,
1951)과 Stephanie Dalley, *Myths from Mesopotamia: Creation, the Flood,
Gilgamesh and Others* (New York: Oxford University Press, 1989)를 참고
하시오. 고대 근동지역의 종교적 상황에서의 창세기 창조설화에 대한 조명
은 Claus Westermann, Creation in the History of Religions and in the
Bible," in Genesis 1-11: A Commentary, trans. John J. Scullion (London:
SPCK, 1984), pp.19-47을 참고하시오.

37) Plato, Timaeus 30a, in Plato, trans. R. G. Bury (Cambridge, Mass.: Harvard
University Press, 1929), 9:55.

38) Francis C. Moon, *Chaotic and Fractal Dynamics: An Introduction for
Applied Scientists and Engineers* (New York: John Wiley & Sons, 1992),
pp.42-43.

39) Prigogine, *Order out of Chaos*, p.208.

제5장 괴델의 증명은 신학적 함축을 지니는가?

1) Solomon Fefeman, "Gödel's Life and Work," in Kurt Gödel, Collected
Works, ed. Solomon Fefeman (Oxford: Claredon, 1986), 1:1,8.

2) Kurt Gödel, "Über Formal unentscheidbare Satze der Principia Mathematica

und verwandter Systeme I" (On formally undecidable propositions of *Principia Mathematica* and related systems I; 1931), in *Collected Works* 1:195. 괴델이 이해하는 바와 같이 "형식체계"에 있어서, "그것들 안에서의 추론은 원리적으로는 컴퓨터와 같은 기계장치에 의해 완전히 대체될 수 있다"(ibid., n.70). 이 논문은 원래 과학저널 Monatshefte fur Mathematik und Physik 38 (1931): 173-98에 게재되었었다.

3) 전기(傳記)에 대한 정보는 주로 Fefeman, "Gödel' s Life and Work," pp.1-36에서 인용하였다. 배경에 대한 그 이상의 정보는 Hao Wang, "Some Facts About Kurt Gödel," *Journal of Symbolic Logic* 43, no.3 (1981): 653-59와 Hao Wang, *Reflections on Kurt Gödel*(Cambridge, Mass.: MIT Press, 1987).

4) H. Martyn Cundy, "Gödel' s Theorem in Perspective," *Science and Christian Belief* 3, no.1 (April, 1991): 35. 괴델의 연구에 대한 기타의 해설은 Ernest Nagel and James R. Newman, *Gödels Proof* (London: Routledge and Kegan Paul, 1959); Harry J. Gensler, *Gödel' s Theorem Simplified* (Lanham, Md.: University of Press of America, 1984) 및 J. Van Heijenoort, "Gödel' s Theorem," in *Encyclopedia of Philosophy*, ed. Paul Edwards (New York: Macmilian, 1967), 3:348-57에서 볼 수 있다. 또한 Douglas R. Hofstadter, *Gödel, Escher, Bach* (New York: Basic Books, 1979), esp. chap.4, "Consistency, Completeness and Geometry," and chap.14, "On Formally Undecidable Propositions," Nagel과 Newman의 연구는 그 연혁에도 불구하고 비전문가들을 위한 연구로는 가장 뛰어나다.

5) 이 공식들은 Cundy, "Gödel' s Theorem in Perspective," p.35에서 차용하였다.

6) 여기에 든 사례들은 Gensler, Gödel' s Theorem, p.2에서 차용하였다.

7) Nagel and Newman, *Gödel' s Proof*, p.86. 이 저자들은 괴델이 "사상(寫像)"(mapping)으로 알려진 수학적 기법을 이용하여 자신이 도출한 결과를 어떻게 입증할 수 있었는지에 대해 비교적 쉽게 설명한다. 그들은 또한 괴델의 연구가 19세기의 발전이라는 상황에서 어떻게 자연스럽게 이루어졌는

지에 대해 역사적으로 유용한 조망을 해주고 있다: George Boole이 발전시킨 현대 상징논리학; 유클리드의 몇몇 "자명한" 공리들이 사실임이 자명하지 않으며 상호 일관되지 않을 수도 있음을 암시하는 비유클리드 기하학의 대두; Bertrand Russell과 Alfred North Whitehead가 *Principia Mathematica*(1910)에서 대수의 정합성(整合性)을 상징 논리로 환원시킴으로써 그것을 구축하려는 시도들. 수학의 토대에 관한 이러한 논의의 배경을 그 이상으로 언급한 것은 Heijenoort, "Gödel's Theorem"; Stephen Cole Kleene, *Introduction to Mathematics* (Amsterdam: North-Holland Publishing, 1952); and Raymond L. Wilder, *Introduction to the Foundations of Mathematics* (New York: John Wiley & Sons, 1952) 등을 참고하시오.

8) J. R. Lucas, "Minds, Machines and Gödel," *Philosophy* 36 (1961): 112. 루카스의 논증은 또한 그의 비판자들에게 보내는 회신과 더불어 J. R. Lucas, The Freedom of the Will (Oxford: Claredon, 1970), pp.124에 수록되어 있다.

9) Lucas, "Minds, Machines," pp.112, 119, 125.

10) Lucas, *Freedom of the Will*, p.166.

11) Lucas, "Minds, Machines," p.127.

12) I. J. Good, "Gödel's Theorem Is a Red Herring," *British Journal for the Philosophy of Science* 19 (1969): 357-58; 루카스의 명제에 대한 다른 학자들의 비판은 Hofstadter, Gödel, Escher, Bach, chap.15를 참고하시오.

13) Patrick, "Logic and Limits of Knowledge and Truth," *Nous* 22 (1988): 341, 359.

14) *Ibid.*, p.361, n.1. Grim은 자신의 논증에 다분히 이론적인 성격이 있음을 시인한다: "서론에서 주시하는 바와 같이, 초논리적(metalogical) 결과들에 관한 철학적 성찰이 모험적인 작업이라는 것은 주지의 사실이다"(p.359).

15) *Ibid.*, p.356.

16) *Ibid.*, p.361.

17) Richard Swinburne, *The Coherence of Theism* (Oxford: Claredon, 1977). p.162. 스윈번 자신은 하나님께서 자유의지를 가진 존재들이 미래에 어떤

선택을 할 것인지에 대해 알 수 없다는 "제한된 전지"에 대해 전통적인 견해와는 다른 견해를 보여준다. 하나님의 전지에 대한 보다 전통적인 견해를 옹호하는 글은 William Lane Craig, *Divine Foreknowledge and Human Freedom* (Leiden, Netherlands: E. J. Brill, 1991)를 참고하시오. 크레이그는 여기서 루이스 몰리나의 "중간지식"이라는 개념에 근거하여 하나님의 주권, 인간의 자유 그리고 미래에 우연히 발생하는 사건들에 대한 하나님의 지식이 서로 화해할 수 있다고 주장한다.

18) Cundy, "Gödel's Theorem in Perspective," pp.48-49.

19) Charles Hodge, Systematic Theology, 3 vols. (New York: Charles Scribner, 1878), 1:10.

20) *Ibid.*, 1:1, 17.

21) 17세기의 개혁정통의 대표적 출처에 관하여는 Heinrich Heppe, *Reformed Dogmatics, Set out and Illustrated from the Sources*, rev. and ed. Ernst Bizer, trans. G. T. Thompson (London: Allen & Unwin, 1950)을 참고하시오.

22) Otto Weber, *Foundations of Dogmatics*, trans. Darrell L. Gruder (Grand Rapids, Mich.: Eerdmans, 1983), 1:113.

23) George Lindbeck, The Nature of Doctrine: Religion and Theology (London: SPCK, 1984), p.33.

24) David F. Ford, "System, Story, Performance: A Proposal About the Role of Narrative in Christian Systematic Theology," in Why Narrative? Readings in Narrative Theology, ed. Stanley Hauerwas and L. Gregory Jones (Grand Rapids, Mich.: Eerdmans, 1989), pp.191, 207. 또한 이야기신학을 신학적인 관점에서 Hans Frei, George Lindbeck and Brevard Childs의 연구로 인해 정통해진 설교법과 연계시키는 Mark Ellingston, *The Integrity of Biblical Narrative: Story in Theology and Proclamation* (Mineapolis: Fortress, 1990)을 참고하시오.

25) John Kadvany, "Reflections on the Legacy of Kurt Gödel: Mathematics, Skepticism, Postmodernism," *Philosophical Forum* 20, no 3 (1989): 162, 178.

26) Heijenoort, "Gödel's Theorem," p.356.

27) Stephen Toulmin, *Cosmopolis* (New York: Free Press, 1990), quoted by Nancey Murphy, "Post-modern Non-relativism: Imre Lakatos, Theo Meyering and Alasdair MacIntyre," *Philosophical Forum* 27, no.1 (1995): 37.

28) 이러한 용어들에 대한 논의는 Murphy, "Post-modern Non-relativism," p.38을 참고하시오; 또한 Nancey Murphy, "Scientific Realism and Post-modern Philosophy," *British Journal for the Philosophy of Science* 41 (1990): 291-303과도 비교하시오.

29) Philip J. Davis and Reuben Hersh, *Descartes' Dream: The World According to Mathematics* (New York: Harcourt Brace Jovanovich, 1986), p.4에 요약되어 있다.

30) *Ibid.*, pp.7, 5.

31) Murphy, "Post-modern Non-relativism," p.40.

32) 여기서 영향력 있는 글로는 W. V. O. Quine, "Two Dogmas of Empiricism," *Philosophical Review* 40 (1951): 20-43, and W. V. O. Quine and J. S. Ullian, The Web of Belief, 2nd ed. (New York: Random House, 1978)를 들 수 있다.

33) 그러한 접근은 옥스퍼드대의 종교철학자 Richard Swinburne의 *The Existence of God*, rev. ed. (Oxford: Claredon, 1991)에서 볼 수 있다. 종교적 인식론에서 "믿음의 망"(web of belief)이라는 접근법은 또한 기독교인의 신앙을 구실로 "누적의 사례"(cumulative case)와 "상호지지"(mutual support)라는 관점에 대해 언급하고 있는 William P. Alston, *Perceiving God: The Epistemology of Religious Experience* (Ithaca, N. Y.: Cornell University Press, 1991)에서도 전개되고 있다: "단 한 가닥만으로는 신앙을 견고하게 하기에는 충분하지는 않지만, 그것들이 꼬아져서 로프가 되면 그러한 일을 감당할 만큼 강력한 힘이 생겨난다"(p.306).

34) Nigel J. Cutland, "What Does Gödel Tell Us?" *Science and Christian Belief* 3, no.1 (1991): 54.

제6장 인공지능과 기독교적 인간관

1) 이 논문은 인공지능에 관한 학술발표회에서 발표된 것이다: "Identity, Formation, Dignity: The Impacts of Artificial Intelligence and Cognitive Science upon Jewish and Christian Understandings of Personhood," April 30-May 2, 1988, Massachusetts Institute of Technology, sponsored by the MIT Artificial Intelligence Laboratory and the Boston Theological Institute.

2) Daniel Crevier, *AI: The Tumultuous History of the Search for Artificial Intelligence* (New York: BasicBooks, 1993), p.xi.

3) Steven Levy, Artificial Life: The Quest for a New Creation (New York: Pantheon, 1992), p.346에서 인용.

4) Robert D. McFadden, "Inscrutable Conqueror: Deep (RS/6000 SP) Blue," New York Times, May 12, 1997, pp.A1, A18.

5) "약한"(weak) AI 옹호론자들은 외부관찰자가 보았을 때 지성과 감성을 지니고 행동하는 것처럼 보이는 기계가 가능하다는 생각을 지지한다; "강한" (strong) AI 옹호론자들은 실제로 그러한 내적 상태를 체험하게 되는 기계를 만들어낼 수 있다고 주장한다. Crevier, AI, p.268과 비교하시오. 강한 AI는 말하자면, "영혼"(souls)을 지닌 기계나 컴퓨터가 출현가능하다는 것을 마음속에 그린다. Herbert Dreyfus, *What Computers Can't Do: The Limits of Artificial Intelligence*, 2nd ed. (New York: Harper & Row, 1979)는 강한 형태를 지니는 AI가 가능하다는 것에 대해 매우 비판적이다.

6) 이 분야에서의 철학적 논의에 대한 훌륭한 개관과 분석은 David J. Chalmers, *The Conscious Mind: In Search of a Fundamental Theory*와 여기에 인용된 문헌들을 참고하시오. Chalmers는 자신이 "자연주의적 이원론"(naturalistic dualism)이라 부르는 입장을 옹호하며, 주관적이며 의식적인 체험을 뇌의 상태와는 질적으로 다르며 그것(뇌의 상태)으로 축소될 수 없지만, 성격상 "초자연적"인 것으로 간주한다. 인지과학과 그것(인지과학)이 철학적이며 신학적으로 함축하는 바는 다음을 참고하시오: Barbara Von Eckardt, *What is Cognitive Science?* (Cambridge, Mass.: MIT Press, 1992); Andy Clark, *Being There: Putting Brain, Body and World Together Again* (Cambridge,

Mass.: MIT Press, 1996; 두뇌, 육체 그리고 세계가 계산을 요구하는 활동 안에서 연결되어 있는 지능에 대한 "구체화된" 견해를 옹호한다); Charles Taliaferro, *Consciousness and the Mind of God* (Cambridge: Cambridge University Press, 1994); Warren S. Brown, Nancey Murphy and H. Newton Malony, eds., *Whatever Happened to the Soul? Scientific and Theological Portraits of Human Nature* (Minneapolis: Fortress, 1998): Malcolm A. Jeeves, *Human Nature at the Millennium: Reflections of the Integration of Psychology and Christianity* (Grand Rapids, Mich.: Baker, 1999)

7) 예를 들면, Roger Penrose, *Shadows of the Mind: A Search for the Missing Science of Consciousness* (New York: Oxford University Press, 1994)에서 의지와 같은 인간의 정신작용은 원리상으로는 계산을 요구하는 모델 (Computational model)에 의해서는 결코 완전하게 이해될 수 없다는 주장이 제기된다. 또한 John R. Searle, *The Rediscovery of the Mind* (Cambridge, Mass.: MIT Press, 1992)를 참고하시오. 이와는 대조적이며 두드러진 "컴퓨터 조작자"(computationalist)의 입장 (뭉뚱그려 말하면, "두뇌/정신 = 컴퓨터")은 Paul M. Churchland, *Matter and Consciousness* (Cambridge, Mass.: MIT Press, 1988); Daniel C. Dennett, *Brainchildren: Essays on Designing Minds* (Cambridge, Mass.: MIT Press, 1998); Steven Pinker, How the Mind Works (New York: W. W. Norton, 1999)를 참고하시오.

8) Crevier, AI, p.48에서 인용. 인공지능 연구의 발전에 대한 역사적 개관은 또한 Hans Moravec, *Mind Children: The Future of Robot and Human Intelligence* (Cambridge, Mass.: Harvard University Press, 1988), pp.1–74와 David F. Noble, *The Religion of Technology: The Divinity of Man and the Spirit of Invention* (New York: Alfred A. Knopf, 1997), chap.10, "The Immortal Mind" Artificial Intelligence."를 참고하시오.

9) Noble, *Religion of Technology*, pp.150–51에서 인용; 원래의 참고문헌은 A. M. Turing, "Computing Machnery and Intelligence," *Mind* 59, no.236 (1950)이다.

10) Crevier, *AI*, p.51.

11) Moravec, *Mind Children*, p.61.

12) Crevier, *AI*, p.303에서 인용.

13) 인간이 "하나님의 형상"으로 (혹은 "으로써"(as)) 만들어졌다는 성경적 관념은 창 1:26-27; 5:3; 9:6; 골 1:15; 3:10과 같은 본문에 나타난다. "영혼" (soul)의 개념보다는 "하나님의 형상"이라는 개념이 오히려 본 연구의 초점이다, 왜냐하면 전자는 인간에 대한 관계적인 이해를 회복하는데 보다 유용하기 때문이다.

14) Irenaeus, *Against Heresies* 4.4.3; Clement of Alexandria *Protreptikos* 124.3; Augustine De trinitate 14.4. 초대 교회에서의 해석의 역사에 대해서는, David Cairns, *The Image of in Man* (london: Collins, 1973), pp.116-19와 Karl Barth, *Church Dogmatics* 3/1, *The Doctrine of Creation*, ed. G. W. Bromiley and T. F. Torrance (Edinburgh: T & T Clark, 1958), pp.192-93 등을 참고하시오.

15) Thomas Aquinas, *Summa Theologica, trans. Fathers of the English Dominican Province* (New York: Benziger Bros., 1947), 1:471 (1.q93.a4). 아퀴나스는 명백히 어거스틴과 그리스 교부들에 대한 지적인 이해를 지속적으로 탐구하지만, 의미심장한 것은 그 형상에서 인간이 하나님과 사랑의 관계를 맺는 기초를 발견하게 된다는 것이다.

16) Martin Luther. *Commentary on Genesis, in A Compend of Luther's Theology*, ed. Hugh T. Kerr (Philadelphia: Westminster Press, 1966), pp.82-83.

17) John Calvin, *Institutes of Christian Religion, trans. Ford Lewis Battles* (Philadelphia: Westminster Press, 1960), 1:186 (1.15)

18) 이러한 현대적 해석들에 대한 개관은 1882년부터 1982년까지의 시기를 다루고 있는 Gunnlaugur A. Johnson, *The Image of God: Genesis* 1:26-28 *in a Century of Old Testament Research* (Lund, Sweden: Almqvist & Wiksell, 1988)에서 유익하게 이루어지고 있다.

19) Barth, *Church Dogmatics* 3/1, p.186. 많은 바르트 비평가들은 이러한 견해에 근본적으로 문제가 있음을 지적하였다: 남성과 여성 사이의 성적 차이를 관계의 토대로 삼더라도 인간이 동물과 구별되는 것은 아니다. 반면에 창

1:26에서 형상-그것이 어떻게 이해되더라도-은 인간을 하등 피조물과 구별 시켜 주는 것이 된다.

20) 예를 들면, D. J. A. Clines, "The Image of God in Man," *Tyndale Bulletin* 19 (1968): 53-103에서 인용된 텍스트들을 참고하시오.

21) G. C. Berkouwer, *Man: The Image of God*, trans. Dirk W. Jellema (Grand Rapids, Mich.: Eerdmans, 1962), p.23.

22) 여기서의 핵심은 결혼과 가정과의 관계를 통해 그 실례를 들 수 있다. 사람이 태어날 때부터 "남편"이나 "아내"가 되는 것은 아니다; 사람은 결혼이라는 관계 속으로 들어가면서 남편이 되고 아내가 되는 것이다. 관계가 역할을 구성한다. Jonsson, *Image of God*, p.224에서 주지하는 바와 같이, 현대 학문에서의 지배적 경향이 형상을 "지배"(dominion)에 의거하여 기능적으로 이해해 온 것이 사실인 반면, 창세기 본문에서는 지배의 기능이 하나님과 인간과의 관계, 즉 인간성의 참된 의미와 목적이 무엇인지 정의를 내리고 구성하는 관계라는 컨텍스트 안에서 이해되고 있음도 여전히 사실이다. 하나님의 형상에 대한 관계적 이해를 인공지능 연구와 연계하려는 시도는 또한 Anne Goerst, "Cog, a Humanoid Robot와 the Question of the Image of God," *Zygon* 33, no.1 (March 1998): 91-105에서도 볼 수 있다.

23) 사회학적이며 역사적으로 흥미 있는 한 관찰에서, David Wells는 19세기 초 신문의 부고(訃告)는 사망한 사람의 성품은 어느 정도 언급하나, 직업에 대해서는 좀처럼 언급하지 않는 것이 전형적인 형태였음에 주목하였다. 1990년까지는 직업이 신원확인의 주요 수단이었으며, 사망한 사람의 성품에 대해서는 좀처럼 언급하지 않았다. 웰즈는 이와 같이 성품이 기능으로 대체된 것은 "선한 성품"(good character)이 무엇인지에 대한 사회적 합의가, 점차로 약해지는 익명의 그리고 복잡한 도시사회가 대두되는 것과 그 맥을 같이 한다고 말한다. (David Wells, *God in the Wasteland* 〔Grand Rapids, Mich.: Eerdmans, 1994〕, p.11.

24) 예를 들면, 히브리 성경의 신 7:6-8을 참고하시오: "당신들은 주 당신들의 하나님의 거룩한 백성이요...주님께서 당신들을 사랑하시고 택하신 것은, 당신들이 다른 민족들보다 수가 더 많아서〔선천적 특질에 기초하여〕가 아닙니다. 주님께서는 당신들을 사랑하시기 때문에, 당신들 조상 (족장 아브

라함, 이삭 그리고 야곱)에게 맹세하신 그 약속을 지키시려고 택하신 것입니다. 선택과 예정이라는 성경적 주제에 대한 신학적 논의를 개관한 것은 Karl Barth, *Church Dogmatics* 2/2, *The Doctrine of God,* ed. G. W. Bromiley and T. F. Torrance (Edinburgh: T & T Clark, 1957), pp.3-506과 Otto Weber, *Foundations of Dogmatics*, trans. Darrell L. Gruder (Grand Rapids, Mich.: Eerdmans, 1983), 2:414-37을 참고하시오.

25) P. H. Davids, "Adoption," in *Evangelical Dictionary of Theology*, ed. Walter A. Elwell (Grand Rapids, Mich.: Baker, 1984), p.13. 양자됨 (adoption)의 신학과 사회적 배경에 대해서는 Robert Alexander Webb, *The Reformed Doctrine of Adoption* (Grand Rapids, Mich.: Eerdmans, 1947): J. van Seters, "The Problem of Childlessness in Near Eastern Law and the Patriarchs Of Israel," *Journal of Biblical Literature* 87 (1968): 401-8; Francis Lyall, "Roman Law in the Writings of Paul-Adoption," *Journal of Biblical Literature* 88 (1969): 458-66 등도 참고하시오.

26) 19세기 실증주의 과학철학의 발전에 관하여는 David C. Lindberg and Ronald Numbers, eds., *God and Nature: Historical Essays on the Encounter Between Christianity and Science* (Berkeley: University of California Press, 1986), esp, pp.351-68, "Christianity and the Scientific Community in the Age of Darwin"; and Nancy R. Pearcey and Charles B. Thaxton, *The Soul of Science: Christian Faith and Natural Philosophy* (Wheaton, Ill.: Crossway, 1994), pp.47-49, "Science According to Positivism." 등을 참고하시오.

27) George Gaylord Simpson, *The Meaning of Evolution*, rev. ed. (New Haven, Conn.: Yale University Press, 1949), p.346.

28) *Ibid.*, p.331. 진화과정의 비지시적(nondirective)이며 비점진적인 (nonprogressive) 성격을 이처럼 강하게 주장하는 것은 Stephen Jay Gould 의 연구, 예를 들면 *Wonderful Life: The Burgess Shale and the Nature of History* (New York: W. W. Norton, 1989)에서도 찾아볼 수 있다. 이와 유사하게 반목적론적 측면을 강조한 것은 Richard Dawkins, *The Blind Watchmaker* (London: Penguin, 1988)를 참고하시오.

제7장 "점진적 창조"는 여전히 유용한 개념인가?

1) Ronald L. Numbers, *The Creationists* (Berkeley: University of California Press, 1992), p.187.

2) John W. Haas Jr., "The Christian View of Science and Scripture: A Retrospective Look," *Journal of the American Scientific Affiliation* 31 (1979): 117.

3) Bernard Ramm, *The Christian View of Science and Scripture* (Grand Rapids, Mich.: Eerdmans, 1954), p.116.

4) *Ibid.*, pp.113, 116.

5) *Ibid.*, p.272.

6) Numbers, *Creationists*, pp.187-88. Numbers는 (램의 의견에 이의를 제기하며) 젊은 지구, 문자 그대로의 6일 동안의 창조 그리고 지구의 주요 지질학적 특질에 대해 인과적으로 설명해주는 보편적 현상으로서의 홍수설을 옹호하면서, John C. Whitcomb과 Henry Morris의 응답과 1961년 Whitcomb and Morris, *The Genesis Flood* (Philadelphia: Presbyterian & Reformed, 1961)이 출간되면서 전조(前兆)가 되었던 현대 "창조과학" 운동의 태동을 추적한다.

7) Gordon Wenham, Genesis 1-15 (Waco, Tex.: Word, 1987), pp.xlv,1.

8) Gerhard F. Hasel, "The Polemic Nature of the Genesis Cosmology," *Evangelical Quarterly* 46 (1974): 81-102. 창세기의 배경이 되는 고대 근동의 종교와 고대 종교의 창조사상은 Claus Westermann, "Creation in the History of Religions and in the Bible," in *Genesis 1-11: A Commentary*, trans. John J. Scullion (London: SPCK, 1984), pp.19-46에서 능숙하게 다루어지고 있다. 창세기의 창조묘사의 배경과 신학적 의도에 대한 그 이상의 유익한 논의는 Bruce K. Waltke, "The Creation Account in Genesis 1;1-3, Part I: Introduction to Biblical Cosmology," *Bibliotheca Sacra* 132 (1975): 25-36에서 볼 수 있다.

9) Hasel, "The Polemic Nature," p.91.

10) J. I. Packer, *Fundamentalism and the Word of God* (London: InterVarsity

Fellowship, 1958), pp.96-98.

11) R. J. Berry, "Creation and the Environment," *Science and Christian Belief* 7 (!995): 21. 이 논문의 참고문헌은 환경문제와 관련이 있는 역사적이며 신학적인 문헌들을 포괄적으로 개관하고 있다.

12) Helmer Ringgren, "bara," in *Theological Dictionary of the Old Testament*, ed. G. Johannes Botterweck and Helmer Ringgren, trans. John T. Willis (Grand Rapids, Mich.: Eerdmans, 1975), 2:242-49; and Thomas E. McComiskey, "bara," in *Theological Wordbook of the Old Testament*, ed. R. Laird Harris (Chicago: Moody Press, 1980): 1:127-28.

13) 네 가지 유형의 원인들을 다루는 아리스토텔레스의 용어론(terminology)에 있어서, 현대과학은 물리적 과정의 양적 이해에 대한 관심을 표명할 때 "물질"과 "동인들"에 초점을 맞춘다; 하나님의 창조사역의 의미와 목적에 관심을 가지고 있는 성경과 기독교 신학은 "외형의"(설계, 설계자의 문제) 원인들과 "최종적"(목적, 목적론의 문제) 원인들에 초점을 맞춘다.

14) 진화생물학의 현재 추세에 대한 개관은 Douglas J. Futuyma, *Evolutionary Biology*, 2nd ed. (Sunderland, Mass.: Sinauer Associates, 1986)과 Mark Ridley, *Evolution* (Boston: Blackwell Scientific, 1993)에서 볼 수 있다. 현대 생물학적 사고의 발전에 대한 역사적 연구는 Ernst Mayr, *The Growth of Biological Thought: Diversity, Evolution and Inheritance* (Cambridge, Mass.: Harvard University Press, 1992)과 David Young, *The Discovery of Evolution* (Cambridge: Cambridge University Press, 1992)에 소개되어 있다. Young은 명료한 필치와 유익한 실례를 든 텍스트에서 식물학, 동물학 그리고 지질학 분야가 발전을 이루게 된 배경에 의존하면서 17세기부터 20세기 후반까지의 진화론적 사고의 역사적 전개를 추적한다.

15) 유전학 분야의 역사적 발전과 기본개념들에 대한 개관은 John B. Jenkins, *Genetics* (Boston: Houghton Mifflin, 1975); George W. Burns and Paul J. Bottino, *The Science of Genetics*, 6th ed. (New York: Macmillian, 1989); David Suzuki and Peter Knudston, *Genetics: The Clash Between the New Genetics and Human Values* (Cambridge, Mass.: Harvard University Press, 1989); Gunther Stent, *Molecular Genetics: An Introductory Narrative* (San

Francisco: W. H. Freeman, 1971)를 참고하시오. D. J. Weatherall, *The New Genetics and Clinical Practice*, 3rd ed. (Oxford: Oxford University Press, 1991)는 유전학과 임상 윤리학에 관한 결정적인 연구로 간주된다. 새로운 유전학 연구가 진화 생물학에 끼친 영향은 Christopher Wills, *The Wisdom of the Genes: New Pathways in Evolution* (New York: BasicBooks, 1989)에서 논의되고 있다. DNA 분자구조에 대한 최초의 발견은 James D. Watson, *The Double Helix: A Personal Account of the Discovery of the Structure of DNA*, ed. Gunther S. Stent (London: Weidenfeld and Nicolson, 1981)를 참고하시오..

16) Stephen Jay Gould, *Ontogeny and Phylogeny* (Cambridge, Mass.: Harvard University Press, 1977), p.406.

17) Colin W. Stearn and Robert L. Carroll, *Paleomtology: The Record of Life* (New York: John Wiley & sons, 1989), p.29

18) Robert L. Carroll, *Vertebrate Paleontolgy and Evolution* (New York: W. H. Freeman, 1988), preface. 고생물학 분야에 대한 읽기 쉬운 개론서로는, Stearn and Carroll, *Paleontology; Steven M. Stanley, Earth and Life Through Time* (New York: W. H. Freeman, 1986; 역사 지질학과 고생물학을 통합하고 있다); 그리고 Richard Fortey, *Fossils: The Key to the Past* (London: Heinemann, 1988; 예증이 잘 되어 있다).

19) 단속평형에 대한 사례는 Steven M. Stanley, *The New Evolutionary Timetable: Fossils, Genes and the Origin of Species* (New York: Basic Books, 1981) 및 Niles Eldredge, *Time Frames: The Rethinking of Darwinian Evolution and the Theory of Punctuated Equilibria* (London: Heinemann, 1986)에 의해 논증되고 있다. 후자의 연구는 1972년에 처음으로 발표된 논문 Eldredge and Gould, "Punctuated Equilibria: An Alternative to Phyletic Gradualism."을 pp.193-223에 부록으로 싣고 있다.

20) Jeffrey Levington, *Genetics, Paleontology and Macroevolution* (Cambridge: Cambridge University Press, 1988), pp.407-8. 정통파의, 신(新)다윈설의 "점진주의자"(gradualist) 패러다임은 또한 Antoni Hoffman, *Arguments on Evolution: A Paleontologist's Perspective* (New York: Oxford University

Press, 1989)에 의해서도 옹호되고 있다. 이 논쟁은 진화론적 패러다임 그 자체를 포기하는 것이 아니라, 진화생물학의 전문분야 내에서의 (intramural) 논쟁이라는 점에 주목해야 한다.

21) George Gaylord Simpson, *The Major Features of Evolution* (New York: Columbia University Press, 1953).

22) Robert L. Carroll, "Revealing the Patterns of Macroevolution," *Nature* 381 (May 2, 1996): 19. 당연히, Simpson과 Carroll은 19세기 Marsh와 여타의 학자들에 의해 문서로 입증된 일련의 유명한 말 화석들과, 공룡과 새의 중간단계로서 주목할만한 시조새(Archaeopteryx)에 대해서 알고 있었지만, 어류와 양서류 혹은 파충류와 포유류 같은 주요 집단 사이에서 중간단계임이 분명한 형태들이 상대적으로 부재함을 염두에 두고 있었다.

23) 화석기록에 주요한 단절이 있었음을 의식하는 것이야말로 Eldredge와 Gould가 제안한 단속평형가설이 발전하게 된 주요한 요인이 되었다. 오늘날 많은 고생물학자들은 화석기록을 "부적절한"(inadequate) 것으로보다는 오히려 "편향된"(biased) 것으로 묘사하기를 선호한다. 그들은 화석화 과정이 부드러운 신체를 지닌(soft-bodied) 유기체보다는 딱딱한 신체를 지닌 (hard-boiled) 유기체를 보존하는 것을 선호하며, 보다 높은 곳에서보다는 오히려 커다란 그러면서 얕은 물웅덩이 근처에서 생을 마감하는 동물들을 선호한 나머지 부득불 편향될 수밖에 없음을 지적하고 있다. 이러한 편견들을 고려할 때, 고생물학자들은 "과거의 생명에 대한 균형 잡힌 시각을 갖기 위해 그러한 편견들을 수정할 수 있는 것이다"(Stearn and Carroll, *Paleontology*, p. 12).

24) *이크티오스테가*(Ichthyostega)와 어류에서 양서류로의 변이에 대한 이러한 정보는 Edwin H. Colbert and Michael Morales, *Evolution of the Vertebrate: A History of the Backboned Animals Through Time*, 4th ed. (New York: John & Wiley Sons, 1991), pp. 67-69; I. I. Schmalhausen, *The Origin of the Terrestrial Vertebrates*, trans. Leon Kelso (New York: Academic Press, 1968), p. 34; and Robert L. Carroll, *Vertebrate Paleontolgy and Evolution* (New York: W. H. Freeman, 1988), pp.158에서 나온 것이다.

25) Per E. Ahlberg, Jennifer A. Clark and Ervins Luksevics, "Rapid Braincase

Evolution Between Panderichthys and the Earliest Tetrapods," *Nature* 381 (May 2, 1996): 61-63.

26) Carroll, "Revealing the Patterns of Macroevolution," p.20.

27) Carroll, *Vertebrate Paleontology and Evolution*, p. 361.

28) *Ibid.*, p.362.

29) T. S. Kemp, *Mammal-like Reptiles and the Origin of Mammals* (London: Academic Press, 1982), p.1. 물론 Kemp의 언급은 다른 주요 척추동물들 사이에서의 변이에 대한 기록은 엉성한 편이며, 얼마 되지 않는 화석잔해로부터의 추론에 근거하고 있음을 함축하는 것이다.

30) Colbert and Morales, *Evolution of the Vertebrates*, p. 228.

31) Kemp, *Mammal-like Reptiles*, p. 1.

32) 위에서 언급한 묘사는 Colbert and Morales, *Evolution of the Vertebrates*, pp.123-25에서 나온 것이다.

33) *Ibid.*, p. 241.

34) *Ibid.*

35) 사람과(科)의 화석임을 입증하는 증거는 Michael H. Day, *Guide to Fossil Man*, 4th ed. (Chicago: University of Chicago Press, 1986); Richard G. Klein, *The Human Career: Human Biological and Cultural Origins* (Chicago: University of Chicago Press, 1989); Roger Lewin, *Human Evolution: An Illustrated Introduction*, 3rd ed. (Boston: Blackwell Scientific, 1993); Ian Tattersall, *The Fossil Trail* (New York: Oxford University Press, 1995); John Reader, *Missing Links: The Hunt for the Earliest Man* (New York: Penguin, 1988)과 같은 연구에서 검토와 분석이 이루어지고 있다.

36) 해부학적으로 보면 현대인들은 여타의 생명체보다는 유인원(고릴라와 침팬지)에 더 가깝다. DNA 서열이라는 분자의 수준에서 인간과 침팬지는 상호 유사성의 정도가 대략 98%나 된다.

37) Don L. Eicher and A. Lee McAlester, *History of the Earth* (Englewood Cliffs, N. J.: Prentice Hall, 1980), p. 236. 캄브리아기의 시작은 지금으로부터 약 5억 7천만 년 전으로 거슬러 올라간다.

38) T. Peter Crimes, "The Period of Evolutionary Failure and the Dawn of Evolutionary Success: The Record of Biotic Changes Across the Precambrian-Cambrian Boundary," in *The Paleontology of Trace Fossils*, ed. Stephen K. Donovan (New York: John Wiley & Sons, 1994), pp. 125. Richard Fortey는 "등딱지(shell)와 해골을 입수하게 된 것이야말로 생물권의 역사에서 획기적인 사건들 가운데 하나이며, 단 하나의 명쾌한 설명을 찾기가 어렵다는 사실이 매력을 더해준다."라고 말한다(Fossils: The Key to the Past〔London: Heinemann, 1982〕, p.148).

39) E. N. K. Clarkson, *Invertebrate Paleontology and Evolution*, 2nd ed. (London: Allen & Unwin, 1986), p. 48.

40) *Ibid.*, pp.51-52.

41) *Ibid.*, p.52.

42) H. B. Whittington, Trilobites (Woodbridge, U. K.: Boydell, 1992), pp.84-85.

43) Clarkson, *Invertebrate Paleontology and Evolution*, p. 331.

44) Riccardo Levi-Setti, *Trilobites: A Photographic Atlas* (Chicago: University of Chicago Press, 1975), pp.23; Richard S. Boardman, ed., *Fossil Invertebrates* (London: Blackwell Scientific, 1987), pp. 227; Whittington, *Trilobites; and Clarkson, Invertebrate Paleontology and Evolution*. Levi-Setti(*Trilobites*, p.23)에 따르면, 삼엽충 접안렌즈의 특성은 "기능 극대화라는 미증유의 묘기를 나타낸다": 삼엽충은 분명, 빛의 구 모양의 변형을 수정하고 날카로운 심상을 만들 수 있도록 하기 위해 17세기 Descartes와 Huygens에 의해 과학적으로 묘사된 정교한 광학원리를 어떤 두드러진 방식으로 "발견했으며" 그리고 응용하였다(p. 38).

45) 이 실험들과 후속 실험들은 Stanley L. Miller and Leslie Orgel, *The Origins of Life on the Earth* (Englewood Cliffs, N. J.: Prentice-Hall, 1974), pp.83-102에 기술되어 있다. 생명의 기원에 관한 연구에 커다란 영향력을 행사한 것은 러시아 과학자 A. I. Oparin이 이전에 *The Origin of Life on the Earth*, 3rd ed., trans. Ann Synge (Edinburgh: Oliver and Boyd, 1957)에서 한 고찰이었다. Oparin은 마르크스주의자-레닌주의자의 변증법적 유물론의 철학적 관점에서 사고하면서 물질에 자기 조직화의(self-organizing) 특성들을

부어하였다: "물질은 결코 휴지(休止)상태로 있는 법이 없다, 그것은 끊임없이 움직이고 발전한다 … 〔그것은〕 하나의 운동형태에서 또 다른 형태로 변모한다 … 각각의 운동형태는 그 이전보다 더욱 복잡해지고 조화를 이루게 된다. 생명은 그리하여 물질 특유의 매우 복잡한 운동형태로 나타나며, 물질의 특정한 발전단계에 새로운 특성으로 떠오른다."(p. xii). 이 분야에서 활동하는 다른 학자들이 Oparin의 변증법적 유물론에 대해 반드시 공감하는 것은 아니지만, 생명이 우연히 시작되었을 확률이 극히 희박함을 인식하면서 무생물에 "자기 조직화"의 힘을 그와 유사하게 부여하였다.

46) Freeman Dyson, *Origins of Life* (Cambridge: Cambridge University Press, 1985), esp. pp.1-34는 생명의 기원 연구에 대해 매우 유용한 개관과 분석을 해주고 있다.

47) 신진대사 과정이란 살아있는 유기체가 자신의 환경으로부터 영양소를 흡수하여 그것을 유용한 에너지의 형태로 전환하는 과정을 말한다: RNA와 DNA 분자의 지배를 받는 "복제"는 세포가 자신과 자신의 하부구조들(substructures)을 복사하는 과정을 일컫는다.

48) Francis Crick, *Life Itself: Its Origins and Nature* (London: Macdonald, 1981). 말할 나위도 없이, 과학계는 Crick의 제안을 진지하게 받아들이지 않았다.

49) Manfred Eigen의 연구에 대해서는 Manfred Eigen, *Steps Toward Life: A Perspective on Evolution*, trans. Paul Wooley (Oxford: Oxford University Press, 1992)와 Manfred Eigen et al., "The Origin of Genetic Information," *Scientific American* 244, no.4 (April 198): 78-94를 참고하시오; Orgel의 연구에 대한 훌륭한 개관과 이 분야에서의 연구에 대한 논평은 Leslie E. Orgel, "The Origin of Life on the Earth," Scientific American 271, no.4 (October 1994): 53-61을 참고하시오.

50) A. G. Cairns-Smith, *Genetic Takeover and the Mineral Origins of Life* (Cambridge: Cambridge University Press, 1982); 이 이론에 대한 범부(凡夫)의 간략화된 기술은 A. G. Cairns-Smith, *Seven Clues to the Origin of Life* (Cambridge: Cambridge University Press, 1985)에 제시되어 있다. Cairns-Smith는 보다 통속적인 "원시시대의 수프"(primeval soup) 모델이 직면하

는 까다로운 문제들 가운데에는 다른 화학물질에 의한 초기 생명탄생 이전의 분자들이 오염된 것, 필수분자들을 원시해양에 매우 강력하게 집중하는 데 따르는 어려움, 그리고 가수(加水)분해의 문제점 등이라고 믿는다: 수(水)용액에서 복합분자들이 홀로 남게 되면 보다 단일한 구성 아미노산으로 분해될 것이다(Genetic Takeover, pp. 45-49).

51) James P. Ferris et al., "Synthesis of Long Prebiotic Oligomers on Mineral Surfaces," *Nature* 381 (May 2, 1996): 59-61.

52) Orgel, "Origin of Life," p.61.

53) 예를 들면, "창조과학"의 입장(젊은 지구, 6일 동안의 창조, "홍수 지질학")을 대변하는 Henry Morris와 Gary Parker는 "진화는 사물의 기원을 자연과정에 의해, 창조는 초자연적 과정에 의해 설명하는 데 부합되며, 이 두 가지를 동일시하려는 시도는 의미론적으로 혼란을 가져온다" 라고 말한다 (Henry Morris and Gary Parker, *What Is Creation Science?* 〔El Cajon, Calif.: Master Books, 1987〕, p.300). 이것은 중명사(中名辭) 배제의 오류(fallacy of the excluded middle): "X는 A 혹은 B 둘 중의 하나에 의해(오직 그것에 의해서만) 설명되지 않으면 안 된다." 그 대신에 X는 C 혹은 D에 의해, 또는 A, B, C, D와 기타 등등의 어떤 결합에 의해 설명될 수 있음도 사실일 수 있다. 기원의 경우, 하나님은 자연적 혹은 초자연적 수단 둘 중의 하나를 통해, 혹은 이 두 가지의 결합을 통해 자유롭게 창조행위를 하신다.

54) "자연적" 그리고 "초자연적" 수단이라는 이분법적 구분보다는, 하나님의 일반섭리, 특별섭리 그리고 기적이라는 삼분법적 구분으로 인식하는 것이 사실상 성경적으로 보다 정확한 것이 된다. 일반섭리에서 하나님은 규칙성을 지니는 자연의 법칙(예를 들어, 풀이 광합성 작용을 통해 자라게 하는 것〔시 104:14〕혹은 동물들을 정상적인 잉태과정을 통해 태어나게 하는 것〔시 104: 24, 30〕을 통해 역사하신다; 특별섭리에서 하나님은 자연의 힘과 법칙을 재조정하신다 (예를 들어, 이스라엘이 광야에서 유랑생활을 할 때 바다로부터 바람을 몰아 하늘에서 메추라기가 떨어져 백성들에게 먹게 하신 일〔민11:31〕; 기적을 통해 하나님은 자연의 법칙을 초월하여 구속의 목적을 이루신다 (예를 들어, 도끼 머리부분이 물 위에 떠오르게 한 것〔열상 6:6〕, 오천 명을 먹이시고, 예수가 육체적으로 부활하신 것).

55) 여기서 논의되고 있는 관점에서 보면, 유신론적 진화는 점진적 창조라는 보다 커다란 틀(framework) 내에서의 하위 범주(subcategory)로 이해된다. 하나님이 물과 지구에 명하여 매개적으로(mediately) 창조하신다고 말할 수 있는 창 1:20, 21과 같은 성경 텍스트는 자연의 과정들을 통한 창조와 일관되는 것으로 볼 수 있다. 창 1:21, 24("종류들")와 고전 15:39("모든 육체는 다 같은 육체가 아니니-새의 육체요, 동물의 육체요, 물고기의 육체라")와 같은 텍스트들은 기원의 그럴듯한 과정으로서 일시적 변이를 지니는 공통의 조상으로부터 후손을 배제하기 보다는 오히려 하나님의 창조사역의 결과들-동물의 주요 집단들은 각기 독특하며 상호간에 수정은 불가능하다-에 관한 진술로 볼 수 있다.

56) 보다 포괄적인 범주로서의 유신론적 진화를 주창하는 몇몇 사람들은 하나님이 자연의 질서에 특별하게 간섭한다는 것을 인정하기를 꺼려하는 것 같다. 예를 들면, Howard J. Van Till은 창조의 "기능적 통합"과 자연 질서에 나타난 "하나님이 피조물에게 부여하신 능력들"은 너무도 확고하여 별도로 특별한 창조행위를 요하거나 … 지금까지 존재한 적이 없었던 생명체를 … 완전히 배열하는 것을 현실화시키지 않는다고 믿는다 (Howard J. Van Till, "Basil, Augustine and the Doctrine of Creation's Functional Integrity," *Science and Christian Belief* 8, no.1〔1996〕: 29). 또한 같은 저자가 쓴 *The Fourth Day: What the Bible and the Heavens Are Telling Us About the Creation* (Grand Rapids, Mich.: Eerdmans, 1986), esp. chaps.1-5, "점진적 창조"는 성경적 신앙에 필수적인 기적(예를 들면, 부활)과 특별섭리(예를 들면, 청원기도에 대한 응답)의 신학적 범주를 명쾌하게 지지하는 용어로서는 더욱 적절하다.

제8장 인간 -혹은 "설계자 우주"(Designer Universe)?

1) Freeman Dyson, *Disturbing the Universe* (New York: Harper & Row, 1979), p.250.

2) B. J. Carr and M. J. Rees, "The Anthropic Principle and the Structure of the

Physical World," *Nature* 278 (1979): 612.

3) Patruck Glynn, "Beyond the Death of God," *National Review*, May 6, 1996, p.28.

4) P. A. M. Dirac, "The Cosmological Constant," *Nature* 139 (1937): 323-24.

5) R. H. Dicke, "Dirac's Cosmology and Mach's Principle," *Nature* 192 (1961): 440-41.

6) Brandon Carter, "The Anthropic Principle and Its Implications for Biological Evolution," *Philosophical Transactions of the Royal Society of London* A310 (1983): 347.

7) John D. Barrow and Frank J. Tipler, *The Anthropic Cosmological Principle* (Oxford: Claredon, 1986).

8) 이것과 그 다음에 나오는 공식화의 출처는 Patrick A. Wilson, "What Is the Explanation of the Anthropic Principle?" American Philosophical Quarterly 28, no.2 (1991):167이다. Carter, "Anthropic Principle," pp.347, 351에 나오는 공식화와 비교하시오: 우리가 우주에서 점하고 있는 위치는 "우리가 존재하는데 특수한 조건이 필요한 이상" 어느 정도는 특권을 누리고 있는 것이다(WAP); "우리의 존재는 기본 매개 변수의 값을 포함하여 우주의 일반적 특성에 제한을 가한다"(SAP).

9) 다음의 사례들은 Barrow and Tipler, *Anthropic Cosmological Principle*, p.305; *Dyson, Disturbing the Universe*, pp.250-51; and Joseph M. Zycinski, "The Weak Anthropic Principle and the Design Argument," *Zygon* 31, no.1 (1996): 117-18에서 도출되었다.

10) Dyson, *Disturbing the Universe*, p.251.

11) William Lane Craig, "Barrow and Tipler on the Anthropic Principle vs. Divine Design," *British Journal for the Philosophy of Science* 39 (1988): 392. 크레이그는 유추의 원래 출처를 John Leslie의 덕분으로 돌리고 있다.

12) Carr and Rees, "Anthropic Principle," p.612.

13) 고대와 현대에서 다른 세계(그리고 거기에 존재할 가능성이 있는 지적 생명체)에 관한 철학적 고찰을 역사적으로 개관한 것으로는, Steven J. Dick, *Plurality of Worlds: The Origins of the Extraterrestrial Life Debate from*

Democritus to Kant (Cambridge: Cambridge University Press, 1982), and Michael J. Crowe, *The Extraterrestrial Life Debate*, 1750-1900 (Cambridge: Cambridge University Press, 1986)을 참고하시오. 또한 Jay Wesley Richards, "Many Worlds Hypotheses: A Naturalistic Alternative to Design," *Perspectives on Science and Christian Faith* 49, no.4 (1997): 218-27.

14) Hugh Everett, " 'Relative State' Formulation of Quantum Mechanics," Reviews of Modern Physics 29 (1957):454-62. 현역에서 활동하는 대다수의 물리학자들은 Everett의 견해에 대해 호의적으로 생각하지 않는다.

15) 팽창하는 다세계 시나리오에 대한 논의는, Barrow and Tipler, *Anthropic Cosmological Principle*, pp.434-40을 참고하시오. pp.437-38에서 저자들은 "〔린데의 시나리오〕와 같은 그러한 시나리오가 검증 가능한 예측을 할 수만 있다면 우주론자들은 그것을 진지하게 취급할 것이다." 라고 언급한다.

16) John Earman은 적법성을 지니기 위해서는 "인간의 추론이 필수적인 (required) 세계 안의 세계(world-within-worlds) 구조를 신봉할 수 있는 실 제적인 이유들에 기초하지 않으면 안 된다...전통적인 일반 상대성이론이나 양자역학 모두 〔그러한〕 모델을 진지하게 다룰 수 있는 어떤 견고한 토대를 제공해 주지 않는다" 는 점에 주목하였다.("The SAP Also Rises: A Critical Examination of Anthropic Principle," *American Philosophical Quarterly* 24, no.4〔1987〕:316).

17) 물리학자 John Polkinghorne은 "가련한 오캄의 윌리엄(William of Occam) 으로 하여금 자신의 무덤 속으로 들어가게 하는 것만으로도 충분하다. 실재 는 믿을 수 없을 만큼 풍성하게 늘어난다. 그러한 풍성함은 본능적으로 빈 틈없으며 경제적인 세계이해를 추구하는 전문적인 과학자들에게는 별로 호 감을 사지 못한다." 라고 말한다 (*One World: The Interaction of Science and Theology*〔London: SPCK, 1986〕,p.49).

18) Paul Davies, *The Mind of God: Science and the Search for Ultimate Meaning* (London: Simon & Schuster, 1992), p.215.

19) *Ibid,*, p.214.

20) Craig, "Barrow and Tipler," p.395.

21) John Leslie, "How to Draw Conclusion form a Fine-Tuned Universe," in

Physics, Philosophy and Theology: A Common Quest for Understanding, ed. Robert John Russell, William R. Stoeger Jr. and George V. Coyne (Vatican City: Vatican Observatory, 1988), pp.309-10. 또한 John Leslie, "Anthropic Principle, World Ensemble, Design," *American Philosophical Quarterly* 19, no.2 (1982): 141-51; 그리고 책 1권 분량의 Universes (London: Routledge, 1989)도 참고하시오.

22) Richard Swinburne, "The Argument from the Fine-Tuning of the Universe," appendix to *The Existence of God*, rev. ed. (Oxford: Claredon, 1991), p.322.

23) *Ibid.*, p.320 n.31.

24) "Argument from the Fine-Tuning," p.291에서 Swinburne은 다음과 같이 논증한다: "우리에게 주어진 모든 증거자료를 검토해 볼 때 유신론은 다른 것에 비해 보다 믿을만한 근거가 있다...상당수가 종교적 환상을 체험했다는 것은 자연과 역사가 드러내는 것이 꽤 개연성이 있음을-다시 말해 인간과 우주를 만드시고 유지하시는 하나님이 계시다는 사실을 확증해준다.

25) 물리학자 John Polkinghorne에 따르면, 이러한 형태의 자연신학은 논리적 증명보다는 오히려 "통찰력"을 추구하면서, 전통적인 자연신학에 비해 그 야심에 있어서는 보다 신중하다; 그것은 추구하는 목적은 과학과 경쟁상대가 되는 것이 아니라 과학이 자연계에 대한 이해를 추구할 때 보완해주는 "동료로서의 학문"(comradely discipline)이 되는 것이다(John Polkinghorne, "Contemporary Interactions Between Science and Theology," *Modern Believing* 36, no.4[1995]:33). Polkinghorne은 이러한 접근법의 주창자들로서 Ian Barbour, Arthur Peacocke, Paul Davies와 자신을 들고 있다.

26) 그러한 비판은 David Hume이 자신의 저서 *Dialogues on Natural Religion* (1776)에서 하고 있다. 이 텍스트를 현대적으로 비판한 것은 *The Natural History of Religion and Dialogues Concerning Natural Religion*, ed. John Valdimer Price (Oxford: Claredon, 1976)에서 볼 수 있다. 또한 이 점에 관해서는 Kenneth T. Gallagher, "Remarks on the Argument from Design," *Review of Metaphysics* 48, no.1. (1994): 30도 참고하시오.

27) 종교적 인식론에 대한 그러한 접근법은 William P. Alston, *Perceiving God: The Epistemology of Religious Experience* (Ithaca, N.Y.: Cornell University Press, 1991)에서 논의되고 있다. Cf. p.306: "단 하나의 가닥만으로는 믿음을 견고하게 세우기에는 역부족이지만, 여러 가닥들이 합쳐져 로프가 되면 그것들은 그 일을 할 만한 충분한 힘을 갖게 된다."

제9장 외계지능의 탐색과 기독교의 구속론(救贖論)

1) David S. Mackay et al., "Search for Past Life on Mars: Possible Relic Biogenic Activity in Martian Meteorite ALH84001," *Science* 273 (August 16, 1996): 24-30.

2) Monica Grady, Ian Wright and Colin Pillinger, "Opening a Martian Can of Worms?" *Nature* 382 (August 15, 1996): 575-76과 비교하시오.

3) 이 논의에서 "외계의 지적 생명체"란 우주 그 어딘가에 존재할지도 모르는, 호모 *사피엔스*가 아닌 구체적인 형태를 지니고 있는 지적 존재를 지칭한다. 여기서는 성경에서 언급하고 있는, 지성을 갖춘 다른 영적인 존재들(천사, 악마, 제7위의 천사, 제6위의 천사 및 기타 등등)이 있는 것으로 가정한다.

4) Ernan McMullin, "Persons in the Universe," *Zygon* 15, no.1 (March 1980): 69, 88. "신학자들이 이러한 쟁점들에 대해 침묵을 지켜왔다"라고 말하는 것은 사실상 온당치 않은 일이다. McMullin은 Steven J. Dick과 Michael J. Crowe의 향후 연구에서 제시된 증거들이 이러한 쟁점들과 관련 쟁점들이 기원 후 3세기 이래로 기독교 신학자들에 의해 논의되어 왔다는 사실을 보여주는데, 이것에 대해서는 모르는 것 같다.

5) Woodruff T. Sullivan, "Alone in the Universe?" *Nature* 380 (March 21, 1996): 211.

6) Stanley L. Jaki, *Cosmos and Creator* (Edinburgh: Scottish Academic Press, 1980), p.125.

7) 다음의 참고문헌에 대해서는 필자가 Steven J. Dick, *Plurality of Worlds: The Origins of the Extraterrestrial Life Debate from Democritus to Kant*

(Cambridge: Cambridge University Press, 1982) and Michael J. Crowe, *The Extraterrestrial Life Debate*, 1750-1900 (Cambridge: Cambridge University Press, 1986)의 명쾌한 역사적 연구에 힘입은 바가 크다. 초기 그리스의 논의의 컨텍스트에서 "세계"(cosmoi)는 지구, 행성들 그리고 부동의 항성들을 포함하는 하나의 계(係)를 지시하였다: 외계의 지적 생명체라는 쟁점은 설사 고려의 대상이 된다고 할지라도 거의 고려되지 아니하였다.

8) Aristotle, *De caelo* 1.8.277a.

9) Hippolytus, *Philosophumena* 1; Eusebius Praeparatio evangelica 15. 이 참고문헌들은 Grant McColley, "The Seventeenth-Century Doctrine of a Plurality of Worlds," *Annals of Science* 1 (1936): 393에 나타나 있다. 이 논문에는 고대와 중세의 견해에 대해 유용한 개관이 들어있다.

10) Augustine, *City of God* 11.5.

11) Crowe, *Extraterrestrial Life Debate*, p.552에서 인용.

12) Aquinas, *Summa Theologica* 1.q47.a3; trans. Fathers of the English Dominican Province (London: R. & T. Washbourne, 1912-1913), p.260.

13) 이와 유사한 생각들이, 물리학 및 화학법칙들은 우주를 통틀어 언제나 동일할 것으로 사람들이 통상 가정할 때, 현재 SETI와 생명의 기원에 대한 논의에서 작용하는 것으로 나타난다.

14) Aquinas, *Summa Theologica* 3.q1.a2(p.6).

15) Grant, McColley and H. W. Miller, "Saint Bonaventure, Francis Mayron, William Vorilong and the Doctrine of a Plurality of Worlds," *Speculum* 12 (1937): 388에서 인용.

16) McColley, "Seventeenth-Century Doctrine," p.413. 무수히 많은 세계를 내포하는 무한한 우주를 주창했던 로마 가톨릭의 이단 수도승 Giordano Bruno(1548-1600)의 견해는 John Hedley Brooke, *Science and Religion: Some Historical Perspectives* (Cambridge: Cambridge University Press, 1991), pp.39-40, 73-74에서 논의되고 있다.

17) Thomas Paine, The Age of Reason, in *The Complete Writings of Thomas Paine*, ed. Philip S. Foner (New York: Citadel, 1945), pp.498-99.

18) 18세기 작가들에게서 나온 이러한 인용은 Crowe, *Extraterrestrial Life*

Debate, pp.187, 305, 452에 나타난다.

19) 과학적 고찰에 초점을 맞추고 있는 외계 생명체 논쟁에 대한 논의는 Paul Davies, *Are We Alone?* (London: Penguin, 1995); Jean Heidmann, *Extraterrestrial Intelligence*, trans. Storm Dunlop (Cambridge: Cambridge University Press, 1995); Edward Regis Jr., ed., *Extraterrestrials: Science and Alien Intelligence* (Cambridge: Cambridge University Press, 1985) 등을 들 수 있다.

20) Davies에 대해서는 *Are We Alone?*과 Paul Davies, *The Cosmic Blueprint* (London: William Heinemann, 1987)를 참고하시오. "자기 조직화"와 같은 문제의 개념에 관해 데이비스는 Stuart Kauffman, *The Origins of Order: Self-Organization and Selection in Evolution* (Oxford: Oxford University Press, 1993)의 아이디어를 따랐다. ETI에 관해 낙관적 태도를 보이는 여타의 학자들에 관해서는 다음을 참고하시오: 구 소련의 천문학자인 I. S. Shklovskii와 Carl Sagan이 공저한, *Intelligent Life in the Universe* (San Francisco: Holden-Day, 1966); Carl Sagan, *The Cosmic Connection: An Extraterrestrial Perspective* (London: Hodder & Stoughton, 1973); "미항공우주국(NASA)을 위해 작성"된 것으로 NASA로 하여금 SETI를 지원해줄 것을 촉구하는 Philip Morrison, John Billingham and John Wolfe, eds., *The Search for Extraterrestrial Intelligence* (New York: Dover Publications, 1979); 우주가 끝이 없고 무한하다면 지적 존재가 살고 있는 세계가 무한할 수 있는 개연성이 있다고 주장하는 G. F. R. Ellis and G. B. Brundit, "Life in the Infinite Universe," *Quarterly Journal of the Royal Astronomical Society* 20 (1979): 37-41; 우주에는 "탄소에 기반을 둔 유기체"가 살고 있는 다른 행성들이 많이 있을 수도 있다고 조심스레 제안하는 Francis Jackson and Patrick Moore, *Life in the Universe* (London: Routledge & Kegan Paul, 1987).

21) Brandon Carter, "The Anthropic Principle and Its Implications for Biological Evolution," *Philosophical Transactions of the Royal Society of London* A310 (1983): 354. "인간원리"(anthropic principle)라는 용어가 처음 사용되었을 때, 그것은 지구(혹은 우주 그 어느 곳에서든지)에서의 지적

생명체의 출현은 중력의 강도, 전자의 전하(電荷), "강한" 핵력 그리고 기타와 같은 자연의 임의의 기본 상수치에 민감하게 의존한다는 사실에 사람들의 주의를 환기시켰다. 이러한 값이 그들의 현재 값과 다르다면 생명체는 아마도 출현하지 않았을 것이다.

21) Stephen Jay Gould, *Wonderful Life* (New York: W. W. Norton, 1989).

22) Fred Hoyle, *The Intelligent Universe* (London: Michael Joseph, 1983). DNA 분자구조의 공동 발견자인 Francis Crick은 자신의 저서 Life Itself: Its Origin and Nature (London: MacDonald, 1981)에서 누가 보더라도 진지한 제안이라고 할 수 있는 "통제 배종(胚種) 발달설"(directed panspermia)을 제안하고 있다: 미생물은 고등 문명에 의해 무인 우주선에 실려 지구로 보내졌다. 크릭은 이에 대한 증거는 설득력이 약하며 일련의 추론은 매우 빈약함을 시인한다. 그래서 우리는 "상상력의 날개를 활짝 펼치지 않으면 안 된다"(p.117).

23) John D. Barrow and Frank Tipler, *The Anthropic Cosmological Principle* (Oxford: Oxford University Press, 1986), p.576; chap 9, "Argument Against the Existence of Extraterrestrial Life." 전체를 참고하시오.

24) Sullivan이 주목한 바와 같이, "거의 40년 가까이 외계 생명체에 대해 과학적인 연구를 한 끝에 우주 생물학(또는 생물 천문학) 분야의 주제가 존재한다는 것을 증명할 수 없음에도 불구하고 번성한다는 것은 사실 그대로이다." ("Alone in the Universe?" p.211).

26) E. A. Milne, *Modern Cosmology and the Christian Idea of God* (Oxford: Clarendon, 1952), p.153.

27) *Ibid.*, pp.153-54.

28) E. L. Mascall, *Christian Theology and Natural Science* (London: Longmans, Green, 1956), p.39.

29) *Ibid.*, p.41.

30) *Ibid.*, p.45.

31) C. S. Lewis, "Religion and Rocketry," in *Fern-Seed and Elephants: And Other Essays on Christianity*, ed. Walter Hooper (London: Fontana, 1975), pp.86-95. 이 논문은 원래 "Will We Lose God in Outer Space?" *Christian*

Herald 81 (April 1958)라는 제목으로 출간되었다.

32) Lewis, "Religion and Rocketry," p.90.

33) *Ibid.*, p.92.

34) 골로새서의 저자, 연대 그리고 배경에 관한 논의는 다음의 주석들을 참고하시오: Peter T. O'Brien, *Colossians, Philemon* (Waco, Tex.: Word, 1982); Markus Barth and Helmut Blanke, *Colossians: A New Translation with Introduction and Commentary*, Anchor Bible, trans. Astrid B. Beck (New York: Doubleday, 1994); Murray J. Harris, *Colossians and Philemon* (Grand Rapids, Mich.: Eerdmans, 1991); Eduard Lohse, *A Commentary on the Epistle to the Colossians and to Philemon*, trans. William J. Poehlmann and Robert J. Karris (Philadelphia: Fortress, 1971); J. B. Lightfoot, *Saint Paul's Epistles to the Colossians and to Philemon* (London: Macmillan, 1897). 골로새서의 이단의 성격에 관한 상세한 논의는 Thomas J. Sappington, *Revelation and Redemption at Colossae* (Sheffield, U. K.: Sheffield Academic Press, 1991; "ascetic-mystical piety" in Jewish apocalypticism); Richard E. DeMaris, *The Colossian Controversy: Wisdom in Dispute at Colossae* (Sheffield, U. K.: Sheffield Academic Press, 1994; 중세 플라톤주의의 그리스 철학의 영향을 크게 받은 유대 전통에 대한 그리스 유대적 해석); Clinton E. Arnold, *The Colossian Syncretism: The Interface Between Christianity and Folk Belief at Colossae* (Tubingen, Germany: J. C. B. Mohr/Paul Siebeck, 1995; 기독교와 소아시아 민속종교의 요소들의 혼합주의적 결합)를 참고하시오.

35) 대다수의 신약학자들은 이 구절이 사도들이 택하여 수정한 초기 기독교 찬양에 근거하고 있다고 믿는다. 이 자료와 초기 기독교 전승의 다른 요소들과의 관계는 John G. Gibbs, *Creation and Redemption: A Study in Pauline Theology* (Leiden, Netherlands: E. J. Brill, 1971), pp.92-114를 참고하시오. 바울 신학에 있어서 "우주적 범위의 구속"이라는 주제에 관한 유익한 통찰에 대해 필자는 John G. Gibbs, "The Cosmic Scope of Redemption According to Paul," *Biblica* 56 (1975): 13-29; John G. Gibbs, "Pauline Cosmic Christology and Ecological Crisis," *Journal of Biblical Literature* 90

(1971): 466-79에 힘입고 있다.

36) Gibbs는 골로새서의 그리스도 찬양시에서 창조와 구속을 연계시키는 것이 서신의 컨텍스트(골 1:6, 21, 23; 2:9-10; 3:10과 비교)와 다른 바울 서신의 구절들(롬 8:21-22; 10:6-7; 고전 1:24; 고후 4:4; 5:19)과 일치한다는 사실에 주의를 환기시키고 있다 (Gibbs, "Cosmic Scope of Redemption," p.21).

37) O' Brien, Colossians, *Philemon*, p.48.

38) 최근의 연구에서 그리스도의 선재에 관한 논의는 R. G. Hamerton-Kelley, *Pre-existence, Wisdom and the Son of Man*, SNTS Monograph Series 21 (Cambridge: Cambridge University Press, 1973)을 참고하시오.

39) 이 점에서 히브리서의 저자가 히 2:14 ("그리스도 또한 혈육에 함께 속하셨다")에서 성육신에 대한 언급과 관련하여 하나의 관찰을 할 수가 있었다. 이 본문은 구속을 성취하기 위해 성육신이 절대적으로 필요했다는 것을 주장하려는 것이 아니라 그리스도와 그분이 택하신 백성이 혈육에 함께 속하였기 때문에 그리스도는 자비하고 충성된 대제사장으로서, 택하신 백성들과 같이 시험을 받아 고난을 당하셨기 때문에 그들을 능히 도우실 수 있다는 점을 강조하는 것으로 이해할 수 있다(히 2:17-18).

40) 주석가들은 이 구절에서 언급하는 화해가 우주적인 차원에서 이루어지고 있다는데 전적으로 동의하고 있다. 예를 들면, Lightfoot, *Saint Paul's Epistle*, p.158: "우주 전체의 모든 사물-영적인 것뿐만 아니라 물질적인 것 또한-이 회복되어 하나님과의 화합이 이루어질 것이다."; Arnold, *Colossian Syncretism*, p.260: "그리스도의 죽음은 하늘이나 땅을 막론하고 이처럼 화합이 이루어질 수 있는 기초가 된다."; Lohse, *Commentary on the Epistle*, p.59 n.202: "골로새서의 저자는 우주 전체를 망라하는 화해의 개념을 사용한다." 이것은 엡 1:10의 사상과 일치하는 것이다: 그것은 하늘에 있는 것이나 땅에 있는 것이 다 그리스도 안에서 통일되게 하려는 하나님의 취지이다. 로제는 또한 (*Commentary on the Epistle*, p.60 n.205에서) 하늘과 땅이 이처럼 우주적인 화해를 이루는 것은, 물질계가 영적인 것들과 화해를 이룬다는 생각은 할 수 없다는 영지주의적 개념과는 뚜렷이 대비되고 있음에 주목한다.

41) O' Brien, *Colossinas and Philemon*, p.56. 또한 F. F. Bruce: 영적 세력의 반

역과 관련하여, "그들에게 적용되는 화해란 평정, 평안을 주는 것, 정복으로 인해 일어나는 어떤 것으로 이해되는 것 그 이상을 의미한다. 따라서 그리스도 찬양시 [골 1:15-20]에서 그리스도를 화해를 가져오는 자로 묘사하며, 같은 서신 다른 곳 [2:15]에서 그리스도를 승리자로 묘사하는 것 사이에는 밀접한 연관이 있는 것이다."(F. F. Bruce, "Christ as Conqueror and Reconciler," *Bibliotheca Sarca* 141 [1984]: 293).

42) 우리는 Rodney Clapp이 "Extraterrestrial Intelligence and Christian Wonder," Christianity Today 27, no.7(1983): 10에서 진술한 것으로 한정해야 할 것이다: "성경은 인간에게만 관심을 표명하며, 우리는 성경이 '오직' 인간만을 화두(話頭)로 삼는 것에 대해 미안하게 생각할 필요는 없다." 골 1:15-20에 비추어 보면, 성경의 화해교리가 주로 인간에게 관심을 집중하기는 하지만, 그렇다고 해서 전적으로 인간에게만 국한하는 것은 아니다.

43) Westminster Confession of Faith (1647) 8.5-6; in Philip Schaff, ed., *The Creeds of the Evangelical Protestant Churches* (London: Hodder & Stoughton, 1877), p.621.

44) 이 가설과 골 1:20에 대한 이전의 논의 모두 보편주의 혹은 "보편적 구원"을 옹호하는 것으로 해석해서는 안 된다.

제10장 우주의 막판게임

1) Freeman J. Dyson, "Time Without End: Physics and Biology in an Open Universe," *Reviews of Modern Physics* 51, no.3 (1979): 447. 열린 우주의 미래가 장기적으로 어떻게 될 것인지를 추정하려는 보다 최근의 시도에 대해서는, Fred C. Adams and Gregory Laughlin, "A Dying Universe: The Long-Term Fate and Evolution of Astrophysical Objects," *Reviews of Modern Physics* 69 (1997): 337-72를 참고하시오. 후자의 논문의 현대판은 *Sky and Telescope* 96, no.2 (August 1998): 32-39에서 볼 수 있을 것이다. 그런데 Dyson과는 달리 Adams와 Laughlin은 생명체와 지각력이 그러한 열린 우주의 멀고도 먼 미래에도 살아남을 수 있을 것인가 하는 문제에 대해

불가지론적(agnostic) 입장을 견지한다.

2) *Ibid.*, p.448.

3) 열역학과 제2법칙에 대한 개괄적인 소개는 Hans C. Ohanian, *Physics* (New York: W. W. Norton, 1985), pp.520-25; George B. Arfken et al, *University Physics* (New York: Academic Press, 1984), pp.444-58; and C. J. Adkins, *An Introduction to Thermal Physics* (Cambridge: Cambridge University Press, 1987)를 참고하시오. 보다 전문적인 연구는 Mark W. Zemansky, *Heat and Thermodynamics*, 5th ed. (New York: McGraw-Hill, 1968), chap.9, "Entropy," pp.214-50을 참고하시오. 열역학의 역사적 및 철학적 측면에 대한 유용한 통찰을 제공하여 일반 대중들이 쉽게 이해할 수 있는 열역학 논의는 Martin Goldstein and Inge F. Goldstein, *The Refrigerator and the Universe: Understanding the Laws of Energy* (Cambridge, Mass.: Harvard University Press, 1993)에서 이루어지고 있다.

4) Hermann Helmholtz, *Popular Lectures on Scientific Subjects*, trans. E. Atkinson (London: Longmans, Green, 1884), pp.170-71. 19세기에는 사람들이 제2법칙에 대해 널리 인식하지 못하였지만, 그것은 우주의 수명이 유한한 것임을 함축하였다: 가령, 이용할 수 있는 에너지가 실제로 고갈된다면, 그것은 영구히 고갈될 수는 없었을 것이다. 영국의 물리학자 William Thompson(Lord Kelvin)이 열역학 원리를 이용해 지구의 나이에 대한 절대적인 날짜를 계산하려는 시도에 대해서는 Joe D. Burchfield, *Lord Kelvin and the Age of the Earth* (Chicago: University of Chicago Press, 1990)를 참고하시오.

5) Charles Darwin, *The Autobiography of Charles Darwin*, 1809-1882, ed. Nora Barlow (London: Collins, 1958), p.92.

6) A. S. Eddington, The Nature of the Physical World (Cambridge: Cambridge University Press, 1928), p.86.

7) James Jeans, *The Universe Around Us* (Cambridge: Cambridge University Press, 1920), p.320.

8) Russell이 한 말은 John D. Barrow and Frank J. Tipler, *The Anthropic Cosmological Principle* (Oxford: clarendon, 1986), p.167에서 인용하였다.

9) Steven Weinberg, *The First Three Minutes* (London: Andre Deutsch, 1977), p.154.

10) *Ibid.*, p.155.

11) Dyson, "Time Without End"; and Barrow and Tipler, *Anthropic Cosmological Principle*. 이처럼 전문적으로 다룬 것은 관련 쟁점들과 더불어 Jamal N. Islam, *The Ultimate Fate of the Universe* (Cambridge: Cambridge University Press, 1983); Frank Close, *End: Cosmic Catastrophe and the Fate of the Universe* (London: Simon & Schuster, 1988); Paul Davies, *The Last Three Minutes: Conjectures About the Fate of the Universe* (London: Weidenfeld & Nicolson, 1994); and Frank J. Tipler, *The Physics of Immortality* (London: Weidenfeld & Nicolson, 1994) 등에서 보다 대중적인 형태로 논의되고 있다.

12) Dyson, "Time Without End," p.448. 2001년에 공표된 증거는 우주의 팽창이 감속하기보다는 오히려 가속화되고 있고, 우주는 실로 열려있으며 영원히 팽창할 운명에 처해 있다는 것을 지적하는 것 같다.

13) Dyson, "Time Without End," p.449-50.

14) 이러한 결과들과 다른 결과들은 다이슨의 상세한 계산 및 가정들과 더불어 위의 책 pp.450-53에서 볼 수 있다.

15) *Ibid.*, p.454. 다음의 인용구와 추정의 출처가 되는 다이슨의 생물학적 과정에 대한 논의는 pp.453-57에 나타나 있다. 다이슨이 지각력 있는 생명체에 대한 다분히 미니멀리스트(minimalist)적 모델, 즉 컴퓨터와 정보처리에 기반을 둔 모델로 작업을 진행함은 의미심장한 일이다. 생물학자들이 생명체를 정의하는데 필수적인라고 여기는 두 가지 작용-신진대사와 복제-에 대해 다이슨은 전자에만 초점을 맞추고 후자에 대해서는 본래부터 무시한다. 그의 추정이 관심하는 바는 미래의 어떤 생명체가 자신을 번식하지 않고서도 에너지를 무한정 축적하고 물질대사로 변화시킬지도 모른다는 사실을 보여주는 데 있다.

16) 다이슨은 생명 형태(life form)를 지속시키는데 필요할 것 같은 에너지의 양에 대해서만 다루며, 어떤 물리적 구조와 메커니즘이 실제로 주위 환경으로부터 이 에너지를 확보하고 저장하며 그것을 신진대사의 방식으로 활용할

수 있을 것인가라는 "상세한 구성적인 문제들"(detailed architectural problems)에 대해서는 다루지 않는다.

17) *Ibid.*, p.459. 다이슨은 또한 그러한 생명 형태들이 끊임없이 팽창하는 우주에서 광대한 공간을 넘나들며 상호 간에 지속적으로 의사소통할 수 있다는 것을 보여주는 것 같은 추정(pp.457-59)을 하고 있으나, 이러한 추정은 여기서는 고려하지 않는다.

18) *Ibid.*, pp.450, 453.

19) 1998년 현재, 양자의 안정성 혹은 자연붕괴에 관한 실증적 증거는 확정적이지 않다. 엄밀히 말해서, 만일 양자가 대통일론(Grand Unification Theories)이 예측하는 바와 같이, 10^{31}년과 비슷한 예상 수명을 다해 자연붕괴하지 않는다 하더라도, 모든 물체가 다 존속하기를 중단하지는 않을 것이다: 전자, 양전자, 중성자와 광양자로 구성된 플라즈마류의(plasmalike) 우주는 여전히 존속할 것이다. 그럼에도 불구하고, 지각력 있는 생명체가 존속하는데 필요한 안정된 구조가 그러한 구성요소들로 유지될 수 있는 세계를 그려보는 것은 쉬운 일이 아니다. 그런 세계가 가능하다면 전자와 양전자로 하여금 복사 에너지가 폭발할 때 서로를 무력화하지 못하게 하는 또 다른 어려움이 발생하게 된다.

20) Dyson, "Time Without End," p.452.

21) 이러한 비판은 Steven Frautschi, "Entropy in an Expanding Universe," *Science* 217, no.4560 (August 13, 1982): 599라는 저명한 논문에서도 제기되고 있다. 이 논문을 쓸 당시 그는 파사데나에 있는 캘리포니아 공대의 물리학 교수였다.

22) 위의 각주 8을 참고하시오. 우주의 궁극적 운명에 관한 이와 동일한 일반적 견해는 Frank J, Tipler의 사변적인 성격이 강한 *The Physics of Immortality: Modern Cosmology, God and the Resurrection of the Dead* (New York: Doubleday, 1994)에서 다소 통속적인 형태로 제시되어 있다.

23) Barrow and Tipler, *Anthropic Cosmological Principle*, pp.613, 615.

24) 1990년대 후반 이전에 우주비행사들은 우주가 폐쇄되어 있느냐 개방되어 있느냐 하는 문제를 결정하고자 할 때 그것을 입증할 수 있는 자료가 충분치 않다고 대체로 믿고 있었다. 이러한 쟁점에 대한 보다 최근의 논의에서,

Carolyn Collins Petersen과 John C. Brandt는 그들이 허블 우주망원경을 통해 입수한 증거들을 분석한 것에 근거를 두고 "우리는 영구히 팽창하고 있는 〔개방된〕 우주에 부득불 거주할 수밖에 없다"는 것이 있음직한 이야기라고 결론 내린다(Petersen and Brandt, Hubble Vision: Astronomy with the Hubble Space Telescope〔Cambridge: Cambridge University Press, 1995〕, p.229). 위 각주 12에 인용된, 개방된 우주를 선호하는 것처럼 보이는, 1998년에 보고된 증거와 비교하시오. 오늘날 우주비행사들은 우주가 팽창하는 비율이 사실상 가속화되고 있다고 대체로 믿고 있다: Jeremiah P. Ostriker and Paul J. Steinhart, "The Quinttessential Universe," Scientific American 284 (January 2001): 46-55.

25) Barrow and Tipler, *Anthropic Cosmological Principle,* pp.615.

26) *Ibid.*, pp.675-77: the end of their book, and the end (final state) of life in the universe.

27) William H. Press, "A Place for Teleology?" Nature 320 (March 27, 1986): 315.

28) Fred W. Hallberg, "Barrow and Tipler's Anthropic Cosmological Principle," *Zygon* 23, no.2 (1988): 147-51. Hallberg는 Barrow와 Tipler가 프랑스 예수회 사제인 Pierre Teilhard de Chardin, *The Phenomenon of Man* (1959)에 나타난 진화론적 성찰에 고무되었음을 지적한다: 떼이야르는 보다 고차원적인 우주의식인 "오메가 포인트"(Omega Point)를 향해 움직이는 생명체를 마음속에 그리고 있다. Barrow-Tipler 명제는 또한 W.R. Stoeger and G.F.R. Ellis, "A Response to Tipler's Omega-Point Theory"에서 신랄한 공격을 받는다 (Frank J. Tipler, *The Physics of Immortality*〔New York: Doubleday, 1994〕는 1986년에 개진된 Barrow-Tipler의 입장을 보다 확대한 것이다): 주요 요소라는 견지에서 보면, 그 이론은 "원리상으로, 즉 과학적으로나 신학적으로 검증불가능하며—이는 확실히 중요한 결론과는 무관한 것이다" (p.167).

29) Islam, *Ultimate Fate of the Universe*, p.114. Islam은 "과연 지적 존재가 〔현대〕 사회를 괴롭히는 사회적 갈등 속에서 소멸하지 않고 무한정 살아남을 수 있을까?" 라는 통찰력 있는 질문을 제기하기도 한다(p.134).

Barrow-Tipler 명제는 아득히 먼 미래의 존재들은 역사의 여명 이후 인간에게 알려진 모든 사회를 괴롭혀 온 전쟁, 폭력, 범죄 그리고 여타의 사회적으로 파괴적인 행동들로 인해 시달리지 않을 것이라고 천진난만하게 기대하는 듯하다.

30) G.F.R. Ellis and D.H. Coule, "Life at the End of the Universe?" *General Relativity and Gravitation* 26, no.7(1994): 738.

31) 이것은 당연히 신이 개입할 가능성-Steven Weinberg의 자연주의적 견지에서 보면 별로 달갑지 않은 가능성-과는 별개이다.

32) 이것은 Martin and Inge Goldstein, *Refrigerator and the Universe*, p.388에서 내려진 결론이기도 하다: "따라서 양자역학과 상대성 이론이 새로운 통찰력을 제시하고 있음에도 불구하고, 19세기에서 (열역학) 제2법칙에서 도출되는 미래에 대한 냉혹한 추리는 그리 잘못된 것은 아니다."

33) Augustine, *Confessions*, trans. Vernon J. Bourke (Washington, D. C.: Catholic University of America Press, 1953),1.1.

34) 종교와 자연과학과의 관계를 다양한 방식으로 이해하는 것에 대한 유용한 논의는 Ian G. Barbour, *Religion in an Age of Science* (London: SCM Press, 1990), esp. pp.3-92, "Ways of Relating Science and Religion."을 참고하시오.

35) Jerome J. Langford, *Galileo, Science and the Church*, 3rd ed. (Ann Arbor: University of Michigan Press, 1992)는 이처럼 중추적인 논쟁이 지니는 역사적, 과학적 그리고 정치적 측면들을 설득력 있게 분석하고 있다. 성경적 해석과 신학에 관한 전제가 수행하는 중요한 역할을 탁월하게 분석한 것으로는 Richard J. Blackwell, *Galileo, Bellarmine and the Bible* (Notre Dame, Ind.: University of Notre Dame Press, 1991)을 들 수 있다.

36) Davis A. Young이 발표한 귀중한 논문인 "Scripture in the Hands of the Geologists," *Westminster Theological Journal* 49 (1987): 1-34 and 257-304는 몇몇 기독교 연구가들이 지질학의 초기 시대에 성경 텍스트로부터 지질학적 자료를 직접 도출하려는 잘못된 시도를 했음을 문서를 통해 입증하고 있다. 오늘날 "창조과학" 운동은 성경 텍스트를 엄밀하게 과학적인 결론을 도출할 수 있는 주요 원천으로 계속해서 다룸으로써 과거의 잘못을 되풀이

하고 있는 것은 아닌가 하는 의구심을 자아낸다. 현대 "창조과학" 운동의 역사와 발전을 가장 포괄적이며 학문적으로 기술하고 있는 것은 Ronald L. Numbers, *The Creationists: The Evolution of Scientific Creationism* (Berkeley: University of California Press, 1992)을 들 수 있다.

37) 현대 산업사회에서 종교의 "사유화"(privatization)라는 명제는 Peter Berger, *The Sacred Canopy: A Sociological Theory of Religion* (Garden City, N. Y.: Doubleday, 1969)과 David F. Wells, *God In The Wasteland: The Reality of Truth in a World of Fading Dreams* (Grand Rapids, Mich.: Eerdmans, 1994) 등에서 다양하게 전개되어 왔다.

38) 예를 들면, 기독교의 메시지가 전달되는 문화권에서 "접촉점"(point of contact)이라는 개념은 Helmut Thielicke, *The Evangelical Faith: v.1: Prolegomena: The Relation of Theology to Modern Thought Forms*, trans. Geoffrey W. Bromiley (Grand Rapids, Mich.: Eerdmans, 1974), pp.39, 139, 144ff에서 논의되어 왔다. 또한 이전 세대의 신학자인 Paul Tillich가 Paul Tillich, *Systematic Theology: Three Volumes in One* (Chicago: University of Chicago Press, 1967),1:6, 60에서 "상관의 방법"(method of correlation) ("상관의 방법은 실존적 질문들을 통하여 기독교 신앙의 내용을 설명하고, 상호의존적 관계에 있는 신학적 답변을 제시한다.") 과 "변증신학" (apologetic theology) ("변증신학은 ... 영원한 메시지의 위력과 상황에 대해 그 메시지가 답변하는 상황에 의해 제공되는 수단으로 '상황'에 함축된 질문에 답변한다.")을 논의한 것도 참고하시오.

39) 화석의 기록은 지구상에서의 생명체의 역사를 살펴볼 때 소멸은 예외가 아니라 규칙이었음을 보여준다 (David M. Raup, Extinction: Bad Genes or Bad Luck? [New York: W. W. Norton, 1991]). 화석의 기록에 나타난 종 (種)들의 평균수명은 400만년에 버금간다.

40) 최근의 개신교 신학에서 희망이라는 주제는 Jürgen Moltmann, *Theology of Hope: On the Ground and the Implications of a Christian Eschatology*, trans. James W. Leitch (London: SCM Press, 1967)에서 매우 체계적으로 전개되었다. 몰트만에게 있어 희망이란 "신학적 사고의 토대이자 원동력 그 자체이며," 그리스도의 부활은 죽을 수밖에 없는 인생들에게 하나의 위안이

될 뿐 아니라, 고통과 죽음에 대한 하나님의 부정이기도 하다.(pp.19, 21).
세속적인 맥락에서 보면, 나찌의 죽음의 수용소에서 살아남은 많은 이들의
경험 속에서 미래의 희망이 핵심적인 요소로서 지니는 중요성은 오스트리
아 빈의 정신과 의사인 Viktor E. Frankl, *Man's Search for Meaning: An
Introduction to Logotherapy* (Boston: Beacon, 1962)라는 뛰어난 작품 속에
묘사되어 있다. 기독교회와 그 교회가 전하는 메시지가 오래 전부터 점증해
온 비관주의의 한 가운데에서 어떻게 많은 이교도들에게 희망의 느낌
(sense)을 제공하였는지에 대한 이야기는 마르쿠스 아우렐리우스(Marcus
Aurelius)로부터 콘스탄틴(Constantine)에 이르는 시대에 초점을 맞춘 E. R.
Dodds, *Pagan and Christian in an Age of Anxiety* (Cambridge: Cambridge
University Press, 1965)에 잘 묘사되어 있다.

역자 후기

　서문에서도 언급된 대로 이 책은 신학자로서 과학과 종교 사이의 대화(conversation)에 참여하기 위하여 쓰여진 책이다. 이언 바버(Ian G. Barbour)는 김영사에서 번역된 그의 책 「과학과 종교가 만날 때」에서, 과학과 종교의 관계에 대한 이론을 네 가지로 구분하였다. 갈등(conflict), 독립(independence), 대화(dialogue), 통합(integration)의 이론들이다. 이 책의 저자인 고든-콘웰 신학대학원(Gordon-Conwell Theological Seminary)의 교수, 존 데이비스(John Jefferson Davis)는 이 네 가지의 이론 중에서 대화의 입장에 서있는 것 같다. 그는 대화의 차원을 넘는, 과학과 종교 사이의 통합된 전망은 제시하지는 않는다. 일종의 과정철학 또는 과정신학의 견지에서 양자 사이의 통합을 시도하는, 최근 과학신학자들의 견해보다는 다소 소극적이다.

　이 책은 요즈음 과학과 종교 사이의 논의에서 거론되는 대부분의 주요 주제들을 취급하고 있다. 빅뱅(대폭발) 이론, 양자역학과 불확정성 원리, 카오스 이론, 괴델(Kurt Godel)의 불완전 정리, 인공지능의 문제, '인류지향의 원리' 라고도 일컬어지는 인간원리(anthropic principle), 진화론 및 생명과학과 점진적 창조(progressive creation)이론, 외계 지능(외계인), 그리고 지구 종말의 문제 등, 물리학, 생물학, 컴퓨터공학, 논리학 등의 제 분야에서 최근 이루어진 과학적 발전들을 신학적인 반성을 통해 기술하고 있다. 그는 이런 과학의 새로운 입장들이 기독교 신학을 위협하거나 그에 모순된 것이 아니며, 오히려 기독교의 신학에 긍정적인 새로운 전망을 주는 것임을 강조한다. 또한 신학의 논리가 오늘의 과학적인 입장과 갈등하는 것이라기보다는, 그러한 과학적 논의의 한계를 드러내며, 그러한 논의에 대해 하나의 통찰을 제시해준다고 그는 말한다. 오늘의 여러 과학적인 결론들은 기독교의 교리에 위협이 되지 않는 바, 오히려 하나님의 존재를 증명(proof)하고 있다고 그는 설명한다. 이런 의미에서 과학과 종교는 하나의 적대적 관계에 있는 것이 아니며, 이중창의 노래를 할 수 있는 상호보완적 관계에 있는 것임을 그는 확언하고 있다. 저자는 20세기에 들어와 과학과 종교 간의 관계를 새롭게 자리매김하려는 유익한 시도들이 있었음에 주목한다. 그 동안의 대립과 갈등의 관계에서 탈피하여 서로를 새롭게 이해하며 상호풍요를 도모하려는 노력들이다. 데이비스와 마찬가지로 존 호트(John Haught)도 「과학과 종교」(Science & Religion)라는 그의 저서에서, 종교와 과학의 관계가 "갈등"(conflict)과 "대비"(contrast)의 단계에서 벗어나 "접촉"(contact)과 "지지"(confirmation)의 단계로 나아가야 한다고 주장한 바 있었다.

이 책은 온건한 복음주의적인 신학적 입장의 책이다. 그것은 이 책이 인용하고 있는 신학자들의 면모에서도 알 수 있다. 아우구스티누스, 핫지(Charles Hodge), 바르트(Karl Barth), 벌카우어(G. C. Berkouwer), 램(Bernard Ramm) 등 이 책은 많은 보수적 신학자들의 이름들을 거명하고 있다. 이 책은 과학과 신학 사이의 과격한 통합을 시도하기보다는 유연한 대화의 입장을 추구한다. 그는 가능한대로 전통적인 기독교 교리를 손상하지 않으면서, 과학의 최근 연구결과를 수용하기 위해 노력하고 있는 바, 우리는 그러한 흔적들을 이 책 여러 곳에서 찾을 수 있다. 최근의 과학적 이론들이 기독교의 창조론, 예정론, 구속론, 성서론, 신학적 인간론 등에 대해 어떤 의미를 갖는지를 그는 침착하게 서술해나갔다. 그는 무엇보다 인간 지식의 한계를 강조하면서, 오만한 과학적 지식을 앞세우는 진보적 사상가들과 어수룩한 이론가들을 견제하였다. 그러나 그의 이와 같은 보수적인 견지가 창조과학과 같은 근본주의적 입장으로 가지 않고 있음이 또한 주목된다. 이 책은 과학과 종교의 관계에 대한 다양한 주제들을 다룬다. 이에 신학대학의 과학과 종교에 관련된 과목의 개론서로서 추천되었으면 한다. 이 책은 많은 주석들을 포함하고 있는 바, 상당히 많은 참고문헌이 이 책을 위해 쓰여진 것을 알 수 있다. 이 책은 과학과 신학 양 분야의 다양한 문헌들을 면밀히 검토하여 작성된 책으로, 이 분야를 계속 연구하려는 사람들에게 소중한 지침서가 될 것이다.

데이비스는 물리학과 신학 모두를 전공한 자로서, 이 책의 무게를 더하고 있다. 그는 그의 저작들을 통해 여러 번에 걸쳐, 템플턴 재단의 상을 받은 사람으로 이 분야의 대표적 학자로 부상하고 있다. 서문에서도 언급되었듯, 본 책은 또한 템플턴 재단의 과학과 종교 모델 과정 프로그램(the John Templeton Foundation's science and religion model course program) 부분에서 1994-1995년에 수상한 책이다. 템플턴 재단은 고인이 되신 한경직 목사님께서 받으신 템플턴상(Templeton Prize)을 수여하는 기관으로서, 특히 과학신학자들을 많이 지원하여 왔었다. 이미 토랜스(Thomas F. Torrance, 1978), 바버(Ian G. Barbour, 1999), 피콕(Arthue Peacocke, 2001), 폴킹혼(John C. Polkinghorne, 2002), 등 과학과 종교 사이의 대화를 시도하였던 학자들이 위의 템플턴상을 수상한 바 있다. 물론 이 상은 과학과 종교 분야를 연구한 사람에게만 주어지는 상은 아니며, 이외에도 마터 테레

사, 빌리 그레이엄, 알렉산드르 솔제니친, 빌 브라이트 등 이, 템플턴 상이 제정된 1973년 이래 그 상을 수상한 바 있었다.

　20세기 최고의 물리학자였던 알베르트 아인슈타인은 "과학 없는 종교는 장님이고, 종교 없는 과학은 절름발이이다"라고 말하였다. 또한 위대한 과학자였던 윌리엄 브래그는 언급하기를, "가끔 사람들은 종교와 과학이 서로 반대되지 않느냐고 묻는다. 사실 그렇다. 하지만 이는 물건을 더 잘 잡기 위해 엄지손가락과 나머지 손가락들이 서로 반대쪽에 위치하고 있는 것과 같다"고 말하였다. 본 번역서를 통해, 과학과 종교 간에 유익한 대화가 이루어져 상생의 길이 더 잘 닦아지게 된다면, 역자들에게는 더할 나위 없는 큰 기쁨이 될 것이다. 2002년에 이언 바버의 「과학과 종교가 만날 때」를 다 번역하여 놓고도, 번역을 완료한 시점에 김영사에서 책이 출간되어 책을 펴내지 못한 적이 있었는데, 이번에는 그런 염려가 없어 안심이다. 마지막으로 이 책의 출판을 허락해 주신 크리스천 헤럴드의 이명권 사장님과 수고를 아끼지 않은 여러 직원들에게 감사의 말을 전한다.

2004. 7
역자 노영상
강봉재

참고문헌

제1장 창세기 1:1과 빅뱅 우주론

Anderson, Bernard W., ed. *Creation in the Old Testament*. Philadelphia: Fortress, 1984.

Aquinas, Thomas. *Summa Theologica*. Translated by Fathers of the English Dominican Province. London: R. & G. Washbourne, 1912.

_____, *Summa Contra Gentiles*, book 2, Creation. Translated by James F. Anderson. Nortre Dame, Ind.: University of Notre Dame Press, 1975.

Aristotle. *On the Heavens*. Translated by W. K. C. Guthrie. Loeb Classical Library. Cambridge, Mass.: Harvard University Press, 1939.

Atkatz, David, and Heinz Pagels. "Origin of the Universe as a Quantum Tunneling Event." *Physical Review* D25, no. 8 (1982): 2065-73.

Augustine, *Confessions*. Translated by W. Watts. Cambridge, Mass.: Harvard University Press, 1946.

Barbour, Ian G. Religion in *an Age of Science*. London: SCM Press, 1990.

Barrow, John D. *Theories of Everything: The Quest for Ultimate Explanation*. Oxford: Clarendon, 1991.

_____, and Joseph Silk. *The Left Hand of Creation: The Origin and Evolution of the Expanding Universe*. London: Heinemann, 1983.

Barth, Karl. *Church Dogmatics* 3/1. The Doctrine of Creation. Translated by J. W. Edwards, O. Bussey and H. Knight. Edinburgh: T & T Clark, 1958.

Blacker, Carmen, and Michael Loewe, eds. *Ancient Cosmologies*. London: George Allen & Unwin, 1975.

Bondi, Herman, and Thomas Gold. "The Steady-State Theory of the Expanding Universe." *Monthly Notices of the Royal Astronomical*

Society 108 (1948): 252-70.

Brout, R., et al. "The Creation of the Universe as a Quantum Phenomenon."
    Annals of Physics 115 (1978): 78-106.

Brunner, Emil. The Christian Doctrine of Creation and Redemption. Translated
    by Olive Wyon. London: Lutterworth, 1952.

Bultmann, Rudolf. Jesus Christ and Mythology. New York: Charles Scribner's
    Sons, 1958.

Cassuto, Umberto. A Commentary on the Book of Genesis, part 1. Jerusalem:
    Magnes, 1961.

Copan, Paul. "Is Creatio ex Nihilo a Post-biblical Invention? An Examination of
    Gerhard May's Proposal." Trinity Journal 17, n.s. (1996): 77-93.

Craig, William Lane. and Quentin Smith. Theism, Atheism and Big Bang
    Cosmology. Oxford: Clarendon. 1993.

Dalley. Stephanie. Myths from Mesopotamia: Creation, the Flood, Gilgamesh
    and others. New York: Oxford University Press, 1989.

Davies, Paul. God and the New Physics. London: J. M. Dent & Sons, 1983.

_____, The Last Three Minutes: Conjectures About the Ultimate Fate of the
    Universe. London: Weidenfeld & Nicolson, 1994.

De Vega, H. J., and N. Sanchez. String Theory, Quantum Cosmology and
    Quantum Gravity. Singapore: World Scientific Publishing, 1987.

Dicke, R. H., et al. "Cosmic Black-Body Radiation." Astrophysical Journal 142
    (1965): 414-19.

Drees, Willem. Beyond the Big Bang: Quantum Cosmologies and God.
    LaSalle, III.: Open Court, 1990.

Eichrodt, Walther. Theology of the Old Testament, vol. 2. London: SCM Press,
    1967.

Ehrhardt, Arnold. The Beginning: A Study in the Greek Philosophical
    Approach to the Concept of Creation from Anaximander to St. John.
    Manchester, U. K.: Manchester University Press. 1968.

Feldman, Seymour. "Creation in Philosophy." In Encyclopedia Judaica 5:1066.

Jerusalem: Keter, 1972.

Freedman, H., and Maurice Simon, trans. *Midrash Rabbah: Genesis* I. London: Soncino, 1939.

Gilkey, Langdon. "Cosmology, Ontology and the Travail of Biblical Language." *Journal of Religion* 41 (1961):194-205.

Gribbin, John. *In Search of the Big Bang: Quantum Physics and Cosmology.* London: Heinemann, 1986.

Hahm, David E. *The Origins of Stoic Cosmology.* Columbus: Ohio State University Press, 1977.

Hartle, J. B., and Stephen W. Hawking. "Wave Function of the Universe." *Physical Review* D (1983): 2960-75.

Hasel, Gerhard F. "Recent Translations of Genesis 1: 1: A Critical Look." *Bible Translator* 22, no. 4 (October 1971): 154-67.

"The Polemic Nature of the Genesis Cosmology." *Evangelical Quarterly* 46 (1974): 81-102.

Hawking, Stephen W. *A Brief History of Time: From the Big Bang to Black Holes.* London: Bantam, 1988.

_____, "The Quantum Theory of the Universe." In *Intersections Between Elementary Particle Physics and Cosmology,* edited by Tsvi Piran and Steven Weinberg, pp. 711-97. Philadelphia: World Scientific Publishing, 1986.

_____, and Roger Penrose. "The Singularities of Gravitational Collapse and Cosmology." *Proceedings of the Royal Society of London* A314 (1970): 529-48.

Heidel, Alexander. *The Babylonian Genesis: The Story of Creation.* Chicago: University of Chicago Press, 1951.

Hirsch, Edward. "In the Beginning: A New Translation of the Hebrew Bible." *Religious Studies News* 11, no. 1 (February 1996): 1.

Horgan, John. "Particle Metaphysics." *Scientific American* 270, no. 2 (February 1994): 70-78.

Hoyle, Fred. "A New Model for the Expanding Universe." *Monthly Notices of the Royal Astronomical Society* 108 (1948): 372-82.

Humber, P. "Trois notes sur Genese 1." In *Interpretationes ad Vetus Testamentum*, pp. 85-96. Oslo: Fabritius & Sonner, 1955.

Isham, C. J. "Creation of the Universe as a Quantum Process." In *Physics, Philosophy and Theology: A Common Quest for Understanding*, edited by Robert J. Russell, William R. Stoeger and George V. Coyne, pp. 375-405. Vatican City: Vatican Observatory, 1988.

Jaki, Stanley L. *God and the Cosmologists*. Edinburgh: Scottish Academic Press, 1989.

Josephus, *Josephus*, vol. 4. Translated by Henry Thackeray. Loeb Classical Library. Cambridge, Mass.: Harvard University Press, 1930.

Kant, Immanuel, Critique of Pure Reason. Translated by Norman Kemp Smith. London: Macmillan, 1963.

Lambert, W. G. "A New Look at the Babylonian Background of Genesis." *Journal of Theological Studies* 16 (1965). 287-300.

Lightman, Alan, *Ancient Light: Our Changing View of the Universe*. Cambridge, Mass.: Harvard University Press, 1991.

_____, and Roberta Brewer. *Origins: The Lives and Worlds of Modern Cosmologists*. Cambridge, Mass.: Harvard University Press, 1990.

Lindberg, David C. *The Beginnings of Western Science*. Chicago: University of Chicago Press, 1992.

_____, and Ronald L. Numbers, eds. *God and Nature: Historical Essays on the Encounter Between Christianity and Science*. Berkeley: University of California Press, 1986.

Linde, A. D. *Inflation and Quantum Cosmology*. New York: Academic Press, 1990.

Lindley, David. *The End of Physics: The Myth of a Unified Theory*. New York: Basic Books, 1993.

Longair, Malcom S. *Our Evolving Universe*. Cambridge: Cambridge University

Press, 1996.

May, Gerhard. Creatio ex Nihilo: The Doctrine of "Creation out of Nothing" in *Early Christian Thought.* Edinburgh: T & T Clark, 1994.

Mukerjee, Madhusree. "Explaining Everything." *Scientific American* 274, no. 1 (January 1996): 72-78.

Murphy, Nancey. *Theology in the Age of Scientific Reasoning.* Ithaca, N. Y.: Cornell University Press, 1990.

Narlikar, Jayant V. *Introduction to Cosmology.* 2nd ed. Cambridge: Cambridge University Press, 1993.

O' Flaherty, Wendy Doniger. *Hindu Myths: A Sourcebook Translated from the Sanskrit.* New York: Penguin, 1975.

Pagels, Heinz R. *Perfect Symmetry: The Search for the Beginning of Time.* London: Michael Joseph, 1985.

Pannenberg, Wolfhart. *Theology and the Philosophy of Science.* Translated by Francis McDonagh. London: Darton, Longman & Todd, 1976.

Peacocke, Arthur R., ed. *The Sciences and Theology in the Twentieth Century.* Stocksfield, U. K.: Oriel, 1981.

Penzias, A. A., and R. W. Wilson. "A Measurement of Excess Antenna Temperature at 4080 Mc/s." *Astrophysical Journal* 142(1965): 419-21.

Philo. *Philo*, vol. I. Translated by F. H. Colson and G. H. Whitaker. Loeb Classical Library. Cambridge, Mass.: Harvard University Press, 1929.

Plato. *Timaeus.* In *Plato*, vol. 9. Translated by R. G. Bury. Loeb Classical Library. Cambridge, Mass.: Harvard University Press, 1929.

Polkinghorne, John. "Contemporary Interactions Between Science and Theology." *Modern Believing* 36, no. 4 (October 1995): 33-38.

Rabinowitz, Louis. "Rabbinic View of Creation." In *Encyclopedia Judaica* 5:1063. Jerusalem: Keter, 1972.

Rad, Gerhard von. *Genesis: A Commentary.* Translated by John H. Marks. London: SCM Press, 1961.

Roos, Matts. *Introduction to Cosmology.* New York: John Wiley & Sons, 1994.

Sarna, Nahum. *Understanding Genesis*. New York: Schocken. 1970.

Silk, Joseph. *The Big Bang*. New York: W. H. Freeman, 1989.

Skinner, John. *A Critical and Exegetical Commentary on Genesis*. 2nd ed. Edinburgh: T & T Clark, 1930.

Speiser, E. A. *Genesis*. Anchor Bible. Garden City, N. Y.: Doubleday, 1964.

Tanner, Norman P., ed. *Decrees of the Ecumenical Councils*. Vol. 1, *Nicaea I to Lateran V*. London: Sheed & Ward, 1990.

Tillich, Paul. *Systematic Theology*, vol. I. London: Nisbet, 1951.

Trefil, James S. *The Moment of Creation: Big Bang Physics from Before the First Millisecond to the Present Universe* .New York: Macmillan, 1984.

Tryon, Edward P. "Is the Universe a Vacuum Fluctuation?" *Nature* 264 (December 14, 1973): 396-97.

Tsumura, David T. *The Earth and the Waters in Genesis 1 and 2: A Linguistic Investigation*. Sheffield, U. K.: Sheffield Academic Press, 1989.

Urbach, Ephraim. *The Sages: Their Concepts and Beliefs*. Translated by Israel Abrahams. Jerusalem: Magnes, 1979.

Vawter, Bruce. *On Genesis: A New Reading*. London: Geoffrey Chapman. 1977.

Vilenkin, Alexander. "Creation of Universes from Nothing." *Physics Letters* B117 (1982): 25-28.

Waltke, Bruce K. "The Creation Account in Genesis 1:1-3." *Bibliotheca Sacra* 132(1975):216-28.

Weinberg, Steven. *Dreams of a Final Theory*. London: Hutchinson Radius, 1993.

Wenham, Gordon. *Genesis 1-15*. Waco, Tex.: Word, 1987.

Westermann, Claus. *Genesis 1-11: A Commentary*: Translated by John J. Scullion. London: SPCK. 1984.

Wolfson, Harry A. *Philo: Foundations of Religious Philosophy*. Cambridge, Mass.: Harvard University Press, 1947.

Young. Davis A. "Scripture in the Hands of the Geologists." Westminster

Theological Journal 49 (1987): 1-34.257-304.

Yourgrau, Wolfgang, and Allen D. Beck, eds. *Cosmology, History and Theology*. New York: Plenum, 1977.

Zel'dovich, Ya B., and I. D. Novikov. *The Structure and Evolution of the Universe*. Translated by Leslie Fishbone. Chicago: University of Chicago Press, 1983.

제2장 양자 불확정성과 하나님의 전지(全知)

Aquinas, Thomas. *Summa Theologiae*. Vol. 4. *Knowledge in God*. Blackfriars ed. Translated by Thomas Gornall. New York: McGraw-Hill, 1964.

Augustine. *Confessions*. Translated by W. Watts. Cambridge, Mass.: Harvard University Press, 1946.

Barbour, Ian G. *Religion in an Age of Science*. London: SCM Press, 1990.

Craig, William Lane. *Divine Foreknowledge and Human Freedom:* The Coherence of Theism-Omniscience. Leiden, Netherlands: E. J. Brill, 1991.

_____, *The Problem of Divine Foreknoweldge of Future Contingents from Aristotle to Suarez*. Leiden, Netherlands: E. J. Brill, 1988.

_____, and Quentin Smith. *Theism, Atheism, and Big Bang Cosmology*. Oxford: Clarendon, 1993.

Cushing, James T., and Ernan McMullin, eds. *Philosophical Consequences of Quantum Theory: Reflections on Bell's Theorem*. Notre Dame, Ind.: University of Notre Dame Press, 1989.

Davies, P. C. W. *The Ghost in the Atom*. Cambridge: Cambridge University Press, 1985.

D'Espagnat, Bernard. *Conceptual Foundations of Quantum Mechanics*. Menlo Park, Calif.: W. A. Benjamin, 1971.

_____, "The Quantum Theory and Reality." *Scientific American* 241 (1979):

128-40.

_____, *Reality and the Physicist: Knowledge, Duration and the Quantum World*. Cambridge: Cambridge   University Press, 1989.

Gale, Richard M. *On the Nature and Existence of God*. Cambridge: Cambridge University Press, 1991.

Garrigou-Lagrange. R. *God: His Existence and Nature*. Translated by Dom Bede Rose. St. Louis: B. Herder, 1934.

Glanz, James. "Measurements Are the Only Reality, Say Quantum Tests." *Science* 270 (1995): 1439-40.

Grunbaum, Adolf. *Philosophical Problems of Space and Time*. Dordrecht. Netherlands: D. Reidel, 1973.

Hasker, William. God. *Time and Knowledge*. Ithaca, N. Y.: Cornell University Press, 1989.

Herbert, Nick. Quantum Reality: Beyond the New Physics. London: Rider, 1985.

Honner, John. *The Description of Nature: Niels Bohr and the Philosophy of Quantum Physics*. Oxford: Clarendon, 1987.

Jammer, Max. *The Philosophy of Quantum Mechanics*. New York: John Wiley & Sons, 1974.

Kvanvig, Jonathan L. *The Possibility of an All-knowing God*. London: Macmillan, 1986.

Molina, Luis. *On Foreknowledge*. Translated by Alfred J. Freddoso. Ithaca, N. Y.: Cornell University Press, 1988.

Morris, Thomas V., ed. *The Concept of God*. Oxford: Oxford University Press, 1987.

Omnes, Roland. *The Interpretation of Quantum Mechanics*. Princeton, N. J.: Princeton University Press, 1994.

Owen, H. P. *Christian Theism: A Study of Its Basic Principles*. Edinburgh: T&T Clark, 1984.

Padgett, Alan G. "God and Time: Toward a New Doctrine of Divine Timeless

Eternity." *Religious Studies* 25 (1989): 209-15.

Peacocke, Arthur. *Theology for a Scientific Age.* 2nd ed. London: SCM Press, 1993.

Pearcey, Nancy R., and Charles B. Thaxton. *The Soul of Science: Christian Faith and Natural Philosophy.* Wheaton, Ill.: Crossway, 1994.

Peres, Asher. *Quantum Theory: Concepts and Methods.* Dordrecht, Netherlands: Kluwer Academic, 1993.

Pike, Nelson. *God and Timelessness.* London: Routledge & Kegan Paul, 1970.

Plantinga, Alvin. *The Nature of Necessity.* Oxford: Clarendon, 1974.

Polkinghorne, John C. *The Quantum World.* London: Longman, 1984.

Pollard, William G. *Chance and Providence : God's Action in a World Governed by Scientific Law.* New York: Charles Scribner's Sons, 1958.

Reichenbach, Hans. *The Philosophy of Space and Time.* Translated by Maria Reichenbach and Joh Freund. New York: Dover, 1958.

Rohrlich, Fritz. "Facing Quantum Mechanical Reality." *Science* 221 (1983): 1251-55.

Russell, Robert John, Nancy Murphy and Arthur Peacocke, eds. *Chaos and Complexity: Scientific Perspectives on Divine Action.* Vatican City: Vatican Observatory, 1995.

Sklar, Lawrence. *Space, Time and Spacetime.* Berkeley: University of California Press, 1974.

Thomas, Owen C., ed. *God's Activity in the World: The Contemporary Problem.* Chico, Calif.: Scholars Press, 1983.

Torrance, Thomas F. *Space, Time and Incarnation.* Oxford: Oxford University Press, 1969.

_____, *Space, Time and Resurrection.* Edinburgh: Handsell, 1976.

Ward, Keith. *Rational Theology and the Creativity of God.* Oxford: Basil Blackwell, 1982.

Wheeler, John Archilbald, and Woiciech H. Zurek, eds. *Quantum Theory and Measurement.* Princeton. N. J.: Princeton University Press, 1983.

Whitrow, G. J. *The Natural Philosophy of Time*. London: Thomas Nelson & Sons, 1961.

제3장 양자역학과 "지연된 선택" 실험에 대한 "코펜하겐" 학파의 해석

Armstrong, Brian G. *Calvinism and the Amyraut Heresy: Protestant Scholasticism and Humanism in Seventeenth-Century France*. Madison: University of Wisconsin Press, 1969.

Barth. Karl. *Church Dogmatics*. *2/2. The Doctrine of God*. Translated and edited by Geoffrey W. Bomiley and Thomas F. Torrance. Edinburgh: T & T Clark, 1957.

Calvin, John. *Concerning the Eternal Predestination of God*. Translated by J. K. S. Reid. London: James Clarke, 1961.

_____, *Institute of the Christian Religion*. Translated by John Allen. Philadelphia: Presbyterian Board of Christian Education, 1936.

Davies, P. C. W., and J. R. Brown. *The Ghost in the Atom: A Discussion of the Mysteries of Quantum Physics*. Cambridge: Cambridge University Press, 1986.

D' Espagnat, Bernard. *Foundations of Quantum Mechanics*. 2nd ed. Reading, Mass.: W. A. Benjamin. 1976.

Edwards, David. *Christian England*. Rev. ed. 3 vols. London: Collins, 1989.

Glanz, James. "Measurements Are the Only Reality. Say Quantum Tests." *Science* 270 (December 1, 1995): 1439-40.

Grunbaum, Adolf. *Philosophical Problems of Space and Time*. Dordrecht, Netherlands: D. Reidel. 1973.

Hellmuth. Thomas. et al. "Delayed-Choice Experiments in Quantum Interference." *Physical Review* A35, no. 6 (March 1987): 2532-40.

Herbert, Nick. *Quantum Reality: Beyond the New Physics*. London: Rider, 1985.

Herzog. T. J., et al. "Complementarity and the Quantum Eraser." *Physical Review Letters* 75 (1995): 3034-37.

Hodge, Charles. *Romans.* 1835; reprint Wheaton, III.: Crossway, 1993.

Honner, John. *The Description of Nature: Niels Bohr and the Philosophy of Quantum Physics.* Oxford: Clarendon, 1987.

Jammer, Max. *The Philosophy of Quantum Mechanics.* New York: Wiley, 1974.

Jewett, Paul K. *Election and Predestination.* Grand Rapids, Mich.: Eerdmans, 1985.

Kendall, R. T. *Calvin and English Calvinism to 1649.* Oxford: Oxford University Press, 1979.

Kwiat, P. G., et al. "Observations of a 'Quantum Eraser' : A Revival of Coherence in a Two-Photon Interference Experiment." *Physical Review* A45 (1992):7729-39.

Leenhardt, Franz J. *The Epistle to the Romans* Translated by Harold Knight. London: Lutterworth, 1961.

Marlow, A. R., ed. *Mathematical Foundations of Quantum Theory.* New York: Academic Press, 1978.

Muller, Richard A. *Christ and the Decree: Christology and Predestination in Reformed Theology from Calvin to Prekins.* Durham, N. C.: Labyrinth, 1986.

Nicole, Roger. *Moyse Amyraut: A Bibliography with Special Reference to the Controversy on Universal Grace.* New York: Garland, 1981.

Reichenbach, Hans. *The Philosophy of Space and Time.* Translated by Maria Reichenbach and John Freund. New York: Dover, 1958.

Russell, R. J., William Stoeger and George V. Coyne, eds. *Physics, Philosophy and Theology: A Common Quest for Understanding.* Vatican City: Vatican Observatory, 1988.

Schaff, Philip. *The Creeds of Christendom.* 4th ed. New York: Harper & Brothers, 1884.

Torrance, James B. "Strengths and Weaknesses of the Westminster Theology."
    In *The Westminster Confession in the Church Today*, edited by Alasdair
    I. C. Herron, pp. 40-53. Edinburgh: St. Andrews Press, 1982.

Torrance, Thomas F. Space, *Time and Incarnation*. Oxford: Oxford University
    Press, 1969.

_____, *Space, Time and Resurrection*. Edinburgh: Handsell, 1976.

_____, *Theological Science*. London: Oxford University Press, 1969.

Watson, Andrew. "'Erase' Rubs Out Information to Reveal Light's Dual
    Nature." *Science* 270 (November 10, 1995):913-14.

Weber, Otto. *Foundations of Dogmatics, vol. 2*. Translated by Darrell L.
    Gruder. Grand Rapids, Mich.:   Eerdmans, 1983.

Wheeler, John A., and Wojciech H. Zurek, eds. *Quantum Theory and
    Measurement*. Princeton. N.   J.:Princeton University Press, 1983.

Whitrow, G. J. *The Natural Philosophy of Time*. London: Thomas Nelson and
    Sons, 1961.

제4장 카오스 이론에 대한 신학적 성찰

Aquinas, Thomas. *Summa Contra Gentiles*. Book 3. Providence. Translated by
    Vernon J. Bourke. Notre Dame, Ind.: University of Notre Dame Press,
    1975.

Bartholemew, D. J. *God of Chance*. London: SCM Press, 1984.

Berry, M. V., et al. "Dynamical Chaos." *Proceedings of the Royal Society* A413
    (1987): 1-199.

Chandler, Stuart. "When the World Falls Apart: Methodology for Employing
    Chaos and Emptiness as Theological Constructs." *Harvard Theological
    Review* 85 (1992): 467-91.

Crutchfield, James, et al. "Chaos." *Scientific American* 255, no. 6 (December
    1986): 38-49.

Dalley, Stephanie. *Myths from Mesopotamia: Creation, the Flood, Gilgamesh and Others*. New York: Oxford University Press, 1989.

Davies, Paul. *The Cosmic Blueprint*. London: Unwin Hyman, 1989.

Dawkins, Richard. *The Blind Watchmaker*. Harlow. U.K.: Longman, 1986.

Ditto, William, and Louis Pecora. "Mastering Chaos." *Scientific American* 269, no. 2 (August 1993): 62-83.

Geach, Peter. *Providence and Evil*. Cambridge: Cambridge University Press, 1977.

Gleick, James. *Chaos: Making a New Science*. London: Abacus, 1993.

Gould, Stephen Jay. *Wonderful Life*. New York: W. W. Norton, 1989.

Hefner, Philip. "God and Chaos: The Demiurge Versus the Urgrund." *Zygon* 19, no. 4 (1984): 469-85.

Heidel, Alexander. *The Babylonian Genesis: The Story of Creation*. Chicago: University of Chicago Press, 1951.

Hodge, Charles. *What Is Darwinism?* New York: Scribner, Armstrong, 1874.

Houghton, J. T. "New Ideas of Chaos in Physics." *Science and Christian Belief* 1 (1989): 41-51.

Kim, Jong Hyun, and John Stringer, eds. *Applied Chaos*. New York: John Wiley & Sons, 1992.

Laplace, Pierre-Simon. *Philosophical Essay on Probabilities*. Translated from 5th French ed. of 1825 by Andrew I. Dole. New York: Springer-Verlag, 1995.

Laskar, Jacques. "Large-Scale Chaos in the Solar System and Planetological Consequences." *Sciences de la terre et des planets* (Paris), series 2a, 322, no. 3, item 163.

Lichtenberg, A. J., and M. A. Lieberman. *Regular and Stochastic Motion*. New York: Springer-Verlag, 1983.

Lighthill, James. "The Recently Recognized Failure of Predictability in Newtonian Dynamics." *Proceedings of the Royal Society of London* A407 (1986): 35-50.

Lorenz, Edward N. "Deterministic Nonperiodic Flow." *Journal of the Atmospheric Sciences* 20 (1963): 130-41.

Mackay, Donald M. *Science, Chance and Providence*. Oxford: Oxford University Press, 1978.

Mandelbrot, Bernard. *The Fractal Geometry of Nature*. New York: W. H. Freeman, 1977.

May, Robert M., "Simple Mathematical Models with Very Complicated Dynamics." *Nature* 261 (1976): 459-67.

Monod, Jacques. *Chance and Necessity*. London: Collins, 1972.

Moon, Francis C. *Chaotic and Fractal Dynamics: An Introduction for Applied Scientists and Engineers*. New York: John Wiley & Sons, 1992.

Moore, James R. *The Post-Darwinian Controversies*. Cambridge: Cambridge University Press, 1979.

Peacocke, Arthur. *Theology for a Scientific Age*. London: SCM Press, 1993.

Plato. Timaeus. In *Plato*. vol. 9. Translated by R. C. Bury. Cambridge, Mass.: Havard University Press, 1929.

Pollard, William G. *Chance and Providence*: God's Action in a World Governed by Scientific Law: London: Faber and Faber, 1958.

Prigogine, Ilya. *Order out of Chaos: Man's New Dialogue with Nature*. New York: Bantam, 1984.

Quine, W. V. O. "Two Dogmas of Empiricism." *Philosophical Review* 40 (1951): 20-43

_____, and J. S. Ulian. *The Web of Belief*. 2nd ed. New York: Random House, 1978.

Ruelle, David. *Chance and Chaos*. London: Penguin, 1993.

Russell, Robert John, Nancey Murphy and Arthur R. Peacocke, eds. *Chaos and Complexity: Scientific Perspectives on Divine Action*. Vatican City: Vatican Observatory, 1995.

Stewart, Ian. *Does God Play Dice? The Mathematics of Chaos*. Oxford: Basil Blackwell, 1989.

Stines, J. W. "Time, Chaos Theory and the Thought of Michael Polanyi." *Perspectives on Science and Christian Faith* 44 (1992): 220-27.

Swinburne, Richard. *The Existence of God*. Rev. ed. Oxford: Clarendon, 1979: 1991.

Torrance, Thomas F. "God and the Contingent World." *Zygon* 14, no. 4 (1979): 329-38. Westermann, Claus. *Genesis 1-11: A Commentary*. Translated by John J. Scullion. London: SPCK, 1984.

제5장 괴델의 증명은 신학적 함축을 지니는가?

Alston, William P. *Perceiving God: The Epistemology of Religious Experience*. Ithaca. N. Y.: Cornell University Press, 1991.

Craig, William Lane. *Divine Foreknowledge and Human Freedom: The Coherence of Theism-Omniscience*. Leiden, Netherlands: E. J. Brill, 1991.

Cundy, H. Martyn. "Gödel's Theorem in Perspective." *Science and Christian Belief* 3, no. 1 (April 1991): 35-49.

Cultand, Nigel J. "What does GÖDEL Tell Us?" *Science and Christian Belief* 3, no. 1 (1991): 51-55.

Davis, Philip J., and Reuben Hersh. *Descartes' Dream: The World According to Mathematics*. New York: Harcourt Brace Jovanovich, 1986.

Ellington, Mark. *The Integrity of Biblical Narrative: Story in Theology and Proclamation*. Minneapolis: Fortress, 1990.

Gensler, Harry J. *Gödel's Theorem Simplified*. Lanham, Md. University Press of America, 1984.

Godel, Kurt. *Collected Works*. Edited by Solomon Feferman. Oxford: Clarendon, 1986.

_____. "Uber formal unentscheidbare Satze der Principia mathematica und verwndter Systeme I." *Monatshefte fur Mathematik und Physik* 38

(1931): 173-98.

Good, I. J. "Gödel's Theorem Is a Red Herring." *British Journal for the Philosophy of Science* 19 (1969): 357-58.

Grim, Patrik. "Logic and the Limits of Knowledge and Truth." *Nous* 22 (1988): 341-67.

Hauerwas, Stanley, and Gregory L. Jones, eds. *Why Narrative?* Readings in Narrative Theology. Grand Rapids, Mich.: Eerdmans, 1989.

Heijenoort, J. Van. "Godel's Theorem." In **Encyclopedia of Philosophy**, edited by Paul Edwards, 3:348-57. New York: Macmillan, 1967.

Heppe, Heinrich. **Reformed Dogmatics, Set Out and Illustrated from the Sources.** Edited by Ernst Bizer; translated by G. T. Thomson. London: Allen & Unwin, 1950.

Hodge, Charles. *Systematic Theology.* 3 vols. New York: Charles Scribner, 1878.

Hofstadter, Douglas R. *GODEL, Escher, Bach.* New York: Basic Books, 1979.

Kadvany, John. "Reflections on the Legacy of Kurt Godel: Mathematics, Skepticism, Postmodernism." *Philosophical Forum* 20, no. 3 (1989):161-81.

Kleene, Stephen Cole. *Introduction to Metamathematics.* Amsterdam: North-Holland, 1952.

Lindbeck, George. *The Nature of Doctrine: Religion and Theology.* London: SPCK, 1984.

Lucas, J. R. "Minds, Machines and Godel." *Philosophy* 36 (1961):112-27.

_____, *The Freedom of the Will.* Oxford: Clarendon, 1970.

Murphy, Nancey. "Scientific Realism and Postmodern Philosophy." *British Journal for the Philosophy of Science* 41 (1990):291-303.

_____, "Postmodern Non-relativism: Imre Lakatos. Theo Meyering and Alasdair MacIntyre." *Philosophical Forum* 27, no. 1 (1995):37-53.

Nagel, Ernest, and James R. Newman. *GODEL's Proof.* London: Routledge and Kegan Paul, 1959.

Swinburne, Richard. *The Coherence of Theism.* Oxford: Clarendon, 1977.

Toulmin, Stephen. *Cosmopolis.* New York: Free Press, 1990.

Wang, Hao. "Some Facts about Kurt Godel." *Journal of Symbolic Logic* 43.
no. 3 (1981): 653-59.

_____, *Reflections on Kurt Godel.* Cambridge, Mass.: MIT Press, 1987.

Wilder, Raymond J. *Introduction to the Foundations of Mathematics.* New
York: John Wiley & Sons, 1952.

제6장 인공지능과 기독교적 인간관

영문 원본에 수록되어 있지 않음.

제7장 "점진적 창조"는 여전히 유용한 개념인가?

Ahlberg, Per E., Jennifer A. Clack and Ervins Luksevics. "Rapid Braincase
Evolution Between Panderichthys and the Earliest Tetrapods." *Nature*
381 (May 2, 1996): 61-63.

Berry, R. J. "Creation and the Environment." *Science and Christian Belief* 7
(1995): 21-43.

Boardman, Richard S., ed. *Fossil Invertebrateds.* London: Blackwell Scientific,
1987.

Burns, George W., and Paul J. Bottino. *The Science of Genetics.* 6th ed. New
York: Macmillan, 1989.

Cairns-Smith, A. G. *Genetic Takeover and the Mineral Origins of Life.*
Cambridge: Cambridge University Press, 1982.

_____, *Seven Clues to the Origin of Life.* Cambridge: Cambridge University
Press, 1985.

Carrol, Robert L. "Revealing the Patterns of Macroevolution." *Nature* 381 (May

2, 1996): 19-20.

_____, *Vertebrate Paleontology and Evolution*. New York: W. H. Freeman, 1988.

Clarkson, E. N. K. *Invertebrate Paleontology and Evolution*. 2nd ed. London: Allen & Unwin, 1986.

Colbert, Edwin H., and Michael Morales. *Evolution of the Vertebrates: A History of the Backboned Animals Through Time*. 4th ed. New York: John Wiley & Sons, 1991.

Crick, Francis. *Life Itself: Its Origin and Nature*. London: Macdonald, 1981.

Crimes, Peter T. "The Period of Evolutionary Failure and the Dawn of Evolutionary Success: The Record of Biotic Changes Across the Precambrian-Cambrian Boundary." In *The Paleobiology of Trace Fossils*, edited by Stephen K. Donovan, pp. 105-33. New York: John Wiley & Sons, 1994.

Day, Michael H. Guide to Fossil Man. 4th ed. Chicago: University of Chicago Press. 1986.

Dyson, Freeman. *Origins of Life*. Cambridge: Cambridge University Press, 1985.

Eicher, Don L., and A. Lee McAlester. *History of the Earth*. Englewood Cliffs, N.J.: Prentice-Hall, 1980.

Eigen, Manfred, *Steps Toward Life: A Perspective on Evolution*. Translated by Paul Woolley. Oxford: Oxford University Press, 1992.

_____, et al. "The Origin of Genetic Information." *Scientific American* 244, no. 4 (April 1981): 78-94.

Eldredge, Niles. *Time Frames: The Rethinking of Darwinian Evolution and the Theory of Punctuated Equilibria*. London: Heinemann, 1986.

Ferris, James P., et al. "Synthesis of Long Prebiotic Oligomers on Mineral Surfaces." *Nature* 381 (May   2, 1996) 59-61.

Forty, Richard. *Fossils: The Key to the Past*. London: Heinemann, 1982.

Futuyma, Douglas J. Evolutionary Biology. 2nd ed. Sunderland, Mass.: Sinauer

Associates, 1986.

Gould, Stephen Jay. *Ontogeny and Phylogeny.* Cambridge, Mass.: Harvard Universtiy Press, 1977.

Haas, John W., Jr. "The Christian View of Science and Scripture: A Retrospective Look." *Journal of the American Scientific Affiliation* 31 (1979): 117.

Hasel, Gerhard F. "The Polemic Nature of the Genesis Cosmology." *Evangelical Quarterly* 46 (1974): 81-102.

Hoffman, Antoni. *Arguments on Evolution: A Paleontologist's Perspective.* New York: Oxford University   Press, 1989.

Jenkins, John B. *Genetics.* Boston: Houghton Mifflin, 1975.

Kemp, T. S. *Mammal-Like Reptiles and the Origin of Mammals.* London: Academic Press, 1982.

Klein, Richard G. *The Human Career: Human Biological and Cultural Origins.* Chicago: University of Chicago Press, 1989.

Levington, Jeffrey. *Genetics, Paleontology and Macroevolution.* Cambridge: Cambridge University Press, 1988.

Levi-Setti, Riccardo. *Trilobites: A Photographics Atlas.* Chicago: University of Chicago Press, 1975.

Lewin, Roger. *Human Evolution: An Illustrated Introduction.* 3rd ed. Boston: Black-well Scientific, 1993.

Mayr, Ernst. *The Growth of Biological Thought: Diversity, Evolution and Inheritance.* Cambridge, Mass.: Harvard University Press, 1982.

Miller, Stanley L., and Leslie Orgel. *The Origins of Life on the Earth.* Englewood Cliffs, N. J.: Prentice-Hall, 1974.

Morris, Henry, and Gary Parker. *What Is Creation Science?* El Cajon, Calif.: Master Books, 1987.

Numbers, Ronald L. *The Creationists: The Evolution of Scientific Creationism.* Berkeley: University of California Press, 1992.

Oparin, A. I. *The Origin of Life on the Earth.* 3rd ed. Translated by Ann

Synge. Edinburgh: Oliver and   Boyd. 1957.

Orgel. Leslie E. "The Origin of Life on the Earth." *Scientific American* 271, no. 4 (October 1994):   53-61.

Packer, J. I. *"Fundamentalism" and the Word of God*. London: InterVarsity Fellowship. 1958.

Ramm, Bernard. *The Christian View of Science and Scripture*. Grand Rapids. Mich.: Eerdmans, 1954.

Reader, John. *Missing Links: The Hunt for Earliest Man*. New York: Penguin, 1988.

Ridley, Mark. *Evolution*. Boston: Blackwell Scientific. 1993.

Ringgren, Helmer. "bara." In *Theological Dictionary of the Old Testament*. Edited by G. Johannes Botterweck and Helmer Ringgren, translated by John T. Willis, 2:242-49. Grand Rapids. Mich.: Eerdmans, 1975.

Schmalhausen, I. I. *The Origin of the Terrestrial Vertebrates*. Translated by Leon Kelso. New York: Academic Press, 1968.

Simpson, George Gaylord. *The Major Features of Evolution*. New York: Columbia University Press. 1953.

Stanley. Steven M. *The New Evolutionary Timetable: Fossils. Genes and the Origin of Species*. New York: Basic Books, 1981.

Stearn, Colin W., and Robert L. Carroll. *Paleontology: The Record of Life*. New York: John Wiley & Sons, 1989.

Stent, Gunthur. *Molecular Genetics: An Introductory Narrative*. San Francisco: W. H. Freeman, 1971.

Suzuki, David, and Peter Knudston. *Genetics: The Clash Between the New Genetics and Human Values*. Cambridge, Mass: Harvard University Press. 1989.

Tattersall, Ian. *The Fossil Trail*. New York: Oxford University Press, 1995.

Van Till, Howard J. "Basil, Augustine and the Doctrine of Creation's Functional Integrity." *Science and Christian Belief* 8. no. 1 (1996): 21-38.

_____, *The Fourth Day: What the Bible and the Heavens Are Telling Us About* the Creation. Grand Rapids, Mich.: Eerdmans, 1986.

Waltke, Bruce K. "The Creation Account in Genesis 1:1-3: Part 1. Introduction to Biblical Cosmology." *Bibliotheca Sacra* 132 (1975): 25-36.

Watson, James D. *The Double Helix: A Personal Account of the Discovery of the Structure of DNA.* Edited by Gunther S. Stent. London: Weidenfeld and Nicolson, 1981.

Weatherall, D. J. *The New Genetics and Clinical Practice.* 3rd ed. Oxford: Oxford University Press. 1991.

Wenham, Gordon. *Genesis 1-15.* Waco, Tex.: Word, 1987.

Westermann, Claus. *Genesis 1-11: A Commentary.* Translated by John J. Scullion. London: SPCK. 1984.

Whitcomb, John C., Jr., and Henry M. Morris. *The Genesis Flood: The Biblical Record and Its Scientific Implications.* Philadelphia: Presbyterian & Reformed, 1961.

Whittington, H. B. *Trilobites.* Woodbridge, U. K.: Boydell, 1992.

Wills, Christopher. *The Wisdom of the Genes: New Pathways in Evolution.* New York: Basic Books, 1989.

Young, David. *The Discovery of Evolution.* Cambridge: Cambridge University Press, 1992.

제8장 인간 -혹은 "설계자 우주" (Designer Universe)?

Alston, William P. *Perceiving God: The Epistemology of Religious Experience.* Ithaca, N. Y.: Cornell University Press, 1991.

Barrow, John D., and Frank J. Tipler. *The Anthropic Cosmological Principle.* Oxford: Clarendon, 1986.

Carr, B. J., and M. J. Rees. "The Anthropic Principle and the Structure of the Physical World." *Nature* 278 (1979): 605-12.

Carter, Brandon. "The Anthropic Principle and Its Implications for Biological

Evolution." *Philosophical Transactions of the Royal Society of London* A310 (1983): 347-63.

Craig, William Lane. "Barrow and Tipler on the Anthropic Principle vs. Divine Design." *British Journal for the Philosophy of Science* 39 (1988): 389-95.

Crowe, Michael J. *The Extraterrestrial Life Debate*, 1750-1900. Cambridge: Cambridge University Press, 1986.

Davies, Paul. *The Mind of God: Science and the Search for Ultimate Meaning.* London: Simon & Schuster, 1992.

Dick, Steven J. *Plurality of Worlds: The Origins of the Extraterrestrial Life Debate from Democritus to Kant.* Cambridge: Cambridge University Press, 1982.

Dicke, R. H. "Dirac' s Cosmology and Mach' s Principle." *Nature* 192 (1961): 440-41.

Dirac, P. A. M. "The Cosmological Constant." *Nature* 139 (1937): 323-24.

Dyson, Freeman. *Disturbing the Universe.* New York: Harper & Row, 1979.

Earman, John. "The SAP Also Rises: A Critical Examination of the Anthropic Principle." *American Philosophical Quarterly* 24, no. 4 (1987): 307-16.

Everett, Hugh. " 'Relative State' Formulation of Quantum Mechanics." *Reviews of Modern Physics* 29 (1957): 454-62.

Gallagher, Kenneth T. "Remarks on the Argument from Design." *Review of Metaphysics* 48, no 1 (1994): 19-31.

Glynn, Patrick. "Beyond the Death of God." *National Review*, May 6, 1966. pp. 28-32.

Hume, David. *Dialogues Concerning Natural Religion.* Edited by John Valdimer. Oxford: Clarendon, 1976.

Leslie, John. "Anthropic Principle, World Ensemble, Design." *American Philosophical Quarterly* 19, no.2 (1982): 141-51.

_____, "How to Draw Conclusions from a Fine-Tuned Universe." In *Physics, Philosophy and Theology: A Common Quest for Understanding,* edited by Robert John Russell, William Stoeger Jr. and George V. Coyne,. pp.

297-311. Vatican City: Vatican Observatory, 1988.

_____, *Universe*. London: Routledge, 1989.

Polkinghorne, John. "Contemporary Interactions Between Science and Theology." *Modern Believing* 36. no. 4 (1995): 33-38.

_____, *One World: The Interaction of Science and Theology*. London: SPCK, 1986.

Swinburne, Richard. "The Argument from the Fine-Tuning of the Universe." Appendix to *The Existence of God*. Rev. ed. Oxford: Clarendon, 1979.

Wilson, Patrick A. "What Is the Explanandum of the Anthropic Principle?" *American Philosophical Quarterly* 28, no. 2 (1991): 167-73.

Zycynski, Joseph M. "The Weak Anthropic Principle and the Design Argument." *Zygon* 31, no. 1 (1996): 115-30.

제9장 외계지능의 탐색과 기독교의 구속론(救贖論)

Aquinas, Thomas. *Summa Theologica*, part 1. Translated by Fathers of the English Dominican Province. London: R. & T. Washbourne, 1912.

Arnold, Clinton E. *The Colossian Syncretism: The Interface Between Christianity and Folk Belief at Colossae*. Tubingen: J. C. B. Mohr, 1995.

Barrow, John D., and Frank J. Tipler. *The Anthropic Cosmological Principle*. Oxford: Oxford University Press, 1986.

Barth, Markus, and Helmut Blanke. *Colossians: A New Translation with Introduction and Commentary*. Translated by Astrid B. Beck. New York: Doubleday, 1994.

Brooke, John Hedley. *Science and Religion: Some Historical Perspectives*. Cambridge: Cambridge University Press, 1991.

Bruce, F. F. "Christ as Conqueror and Reconciler." *Bibliotheca Sacra* 141 (1984): 291-302.

Carter, Brandon. "The Anthropic Principle and Its Implications for Biological

Evolution." *Philosophical Transactions of the Royal Society of London* A310 (1983): 347-63.

Clapp, Rodney. "Extraterrestrial Intelligence and Christian Wonder." *Christianity Today* 27. no. 7 (1983): 10.

Crick, Francis. *Life Itself: Its Origin and Nature*. London: MacDonald, 1981.

Davies, Paul. *Are We Alone?* London: Penguin, 1995.

_____, *The Cosmic Blueprint*. London: William Heinemann, 1987.

DeMaris, Richard E. *The Colossian Controversy: Wisdom in Dispute at Colossae*. Sheffield, U. K.: Sheffield Academic Press, 1994.

Dick, Steven J. *Plurality of Worlds: The Origins of the Extraterrestrial Life Debate from Democritus to Kant*. Cambridge: Cambridge University Press, 1982.

Ellis, G. F. R., and G. B. Brundit. "Life in the Infinite Universe." Quarterly *Journal of the Royal Astronomical Society* 20 (1979): 37-41.

Gibbs, John G. "The Cosmic Scope of Redemption According to Paul." *Biblica* 56 (1975): 13-29.

_____, *Creation and Redemption: A Study in Pauline Theology*. Leiden, Netherlands: E. J. Brill, 1971.

_____, "Pauline Cosmic Christology and Ecological Crisis." *Journal of Biblical Literature* 90 (1971): 466-79.

Gould, Stephen Jay. *Wonderful Life*. New York: W. W. Norton, 1989.

Grady, Monica, Ian Wright and Colin Pillinger. "Opening a Martian Can of Worms?" *Nature* 382 (August 15, 1996): 575-76.

Hamerton-Kelly. R. G. *Pre-existence, Wisdom and the Son of Man*. SNTS Monograph Series 21. Cambridge: Cambridge University Press, 1973.

Harris, Murray J. *Colossians and Philemon*. Grand Rapids, Mich.: Eerdmans, 1991.

Heidmann, Jean. *Extraterrestrial Intelligence*. Translated by Storm Dunlop. Cambridge: Cambridge University Press, 1995.

Hoyle, Fred. *The Intelligent Universe*. London: Michael Joseph, 1983.

Jackson, Francis, and Patrick Moore. *Life in the Universe*. London: Routledge & Kegan Paul, 1987.

Jaki, Stanley L. *Cosmos and Creator*. Edinburgh: Scottish Academic Press, 1980.

Kauffman, Stuart. *The Origins of Order: Self-Organization and Selection in Evolution*. Oxford: Oxford University Press, 1993.

Lewis, C. S. "Religion and Rocketry." In *Fern-Seed and Elephants: And Other Essays on Christianity*, edited by Walter Hooper, pp. 86-95. London: Fontana, 1975.

Lightfoot, J. B. *Saint Paul's Epistles to the Colossians and to Philemon*. London: Macmillan, 1897.

Lohse, Eduard. *A Commentary on the Epistles to the Colossians and to Philemon*. Translated by William J. Pehlmann and Robert J. Karris. Philadelphia: Fortress, 1971.

MacKay, David S., et al. "Search for Past Life on Mars: Possible Relic Biogenic Activity in Martian Meteorite ALH84001." *Science* 273 (August 16, 1996): 924-30.

Mascall, E. L. *Christian Theology and Natural Science*. London: Longmans, Green, 1956.

McColley, Grant. "The Seventeenth Century Doctrine of a Plurality of Worlds." *Annals of Science* 1 (1936): 385-430.

McColley, Grant, and H. W. Miller. "Saint Bonaventure, Francis Mayron, William Vorilong and the Doctrine of a Plurality of Worlds." *Speculum* 12 (1937): 386-89.

McMullin, Ernan. "Persons in the Universe." *Zygon* 15, no. 1 (March 1980): 69-89.

Milne, E. A. *Modern Cosmology and the Christian Idea of God*. Oxford: Clarendon, 1952.

Morrison, Philip, John Billingham and John Wolfe, eds. *The Search for Extraterrestrial Intelligence*. New York: Dover, 1979.

O' Brien, Peter T. *Colossians, Philemon,* Waco, Tex.: Word, 1982.

Paine, Thomas. *The Complete Writings of Thomas Paine.* Edited by Philip S. Foner. New York: Citadel, 1945.

Regis, Edward, Jr. *Extraterrestrials: Science and Alien Intelligence.* Cambridge: Cambridge University Press, 1985.

Sagan, Carl. *The Cosmic Connection: An Extraterrestrial Perspective.* London: Hodder & Stoughton, 1973.

Sappington, Thomas J. *Revelation and Redemption at Colossae.* Sheffield, U. K.: Sheffield Academic Press, 1991.

Schaff, Philip. *The Creeds of the Evangelical Protestant Churches.* London: Hodder & Stoughton, 1877.

Shklovski, I. S., and Carl Sagan. *Intelligent Life in the Universe.* San Francisco: Holden-Day, 1966.

Sullivan, Woodruff T. "Alone in the Universe?" *Nature* 380 (March 21, 1996): 211.

제10장 우주의 막판게임

Adkins, C. J. *An Introduction to Thermal Physics.* Cambridge: Cambridge University Press, 1987.

Arfken, George B., et al. *University Physics.* New York: Academic Press, 1984.

Augustine, *Confessions.* Translated by Vernon J. Bourke. Washington, D.C.: Catholic University of America Press, 1953.

Barbour, Ian G. *Religion in an Age of Science.* London: SCM Press, 1990.

Barrow, John D., and Frank J. Tipler. *The Anthropic Cosmological Principle.* Oxford: Clarendon, 1986.

Berger, Peter. *The Sacred Canopy: A Sociological Theory of Religion.* Garden City, N.Y.: Doubleday, 1969.

Blackwell, Richard J. *Galileo, Bellarmine and the Bible.* Notre Dame, Ind.:

University of Notre Dame Press, 1991.

Burchfield, Joe D. *Lord Kelvin and the Age of the Earth.* Chicago: University of Chicago Press, 1975.

Close, Frank. *End: Cosmic Catastrophe and the Fate of the Universe.* London: Simon & Schuster, 1988.

Darwin, Charles. *The Autobiography of Charles Darwin,* 1809-1882.Edited by Nora Barlow. London: Collins, 1958.

Davies, Paul. *The Last Three Minutes: Conjectures About the Fate of the Universe.* London: Weidenfeld & Nicolson, 1994.

Dodds, E. R. *Pagan and Christian in an Age of Anxiety.* Cambridge: Cambridge University Press, 1965.

Dyson, Freeman J. "Time Without End: Physics and Biology in an Open Universe." *Reviews of Modern Physics* 51, no. 3 (1979): 447-60.

Eddington, A. S. *The Nature of the Physical World.* Cambridge: Cambridge University Press, 1928.

Ellis, G. F. R., and D. H. Coule. "Life at the End of the Universe?" *General Relativity and Gravitation* 26:7 (1994): 731-39.

Frankl, Viktor E. *Man's Search for Meaning: An Introduction to Logotherapy.* Boston: Beacon, 1962.

Frautschi, Steven. "Entropy in an Expanding Universe." *Science* 217, no. 4560 (1982): 593-99.

Goldstein, Martin. And Inge Goldstein. *The Refrigerator and the Universe: Understanding the Laws of Energy.* Cambridge, Mass.: Harvard University Press, 1993.

Hallberg, Fred W. "Barrow and Tipler's Anthropic Cosmological Principle." *Zygon* 23:2 (June 1988): 139-57.

Helmholtz, Hermann. *Popular Lectures on Scientific Subjects.* Translated by E. Atkinson. London: Longmans, Green, 1884.

Islam, Jamal N. *The Ultimate Fate of the Universe.* Cambridge: Cambridge University Press, 1983.

Jeans, James. *The Universe Around Us*. Cambridge: Cambridge University Press, 1929.

Langford, Jerome J. *Galileo, Science and the Church*. 3rd ed. Ann Arbor: University of Michigan Press, 1992.

Moltmann, Jurgen. *Theology of Hope: On the Ground and the Implications of a Christian Eschatology*. Translated by James W. Leitch. London: SCM Press, 1967.

Numbers, Ronald L. *The Creationists: The Evolution of Scientific Creationism*. Berkeley: University of   California Press, 1992.

Ohanian, Hans C. *Physics*. New York: W. W. Norton, 1985.

Petersen, Carolyn Collins, and John C. Brandt. *Hubble Vision: Astronomy with the Hubble Space Telescope*. Cambridge: Cambridge University Press, 1995.

Press, William H. "A Place for Teleology?" *Nature* 320 (March 27, 1986): 315-16.

Stoeger, W. R., and G. F. R. Ellis. "A Response to Tipler's Omega-Point Theory." *Science and Christian Belief* 7, no. 2 (1995): 163-72.

Thielicke, Helmut. *The Evangelical Faith. Vol. 1, Prolegomena: The Relation of Theology to Modern Thought Forms*. Translated by Geoffrey W. Bromiley. Grand Rapids, Mich,: Eerdmans, 1974.

Tillich, Paul. *Systematic Theology*. Chicago: University of Chicago Press, 1967.

Tipler, Frank J. *The Physics of Immortality: Modern Cosmology, God and the Resurrection of the Dead*. New York: Doubleday, 1994.

Weinberg, Steven. *The First Three Minutes*. London: Andre Deutsch, 1977.

Wells, David F. *God in the Wasteland: The Reality of Truth in a World of Fading Dreams*. Grand Rapids, Mich.: Eerdmans, 1994.

Young, Davis A. "Scripture in the Hands of the Geologists." *Westminster Theological Journal* 49 (1987): 1-34; 257-304.

Zemansky, Mark W. *Heat and Thermodynamics*. 5th ed. New York: McGraw-Hill, 1968.